Ernest van den Haag

# Die Juden, das rätselhafte Volk

Vorwort von Salcia Landmann

Hoffmann und Campe

Titel der Originalausgabe *The Jewish Mystique*
Erschienen bei Stein and Day Publishers, New York 1969
© Ernest van den Haag, 1969

Deutsch von Hella Naura und Alfred Korn


Anmerkungen befinden sich am Schluß eines jeden Kapitels

1. bis 5. Tausend 1973
© Hoffmann und Campe Verlag, Hamburg 1973
Gesetzt aus der Korpus Garamond-Antiqua
Gesamtherstellung Kleins Druck- und Verlagsanstalt, Lengerich
ISBN 3-455-02555-2 · Printed in Germany

# Inhalt

ßen - Reaktion in den USA - Verbündung - Diskriminierung der Neger - Begünstigung der Neger - Die Rolle der Juden - Katastrophale Auswirkung auf das Image des Negers - Antisemitismus unter Negern und jüdische Bürgerrechtler - Ventil für die Wut der Neger und jüdische Schuldgefühle - Ansichten der jüdischen Linken zur Negerfrage

8

Hippies - Werden die Kinder in ein Hippietum getrieben?

Sehr verpflichtet bin ich J. Coleman, N. Weyl, L. Rosten, A. L. Sachar, S. Baron, N. Glazer und vielen anderen Schriftstellern, darunter Sigmund Freud und, vor allen anderen, den Autoren des Alten und des Neuen Testaments. Ohne sie hätte dieses Buch nicht geschrieben werden können.

# Vorbemerkung

Ich möchte über die Juden ohne Feindseligkeit, aber auch ohne Schönfärberei, mit Zuneigung und tiefem Ernst schreiben, wenn es mir auch mein Temperament unmöglich macht, gelegentlicher Ironie zu widerstehen.

Ich hoffe, präzise zu sein. Allerdings wäre es eine Täuschung anzunehmen, daß Genauigkeit im Detail und Wahrhaftigkeit im großen ganzen genügten. Seit Menschengedenken benutzten Nichtjuden Juden als eine Art Rorschachtest, indem sie in ihnen mal die besten, häufiger aber noch die schlechtesten Züge des eigenen Charakters zu erkennen glaubten. Und gleichzeitig haben sich die Juden das Zerrbild der anderen zu eigen gemacht. Unter diesen Umständen muß also jede Darstellung auf Widerstand stoßen, da der Leser entweder seine liebsten Laster und Tugenden vermißt oder aber die von ihm vorzugsweise ignorierten beschrieben findet.

Wenn diese *Plauderei* auch nur annähernd so fesselnd ist wie ihr Gegenstand und etwa halb so vielgestaltig, werde ich meine ehrgeizigsten Erwartungen übertroffen und meine Aufgabe besser erfüllt haben, als je erhofft. Ich werde aber auch schon zufrieden sein, wenn man anerkennt, daß ich sie *sine ira et studio* und nicht ohne tiefere Einsicht geschrieben habe.

E. v. d. H.

# Vorwort

Seit Jahren schon herrscht auch im nichtmarxistischen Westen die Überzeugung, es lasse sich schlechthin jedes historische, kulturelle und psychologische Phänomen rein soziologisch erklären. Es liegen auch schon zum Teil recht fundierte Versuche vor, die Art und Existenz der Juden auf diese Art zu deuten. In der Tat wäre ja denkbar, daß sich gerade die Juden für eine solche Analyse besonders gut eignen, denn sie lebten jahrtausendelang - besonders in der christlichen Umwelt - unter sozialen Sonderbedingungen, die sich ohne Zweifel bei ihnen auf die Dauer in der einen oder andern Weise auswirken mußten. Dennoch führt eine rein soziologische Betrachtung der Juden nicht weit. Denn erstens hätte eine andere Volksgruppe auf die genau gleichen sozialen Sonderbedingungen ganz anders reagiert. Und zweitens finden gerade die wesentlichen Züge der jüdischen Gemeinschaften und Individuen durch noch so tiefschürfende soziologische Theorien keine ausreichende Erklärung. Man braucht als Beweis hierfür nur die marxistische Deutung der jüdischen Geschichte der Neuzeit zu betrachten. Demnach wurden die Juden im vorkapitalistischen Mittelalter einzig deswegen nicht total vernichtet, weil sich die Christen damals in ihrer vorwiegend agrarischen Welt noch an das biblische (nebenbei: alttestamentliche) Zinsverbot hielten, das die Juden nach Aufgabe des bäuerlichen Lebens in Kanaan, als sie in allen Städten des Römerreichs siedelten, zwangsläufig mißachten mußten. So waren sie in der christlichen Umwelt als einzige Bankiers unentbehrlich. Als dann in der »kapitalistischen« Neuzeit die Christen selbst anfingen, Geldgeschäfte zu machen, wurden die Juden überflüssig und konnten radikal ausgerottet werden, was denn auch durch Hitler ziemlich erfolgreich geschah.

Die Lücken und Mängel einer solchen Erklärung dafür, daß die Juden bis heute existieren, springen ins Auge. Waren die Juden nur dank ihrem sozialen Sonderstatus verschont worden, so ist nicht einzusehen, weshalb sie in den sozialistischen Ländern, wo keine soziale, religiöse oder ethnische Gruppe Sonderbedingungen unterliegt, nicht ebenfalls vernichtet werden sollten. Die offizielle Antwort lautet bekanntlich: Die Religionen werden verschwinden, es wird also keine Juden mehr geben, oder doch nur - sofern sie zum Beispiel Jiddisch sprechen - als ethnische Gruppe neben allen anderen Völkern, von ihnen im übrigen nicht unterschieden und mit ihnen gleichberechtigt.

Tatsächlich aber verschwinden sie im gesamten Ostblock auch dann nicht ohne weiteres, wenn sie die Religion und die jiddische Sprache aufgeben, sich also total »assimilieren«, und sie werden dort auch weiterhin verfolgt.

Andererseits wurden sie in der arabischen Umwelt, obwohl sie dort nie durch eine soziale Sonderfunktion unentbehrlich waren, weit weniger verfolgt. Die Juden zu vernichten versuchten die Araber nur dreimal: zuerst unter Mohammed selbst, dann, im 13. Jahrhundert, unter religiösem Vorzeichen, als sie sich fanatisierten, und schließlich heute, unter dem Vorzeichen des Antizionismus.

Mit anderen Worten: mit rein sozialen Gesichtspunkten bekommt man weder die jüdische Existenz und Eigenart noch das jüdische Schicksal in den Griff. Man muß zusätzliche Kategorien zu Hilfe nehmen, um etwas besser zu begreifen, wie es kommt, daß ein kleiner, machtloser Wüstenstamm der ganzen westlichen Kulturwelt und großen Teilen Asiens seinen Glauben, seine Moralgrundsätze und seine Geschichtskonzeption vererben konnte, sich jedoch selbst von den beiden der

Bibel entsprungenen Töchterreligionen - der der Christen und der der Mohammedaner - distanzierte, trotz oder wegen dauernder blutiger Verfolgungen und der Zerstreuung des Volkes über die ganze Welt bis heute nicht nur am Leben blieb, sondern sogar noch seine kulturelle und politische Virulenz und Schöpferkraft in solchem Ausmaß behalten konnte, daß er sogar noch in der Neuzeit eine neue »Religion« – den Marxismus – aus sich entließ, ihm diesmal, anders als in den beiden früheren Fällen, selbst zum Teil verfiel und jetzt durch weitgehende Beherrschung des amerikanischen Geisteslebens von dort aus den gesamten nichtmarxistischen, »kapitalistischen« Westen mit marxistischen und neomarxistischen Utopien und Kategorien überschwemmte. Und dies, obwohl sich das Anwachsen des Marxismus für die Existenz des jüdischen Volkes weit gefährlicher auswirken muß als zuvor das des Christentums und des Islam. Wie verträgt sich solch selbstmörderischer Mangel an Selbsterhaltungstrieb der Juden heute mit dem nachweislich sehr hohen durchschnittlichen Intelligenzquotienten zumindest der aschkenasischen (also aus Mittel- und Osteuropa stammenden) Juden, und mit der Tatsache, daß sie es verstanden haben, sich durch 5000 Jahre hindurch unter schwersten Umständen als Volk am Leben zu erhalten und sogar den Staat Israel neu aufzubauen?

Soziologisch läßt sich das nicht erklären. Und will man sich nicht mit der Aussage begnügen, die Existenz der Juden sei eben einfach ein Wunder, so muß man zur Deutung des Phänomens außersoziologische Tatsachen anführen. Das aber heißt: Man muß nach der konstant vererbbaren Naturanlage der Juden fragen und den sich aus ihr ergebenden kulturellen Impulsen und Besonderheiten. Einer solchen Betrachtungsweise steht allerdings heute vieles im Weg. Man hat die Juden in der Hitlerzeit unter dem Schlagwort der Rasse - also aus genetischen Gründen - hingemordet. Man hat es zwar nicht auf Grund einer sachlichen Rassenanalyse getan, sondern im Namen der Wahnvorstellung, daß Juda der teuflische Gegenspieler der »arischen Blutleuchte« sei, eigens in die Welt gestellt, die lichte nordische Rasse zu vernichten und zu beherrschen. Mit seriöser anthropologischer Rassenkunde hat dergleichen rein nichts zu tun. Aber das einzige konsequente Genozidprogramm gegen die Juden - jenes im biblischen Ägypten vielleicht ausgenommen - rollte nun einmal unter genetischem Vorzeichen ab. Der Begriff »Rasse« ist daher im Zusammenhang mit den Juden heute tabuisiert. Auch der Autor des vorliegenden Buches - Ernest van den Haag - nimmt das Wort kaum je in den Mund. Er spricht aber von genetischen, erblichen Faktoren. Das kommt praktisch auf das gleiche heraus.

Und damit verstößt auch er, unabhängig von der Judenfrage, gegen ein Modetabu: die bereits erwähnte, in dem Buch ausführlich behandelte marxistische und neomarxistische Indoktrinierung auch des freien Westens hat heute zur Folge, daß man, ebenfalls abgesehen von den Juden, Erbfaktoren – und folglich auch rassisch bedingte geistige Besonderheiten - leugnet und sowohl bei einzelnen, wie bei Völkern und Gruppen, nur Milieueinflüsse anerkennt. Marx selbst hatte hierin aber noch anders gedacht. Er war viel zu stolz auf sich selbst, um sich damit abzufinden, daß er sich von Krethi und Plethi nur durch andere Milieueinflüsse unterscheiden sollte. Ausdrücklich erkannte er angeborene Differenzen an, forderte nur die total gleiche Behandlung aller - vielleicht weniger aus Gerechtigkeitssinn als aus gekränkter Eitelkeit, weil er, der getaufte Jude, von der adligen Oberschicht nicht als gleichberechtigt aufgenommen wurde. Doch braucht uns dieser private und psychologische Aspekt des Egalitarismus von Karl Marx hier nicht zu interessieren.

Seine Nachfolger jedenfalls haben aus Marxens Gleichheitsethos die einzig logische Konsequenz gezogen: Alle genau gleich zu behandeln, hat ja nur Sinn, wenn alle von Natur genau gleich sind und folglich durch uniforme Erziehung auf das genau gleiche Niveau gebracht werden können. Sind sie aber von Natur gleich, so heißt das eben, daß es keine angeborenen - genetischen, rassischen - Geistesunterschiede zwi-

16

schen ihnen geben kann. Mit seiner Annahme, daß es solche Unterschiede eben doch gibt, verstößt Ernest van den Haag gegen sämtliche Grundthesen des amerikanisch-jüdischen und bald auch des gesamten europäischen geistigen Establishments. Dennoch erweist sich seine Konzeption für die Erklärung der jüdischen Vergangenheit und Gegenwart als fruchtbar.

Nicht ganz so radikal verstößt er gegen die Grundweisheiten des linksorientierten Geistesestablishments, wenn er außerdem noch den »kulturellen Motivationen« der Juden für ihr Sosein und Dasein fundamentale Bedeutung zuspricht, wenn er also annimmt, daß bestimmte religiöse, geistige und auch soziale Idealbilder sekundär, durch entsprechende Auslese, für die Erhaltung und allmählich auch für das Dominieren bestimmter gewünschter und bewunderter Eigenschaften und Typen unter den Juden bedeutsam wurden. Ernest van den Haag legt dies ausführlich dar: Die Juden in der Diaspora waren, wenn sie als Volk nicht untergehen wollten, auf eine entsprechende Führerschicht angewiesen, die ganz bestimmte geistige und moralische Qualitäten hatte. Es waren dies die Rabbiner, die bei den traditionsgebundenen Juden des Ostens bis in die Hitlerjahre hinein nicht Prediger waren, wie die Geistlichen der Christen, sondern Religionsgelehrte mit profunder philosophischer, juristischer und allgemein logischer Schulung. Anders als die Katholiken des Mittelalters, die die einzige damals vorhandene Intelligenzschicht - die der Geistlichen - durch den Zölibat von der Fortpflanzung und folglich auch von der Vermehrung der »intellektuellen Erbmasse« der Gläubigen ausschlossen, gaben die Juden ihren geistig-geistlichen Führern die besten Chancen, eine kinderreiche Familie aufzuziehen und durch Verschwägerung untereinander die gewünschten Eigenschaften zu erhalten und zu steigern. Kein Wunder also, daß der durchschnittliche Intelligenzquotient der Juden Amerikas heute über dem der weißen Europäer liegt. Im »Raumdenken« allerdings sind den Juden die seit jeher für Malerei und Bildschrift so begabten Chinesen überlegen.

Mit seiner teils genetischen, teils kulturhistorischen Analyse erklärt Ernest van den Haag mühelos eine Reihe auch scheinbar widersprüchlicher Phänomene der jüdischen Existenz: Als Erfinder - oder Entdecker - des fast rein abstrakten Gottes exzellieren sie bis heute im abstrakten und juristischen Denken, liefern heute proportional verblüffend viele Nobelpreisträger in den exakten Naturwissenschaften (Atomphysik) und brillante juristische Theoretiker. Mit ihrem abstrakten Gott, der zugleich ihr Stammesgott war, reizten sie durch - unvermeidliche - religiöse Intoleranz die Römer, provozierten so den vorchristlichen massiven Antisemitismus Roms. Ihre Überzeugung, daß der Messias sie eines Tages kollektiv als Volk erlösen werde, zwang sie, der Erhaltung dieses Volkes alles zu opfern, auch das private Wohl und sogar Leben, und in normalen Zeiten durch Volkshygiene für das physische Gedeihen des Volkes zu sorgen. Daher die vielen hygienischen und medizinischen Vorschriften im Talmud, daher auch die »leibfreundliche« Gesinnung der Juden im Gegensatz zur leibfeindlichen, christlich-gnostischen, daher die Tatsache, daß sie seit dem Mittelalter immer wieder sehr gute Mediziner hervorbringen. Aus der Wichtigkeit, eine geistige Führerschicht buchstäblich zu »züchten«, erklärt sich die Abneigung der Juden gegen den Zölibat einerseits, gegen die Liebesehe andererseits, die sich ja nie nach solchen Zuchtregeln richtet. Irrtümlich nimmt van den Haag an, daß dabei den Juden der Sinn für romantische Liebe restlos abhanden gekommen sei: sie war den gehobenen Schichten unbekannt; die von der geistigen Zuchtwahl jedoch mehr oder weniger ausgeschlossenen ostjüdischen Proletarier heirateten sehr wohl aus Liebe, sangen auch rührende Liebeslieder.

Die Verbindung von praktischem und abstraktem Denken machte die Juden in der agrarischen Welt des Mittelalters und erst recht zu Beginn der Neuzeit, beim Aufkommen des Kapitalismus, zu idealen Finanzfachleuten.

Der Glaube an die kollektive messianische diesseitige Erlösung gab den Juden, solange sie gläubig waren, die Kraft, Untragbares zu erdulden, ohne ihr Selbstgefühl zu verlieren. Da Aufstände und Revolten nur zur Selbstvernichtung führen konnten - und sich schon in der Römerzeit im Land Israel selbst für den Bestand des Volkes als gefährlich erwiesen hatten -, lernten die Juden sich der übermächtigen feindlichen Welt zu unterwerfen. Eine Einstellung, die dann in der Hitlerzeit in Osteuropa, einem Gegner gegenüber, der ohnehin das gesamte jüdische Volk vernichten wollte, sich verhängnisvoll auswirkte, weil sie die rechtzeitige Abwehr – soweit eine solche überhaupt möglich war - behinderte.

Die Überzeugung, daß die messianische Erlösung nur jenen zugute kommen werde, die ihrem Glauben treu blieben, war, wie der Autor des Buches sehr richtig feststellt, der Grund, weshalb die Juden um einen Abtrünnigen in genau den gleichen Riten trauern wie um einen Toten, obwohl eine solche Vorschrift nirgends bei ihnen kodifiziert ist. Sie geht vielmehr auf den großen religiösen Führer Gerschom ben Jehuda im 10. Jahrhundert zurück, auf den übrigens auch das Verbot der Polygamie für die Juden Europas zurückgeht, der als erster so um seinen zum Christentum konvertierten Sohn trauerte. Durchaus logisch hat ein späterer Gelehrter erwogen, ob man um den Täufling, da er doch im Gegensatz zum Verstorbenen auch das Jenseits verloren habe, nicht doppelt so lange trauern sollte.

Die Demutshaltung der Ostjuden in der Hitlerzeit wäre also rein durch historische Erfahrung bedingt. Hier aber irrt Ernest van den Haag vermutlich: Die spanischen Juden haben auch in den bittersten Zeiten der spanischen Inquisition nie mit Unterwerfung reagiert. Sie haben sich entweder taufen lassen, oder aber sie haben versucht zu fliehen, manche mit Kolumbus zusammen bis nach Übersee. Es entkamen nur wenige.

Daß der Autor in dieser Demutshaltung das Resultat eines historischen Lernprozesses und nichts darüber hinaus vermutet, hängt damit zusammen, daß er die spaniolischen (»sephardischen«) und mittel- und osteuropäischen (»aschkenasischen«) Juden für genetisch identisch hält, denn die Juden haben nach seiner Meinung wenig missioniert und kaum je Mischehen geschlossen. Beides beruht auf einem Irrtum. Im alten Römerreich soll zeitweise fast jeder dritte ein jüdischer Konvertit gewesen sein - und selbst wenn der Prozentsatz zu hoch geschätzt sein sollte, so konnte die Behauptung nur aufkommen, weil es eben viele Konvertiten gab -, und seit dem dritten vorchristlichen Jahrhundert haben die nach Arabien, dem hebräischen Ursprungsland, zurückgeströmten Juden dort ganze arabische Stämme zum Judentum bekehrt. In Europa wiederum haben sie vor allem im slawischen Osten im Mittelalter oft christliche Mädchen geheiratet, worüber sich bewegte Klagen der dortigen Bischöfe erhalten haben. Neben den mangelnden historischen Kenntnissen macht sich in diesem einen Punkt bei Ernest van den Haag eben auch die (im Vergleich mit den USA-Chinesen nachgewiesene) sehr geringe optische Begabung der meisten Juden bemerkbar: Es gibt in New York ausreichend sephardische Juden, und der Unterschied fällt ja ins Auge. Hierzu eine Anekdote des ehemaligen jüdischen Religionslehrers in Basel. Zuvor war er in Frankfurt gewesen, wo es mehrere jüdische Religionsschulen gab, und beim Amtsantritt hatte er sich bei allen vorgestellt. »Zuerst«, berichtete er, »kam ich zu den Spaniolen. Lauter kleine, schlanke, würdige Beduinen! Dann ging ich zu den deutschen Juden - nun, sie sahen etwa so aus, wie man sich bei uns Juden vorstellt. Zuletzt kam ich zu den (ostjüdischen) Chassiden - also ich sage Ihnen, einen solchen Haufen hellblonder kleiner ›Arier‹, die einen solchen jüdischen Spektakel machten, hatte ich mein Lebtag noch nie gesehen!« In der Tat gehören die Spaniolen vorwiegend der »orientalischen« oder »beduinischen« Rasse an, die mitteleuropäischen Juden der »armenoiden« oder »vorderasiatischen«, gleichen also den Türken oder Armeniern; bei den Ostjuden kommt durch die bereits erwähnten vielen Mischehen und durch Vermischung mit den südrussischen Chasaren, die im neunten Jahrhundert zum Judentum übergetreten sind, eine starke »ostbaltische« (populär ausgedrückt: slawische) Komponente hinzu.

Manches, was der Autor also rein aus »kulturellen Motivationen« erklärt, die bei den neuzeitlichen Sepharden nach seiner Meinung fehlten, ist demnach genetisch-rassisch bedingt. Mit den Arabern zusammen haben die spaniolischen Juden, die seinerzeit, im Frühmittelalter, ebenfalls mit den Arabern zusammen die geistigen Pioniere des Abendlandes gewesen waren, ihre kulturellen Impulse eingebüßt. Die heute noch kulturschöpfende Gruppe der Juden, und folglich auch die, die den Autor des Buches allein interessiert, entstammt Mittel- und Osteuropa. Der Autor irrt daher auch, wenn er glaubt, die geringe Geistesleistung der Sepharden in Israel beruhe auf Diskriminierung. Die Versuche der Umerziehung haben bisher wenig Erfolg gebracht. Entsprechend ist auch die seelische Haltung der Ostjuden mehr genetisch und jedenfalls nicht ausschließlich historisch bedingt. Dies gilt sowohl für die überdimensionierte Kritik an der Wirklichkeit mit all ihren Mängeln wie für die messianischen Endzeitträume, die die nüchternen Hebräer bei ihrem Einbruch ins Land Israel noch nicht gekannt, vielmehr von den Autochthonen, mit denen sie sich mischten, in gewandelter Form übernommen haben.

Dies aber erklärt besser als historisch-kulturelle »Motivation« die Neigung der Ostjuden und ihrer Nachkommen in Amerika zur tödlich scharfen Kritik an den bestehenden Zuständen - in diesem Fall also an der relativ freien Demokratie - und ihre Blindheit für die auf den ersten Blick erkennbaren Mängel der marxistischen Utopie, die sich insofern mit der der alten Propheten deckt, als sie die totale Gerechtigkeit verspricht. Dieses scheinbare Versagen der Intelligenz ist also nicht nur historisch-kulturell, sondern auch und wohl noch stärker genetisch-rassisch bedingt. Von Kanaan und ganz Vorderasien aus hatten schon in der heidnischen Antike ekstatisch-messianische Kulte Europa überschwemmt, Mysterien des Weingottes Bacchus und der Muttergöttin mit ihrem jährlich auferstehenden Sohn, dem Erlösungsgott. Der christliche Erlösungsglaube ist nur die stärkste und sublimste Variante dieses Messianismus. Daß die Juden sich damals zu ihrer eigenen geistigen Schöpfung nicht bekannten, während sie heute den weit weniger attraktiven Marxismus in diversen Varianten oft akzeptieren, hängt wohl mit der Lockerung der religiösen Bindungen zusammen: sie glauben nicht mehr daran, daß die Erlösung an den Weiterbestand ihres Volkes geknüpft ist.

Und noch ein zweites spielt dabei eine Rolle, diesmal, wie van den Haag richtig sieht, rein historisch erklärlich: nach den jüdischen Erfahrungen vor allem in Osteuropa bedeutete politisch »rechts« soviel wie antisemitisch, politisch »links« soviel wie philosemitisch oder doch ohne religiöse Vorurteile. Allen mittlerweile gemachten gegenteiligen Erfahrungen zum Trotz halten die Juden an diesem Denkschema so gründlich fest, daß sie heute bei Gruppen, Völkern und Individuen, die sich selbst als »links« bezeichnen, sogar massivsten Antisemitismus protestlos hinnehmen. Dies gilt unter anderem für die linken militanten Negerextremisten, die praktisch durch die Bank antisemitisch und proarabisch sind, obwohl die Juden nie Plantagenbesitzer und Sklavenimporteure waren und obwohl in Afrika selbst einzig die Araber als Sklavenjäger die traditionellen Feinde der Schwarzen waren. Hier nimmt die ostjüdische Neigung zum Messianismus selbstmörderische Züge an: Es sind vorwiegend Juden, welche fordern, man müsse die Schwarzen, ihrem geringeren durchschnittlichen Intelligenzquotienten zum Trotz, genau dem »Rassenproporz« entsprechend die Hochschulen absolvieren lassen; das scheinbare Intelligenzgefälle zugunsten der Schwarzen lasse sich durch entsprechende Schulreformen beheben. Mit diesen »Reformen« an Schulen und Hochschulen haben die Progressisten bekanntlich das Bildungswesen Amerikas bereits weitgehend zerstört. Die Zerstörung greift jetzt, zusammen mit dem Irrglauben an die reine Milieubedingtheit der Intelligenz, auch auf Europa über, mit den gleichen für die abendländische Bildung verderblichen Konsequenzen. Außerdem würde die Verwirklichung der Forderung einen scharfen Numerus clausus vor allem gegen jüdische Studenten in Amerika zur Folge haben, die bisher prozentual dank ihrer guten Schulintelligenz weit stärker an den Hochschulen vertreten sind, als es ihrem Bevölkerungsanteil im Land entspricht. Wir stehen damit dem grotesken Faktum gegenüber, daß dieselben Juden, die mit Recht verzweifelt gegen den antijüdischen Numerus clausus an Universitäten kämpften, wenn er politisch von »rechts« her inspiriert war, jetzt ebenso dezidiert einen neuen antijüdischen Numerus clausus für sich selbst institutionalisieren wollen, weil er von »links« herkommen wird.

Jüdisch - und diesmal nicht nur ostjüdisch - stigmatisiert ist auch der heute weltweite Intellektuellenkult, der in der jüdischen Vergangenheit aus bereits genannten Erwägungen lebensnotwendig war, der aber, übertragen auf ganz andere Gemeinschaften und Völker, zu grotesken und sinnlosen Konsequenzen führt.

Anderes wieder, was ebenfalls geistige Weltmode zu werden droht, ist zwar auch jüdisch, jedoch nicht messianisch inspiriert, sondern aus der Sehnsucht der Enkel erfolgreicher, ehemals armer, sozialistischer Emigranten in den USA nach der welt- und leistungsfremden Welt der frommen Großväter aus Osteuropa zu erklären: sie tragen – als Hippies – deren Bärte und Backenbärte, deren arme vernachlässigte Kleidung, deren altmodische Stahlbrillen, ziehen sogar in die alten Slums zurück, aus denen die Eltern sich emporgearbeitet haben.

Ernest van den Haag lebt in Amerika. Ganz von selbst ergibt sich da, daß er zumindest bei seiner Analyse der jüdischen Gegenwartslage vor allem die amerikanischen Juden berücksichtigt. Daraus wieder kann der Leser vielleicht den Eindruck gewinnen, als ginge das Buch stellenweise vorwiegend oder sogar ausschließlich nur die Juden Amerikas etwas an.

Vor den Hitlermassakern wäre dies auch der Fall gewesen. Denn damals gab es neben den bereits »atomisierten« und traditionsentfremdeten »Westjuden« die ostjüdische Gemeinschaft mit ihrer eigenen Tradition und Sprache (dem Jiddischen), aus deren Mitte zwar immer wieder einzelne mit ihren jüdisch stigmatisierten Ideen die ganze Welt bewegten (die

Vorfahren von Karl Marx und Sigmund Freud stammten aus Ostgalizien), die aber außerdem noch als einzige für das Judentum und die jüdische Gemeinschaft selbst bestimmte und seine Zukunft bestimmende Ideen hervorbrachten, Ideen, die einerseits der jüdischen Geistestradition verpflichtet waren, die andererseits aber zugleich neu und für den Fortbestand der Juden in der Neuzeit maßgeblich wurden. Hier keimte der Zionismus, die Forderung und Bereitschaft, die längst zu Sumpf und Wüste gewordene Erde Palästinas zu neuem Leben zu erwecken und dort einen neuen israelischen Staat zu gründen. Ihre volle politische Ausformung hat die Idee zwar erst durch den ursprünglich total traditionsentfremdeten Budapester Publizisten Theodor Herzl erfahren. Die Träger des Ideals blieben aber die ostjüdischen Massen, ohne die es auch nie verwirklicht worden wäre.

Und auch andere Varianten, das jüdische Volk unter neuzeitlichem Vorzeichen in die Zukunft hinüberzuretten, kamen in Osteuropa auf. So etwa der Versuch, Sozialismus und Judentum in enger Verbindung im Exil zu verwirklichen, und zwar in einer kulturell und sprachlich autonomen jüdisch-kommunistischen Volksgemeinschaft in Rußland selbst, sei es an Ort und Stelle, d. h. also in der Ukraine, wo die Juden zur Zeit der Zaren ihre einzigen »Ansiedlungsrayons« besaßen, sei es am Ostrand des Sowjetreichs, in Birobidschan, in einem bisher nur von wenigen mongolischen Nomaden durchstreiften Landstrich. Dorthin brachen russische Juden in den zwanziger Jahren mit der gleichen Pionierbegeisterung auf, mit der andere unter ihnen nach Palästina auswanderten.

Mittlerweile sind aber diese Versuche, eine kulturell autonome jüdische Gemeinschaft in der Zerstreuung auf anderer als rein religiöser Basis aufzubauen, unter dem Druck der stalinistischen und nachstalinistischen Judenverfolgungen zusammengebrochen. Soweit die Juden am Westrand Rußlands, also in der Ukraine, geblieben waren, wurden sie außerdem durch die Nazibesatzung radikal dezimiert, in Polen und im Baltikum praktisch ausgerottet. Ob das russische Regime die sprachliche und kulturelle Autonomie der Juden in ihrem Bereich aus dem hier schon seit Jahrhunderten endemischen Judenhaß heraus behinderte, oder weil es eine, wenn auch nur partielle, Erhaltung der religiösen Tradition mit der allgemein kulturellen zusammen befürchtete, wird man schwerlich genau feststellen können. Ganz falsch war die Befürchtung jedenfalls nicht. Ohne den dauernden Zufluß von hebräischen und aramäischen Sprachelementen verödet das Jiddische in der Tat allmählich. Jedenfalls sind die heutigen russischen Juden nicht mehr in der Lage, der jüdischen Gemeinschaft neue Wege zu weisen. Sie haben sich zum Teil russifiziert, um den Verfolgungen zu entgehen. Sie sind auch zum Teil wieder zu jüdischen Werten zurückgekehrt, als sich erwies, daß die Absage an die jüdische Tradition ihnen nichts half. Manche von ihnen, die von Israel seinerzeit nichts wissen wollten, träumen heute sogar von der Rückkehr ins Heilige Land. All dies sind aber Reaktionen aus zweiter Hand, Rückwirkungen des russischen Antisemitismus, der, weit massiver als der zaristische, ein eigenes jüdisches Kulturleben schon im Keim erstickt. Von den russischen Juden ist deshalb in absehbarer Zeit kein Beitrag zur Lösung der Judenfrage, gleichgültig in welcher Weise, zu erwarten.

Weiter westlich aber, in den deutschen und romanischen Landstrichen, gab es auch vor Hitler schon seit Jahrhunderten die Juden nur in atomisierter Form, als einzelne inmitten einer nichtjüdischen Gemeinschaft, und nicht in geschlossenen Gemeinden mit geistigem Eigenleben. Hier unterschieden sich die Juden bestenfalls durch ihre »Konfession« von den andern - sofern sie sich der totalen Assimilation zuliebe nicht auch noch zur Taufe entschlossen. In Berlin gab es vor der Hitlerzeit bereits 40 Prozent sogenannte »Mischehen« - es wären ohne Hitler noch mehr geworden. Das allerdings nicht physische, aber doch kulturelle Ende des deutschen Judentums war daher auch ohne Hitler nur eine Frage der Zeit. Ähnlich lagen die Dinge auch in Frankreich, wo es heute allerdings wieder Hunderttausende von Juden gibt. Sie sind aber mit den einstigen französischen Juden nicht identisch, sondern stammen aus

Nordafrika, also aus arabischer Umgebung. Was Ernest van den Haag aber von den spaniolischen Juden feststellt, die seinerzeit mit den Arabern zusammen die geistigen Pioniere nicht nur Andalusiens, sondern des ganzen Abendlandes gewesen waren, trifft auch für alle andern Juden aus arabischen Ländern zu: Sie haben, mit den Arabern zusammen, ihren geistigen Impetus längst eingebüßt. Aus ihrem Kreis sind also weder für die Juden selbst noch für die außerjüdische Kulturwelt neue Anregungen und Richtlinien zu erwarten.

Es bleiben folglich, sofern man die Untersuchung auf das Exiljudentum eingrenzen will - über die geistige Entwicklung der Juden Israels kann man einstweilen noch nichts voraussagen -, in der Tat nur die Juden Amerikas übrig. An sie mußte van den Haag sich halten.

In der Tat gehen Eigenart, Schicksal und Zukunft der Juden Amerikas nicht nur diese selbst, sondern die ganze Welt etwas an. Denn van den Haag stellt fest: Zwar treibt die jüdische Gemeinschaft Amerikas, genau wie zuvor jene Deutschlands, der Selbstauflösung entgegen, und dies, obwohl es in Amerika, anders als in der Neuzeit in Deutschland, noch große geschlossene Siedlungszentren der einstigen Ostjuden gibt. Die religiösen Bindungen lockern sich hier, genau wie bei allen andern Völkern auch, immer mehr. Die jiddische Eigenkultur, die die meisten aus ihrer ostjüdischen Heimat mitgebracht haben, weicht zunehmend einer abendländisch-kosmoplitischen. Als Folge stellen sich hier, wie zuvor in Deutschland, viele Mischehen ein, die mit dem Austritt des jüdischen Partners aus der jüdischen Gemeinschaft enden. Durchaus richtig stellt der Autor daher fest, daß völlig neue, heute noch nicht einmal andeutungsweise erkennbare Faktoren hinzukommen müßten, um das Ende der amerikanischen Juden zu verhindern.

Nun aber: In Deutschland empfand ein hoher Prozentsatz der Juden deutschnational. Sie wollten nichts als »gute Deutsche« werden. Damit schieden sie als Wegweiser für die jüdische Gemeinschaft aus, und auch zur kulturellen Entwicklung der Deutschen konnten sie nichts Abweichendes beitragen.

Anders liegen die Dinge bei den Juden Amerikas. Der Völker-
mischmasch der USA schließt eine Anglisierung als Wunschziel
für die eingewanderten Juden aus. Die Selbstauflösung der
Juden Amerikas vollzieht sich folgerichtig nur im Namen
übernationaler, kosmopolitischer Ideale, und zwar vorwiegend jener der alten und neuen Linken, die beide, wiewohl
jüdischen Ursprungs, sich dennoch anders als die Forderungen
des Alten Testaments und des Talmuds nie bloß an die Juden
selbst wandten. Sie fordern Weltgeltung und haben sie inzwischen auch schon weitgehend erreicht. Während aber das
Christentum in seiner rein jüdischen jesuanischen Urform auf
eine kleine jüdische Sekte - die Ebioniten - beschränkt blieb,
die bald erlosch, und von den andern Völkern nur in einer
wesentlich mit nichtjüdischen Elementen durchstreuten Form
rezipiert wurde, geht der Marxismus in allen seinen Abarten,
eben weil a priori nicht nur für die Juden geplant, völlig unverändert auf nichtjüdische Gemeinschaften über. Da sich nun
die Selbstauflösung der Juden Amerikas vorwiegend unter
marxistischem Vorzeichen vollzieht und der Linksdrall der
amerikanischen Publikationen und Massenmedien längst auf
die gesamte Kulturwelt übergegriffen hat, gehen folglich Art
und Schicksal der Juden Amerikas, die van den Haag mit soviel Witz zum Teil rein anekdotisch vor uns ausbreitet, uns
alle in hohem Ausmaß etwas an.

St. Gallen, im Juni 1973                     Salcia Landmann

# 1 Sind die Juden klüger als andere Leute?

Wenn wir uns fragen, wer den tiefgreifendsten Einfluß auf das Weltbild der Neuzeit gehabt hat, kommen wir immer wieder auf Freud, Einstein, Marx und Darwin. Von diesen vier Männern war nur Darwin kein Jude. Was ist nun das Geheimnis der unverhältnismäßig großen Bedeutung der Juden, die doch nur einen winzigen Prozentsatz der Bevölkerung ausmachen, für die westliche Kultur? Sind sie, wie Freund und Feind zu vermuten scheinen, einfach klüger als andere?

Die Fähigkeit, neue Situationen als neu zu erkennen und ihnen mit entsprechender gedanklicher Anpassung zu begegnen, die Fähigkeit, mit abstrakten Begriffen zu operieren, daraus Prinzipien zu filtern und diese wiederum durch entsprechende Theoreme mit anderen zu verbinden, diese durch Intelligenztests meßbare Fähigkeit ist größtenteils vererbbar. Sie kann allerdings auch geschult werden. Doch muß schon etwas vorhanden sein, um geschult werden zu können. (Natürlich hängt der Erfolg der Schulung auch vom Grad der Motivierung ab.) Was nun der Schulung und was der Vererbung zuzuschreiben ist, ist zwar schwierig, doch nicht unmöglich zu unterscheiden. Leider sind die Intelligenztests hier kein unfehlbares Mittel. Wenn man jedoch immer wieder feststellt, daß eineiige, doch in unterschiedlichem Milieu herangewachsene Zwillinge fast denselben Intelligenzquotienten aufweisen, während zwischen gemeinsam aufgezogenen nichteineiigen Geschwistern große Unterschiede bestehen können, dann bleibt die Schlußfolgerung unausweichlich, daß Vererbung eine ausschlaggebende Rolle spielt. Und es ist eine Tatsache, daß die durchschnittlichen Intelligenzquotienten jüdischer Kinder gleichbleibend höher sind als die nichtjüdischer.

Natürlich heißt dies nicht, daß es weder dumme Juden noch intelligente Nichtjuden gibt. Man trifft genügend aus beiden Lagern. Es heißt lediglich, daß ein jüdisches Kind bei sonst gleichen Bedingungen von vornherein größere Aussichten hat, intelligenter zu sein - um wieviel mehr, läßt sich allerdings nicht sagen - als ein nichtjüdisches. Machte Gott die Juden vielleicht hierdurch zu seinen »Auserwählten«?

Nun, Gottes Anteil hieran ist ungewiß, nicht aber der der Rabbiner.

Durch Jahrtausende hatten die klügsten Juden die größten Chancen zu heiraten, sich fortzupflanzen und ihre Kinder am Leben zu erhalten, während in der westlichen Welt die klügsten Männer das ganze Mittelalter hindurch am seltensten Kinder hatten. (Außerhalb der westlichen Welt war Intelligenz weder ein Vorteil noch hinderlich, wenn es darum ging, Kinder in die Welt zu setzen und sie am Leben zu erhalten.)

Warum hatten die intelligentesten Nichtjuden des Westens fast Jahrtausende hindurch am wenigsten Gelegenheit, ihre Intelligenz durch Vererbung weiterzugeben? Weil es die Kirche war, die begabten Männern niederer Abstammung die beste und fast einzige Gelegenheit bot, von der untergeordneten sozialen Stellung, die das Los ihresgleichen war, aufzusteigen. Nur im Klerus wurden intellektuelle Leistungen ohne Rücksicht auf Herkunft und Stand anerkannt. Kein Wunder also, daß das Priestertum die ehrgeizigsten, begabtesten und intelligentesten Männer niederer Herkunft, aber auch die besten Köpfe höherer Stände anzog. Doch forderte es einen Preis: den Zölibat. Dies bedeutete, daß der intelligenteste Teil der Bevölkerung keine Nachkommen besaß und der Kirche Generationen hindurch seine guten Erbanlagen zum Opfer brachte. Die Folge war, daß der durchschnittliche Intelligenzgrad in der nichtjüdischen westlichen Welt beträchtlich tiefer fiel, als es sonst der Fall gewesen wäre.

Die Forderung der Kirche nach dem Zölibat war mindestens dreifach begründet: zum einen durch die allgemeine Feindseligkeit der Kirche dem Sexus gegenüber. Während Heirat in Anbetracht der Schwächen gewöhnlicher Sterblicher ratsam schien, erwartete man von den Priestern eine größere Widerstandskraft gegenüber geschlechtlichen Versuchungen.

Zum anderen nahm man an, daß unverheiratete, also kinderlose Priester nicht versucht sein würden, Geld und Macht für ihre Nachkommenschaft anzuhäufen (zumindest würde die Versuchung geringer sein). Ein Priester würde alle Christen ohne Bevorzugung eigener Nachkommen wie ein Vater lieben.

Schließlich glaubten alle Christen an das Heil ihrer Seele und die Wiederauferstehung ihres Körpers. Ein solcher Glaube an die eigene Unsterblichkeit machte es unnötig, sich eine andere Art von Unsterblichkeit durch die Fortpflanzung seiner Person zu sichern. Natürlich waren nicht alle Christen außerhalb des Priesterstandes bereit, ihre Hoffnung ausschließlich in die verheißene Wiederauferstehung zu setzen. Wenn der Glaube auch stark war, hielt er sich doch in Grenzen. Priester aber, Christen von Beruf sozusagen, mußten mit gutem Beispiel vorangehen. Sie verzichteten also auf die irdische Unsterblichkeit zugunsten ihres Seelenheils - mit der unvorhergesehenen, unbeabsichtigten und unerwünschten Folge, daß die intellektuelle Elite keine Nachkommen besaß.

Der Zölibat wurde nicht immer streng eingehalten, und manche Priester hätten vielleicht ohnehin keine Kinder gezeugt. Doch auch unter Berücksichtigung dieser und anderer Faktoren kann nicht bezweifelt werden, daß der Zölibat die Intelligenz der nichtjüdischen westlichen Bevölkerung reduziert hat. Man bedenke, wie viele große Gelehrte (von denen mittleren Ranges ganz zu schweigen) den Ehen protestantischer Geistlicher oder jüdischer Theologen entsprangen. Wären sie kinderlos geblieben, wäre der Beitrag ihrer sprichwörtlich zahlreichen Nachkommenschaft zu der geistigen und wissenschaftlichen Entwicklung nie geleistet worden. Die Verdienste der Nachkommen nichtkatholischer Geistlicher zeigen, welchen Verlust die Gemeinschaft durch den Zölibat in den vielen Jahrhunderten der katholischen Vorherrschaft in der westlichen Welt erlitt.

Heute, wo katholische Kreise die Abschaffung des Zölibats diskutieren, richtet er in dieser Hinsicht keinen Schaden mehr an. Junge Männer brauchen nicht den Priesterberuf zu ergreifen, um höhere soziale Stellungen zu erlangen. Die Kirche bietet intelligenten, doch armen Männern weder die einzige noch die beste Aufstiegsmöglichkeit. Es gibt genügend intellektuelle Laufbahnen außerhalb ihres Bereichs. Daher kann man annehmen, daß zukünftige Geistliche aus den unteren Schichten sich berufen fühlen, denn weltlicher Ehrgeiz findet heute auch unter den Unbemittelten genügend andere Wege zu seiner Befriedigung, und zwar Wege, die eine Nachkommenschaft nicht ausschließen.

Bei den Juden hingegen wurden die intelligentesten Männer am stärksten dazu gedrängt, Kinder zu haben: sie wurden Rabbiner, die sich eine reiche Nachkommenschaft leisten konnten und von denen diese geradezu erwartet wurde. Die klügsten und ehrgeizigsten Juden fühlten sich vom Theologiestudium noch stärker angezogen als Nichtjuden vom Priestertum. Denn Rabbiner waren in jeder Hinsicht die Führer der jüdischen Gemeinschaft.

Philosophische Streitfragen, Grenzfälle des Rituals, geschäftliche Streitigkeiten, Eheprobleme - alle wichtigen Probleme - wurden nach Präzedenzfällen entschieden, bei deren Auslegung die Ansicht der Rabbiner ausschlaggebend war. Diese besaßen also das Ansehen, die Macht und die Vorrechte einer Elite. Sie standen nicht wie ihre christlichen Kollegen in Wettstreit mit weltlichen Führern, mit Königen oder Richtern. Denn Rabbiner waren die religiösen *und* zugleich weltlichen Führer der jüdischen Gemeinschaft. Daher wurden junge Männer, die heute vielleicht den Beruf eines Richters, Anwalts,

Politikers, Arztes, Lehrers oder Gelehrten wählen würden, damals Rabbiner[1]. Und im Gegensatz zu katholischen Priestern wurde den Rabbinern vorgeschrieben, zu heiraten und Kinder zu zeugen. Wie man andererseits von den reichen Familien erwartete, daß sie ihre Töchter mit Rabbinern, den Vertretern der jüdischen Aristokratie, verheiraten würden. Beide Seiten taten, was die Allgemeinheit von ihnen erwartete, und durch das Mittelalter hindurch war das Judentum ganz von diesem Geist erfüllt. Die Folge war:

1. Die intelligentesten, ehrgeizigsten und den intellektuellen Beschäftigungen am stärksten zugeneigten Juden wurden Rabbiner.

2. Rabbinatsschüler und Rabbiner waren sehr gefragt und heirateten deshalb früher als andere Juden.

3. Rabbiner heirateten die Töchter der erfolgreichsten Juden und konnten sorgfältig auswählen. Dabei wurde die Wahl nicht von persönlicher Zuneigung, sondern von der Gesundheit und dem Vermögen der Braut bestimmt. Man kann aber eine Beziehung zwischen Intelligenz und Erfolg annehmen, und die reichen Erbinnen werden oft, wenn auch nicht immer, neben dem Geld auch die Intelligenz der Eltern geerbt haben.

4. Da es Rabbiner leichter hatten, ihre Kinder aufzuziehen, hatten sie folglich auch mehr Kinder als andere Juden.

5. Ihre Kinder hatten größere Überlebenschancen, da die Rabbiner meist auch medizinische Kenntnisse besaßen; als Führer ihres Volkes konnten sie ihre Familien auch besser beschützen. (Dieser Ausleseprozeß wurde noch durch die den Juden in Mitteleuropa auferlegten hohen Erbschaftssteuern, wie sie bis in das 19. Jahrhundert hinein üblich waren, gefördert, denn diese erlaubten den wohlhabenden Schichten eher eine Heirat.) Schließlich folgten die Rabbiner gewissenhaft der Aufforderung des Talmud, fruchtbar zu sein. Zusammenfassend läßt sich sagen, daß die Juden, hätten sie sich willentlich entschlossen, intelligente Kinder unter Ausnutzung vorhandener Erbanlagen zu züchten, auf andere Weise nicht zu besseren Ergebnissen gekommen wären. Natürlich be-

zweckten sie das nicht bewußt, wie auch der katholische Zöli bat keine Reduzierung der christlichen Intelligenz anstrebte Beides war vielmehr eine Nebenerscheinung anderer erklärte und bewußter Absichten. Trotzdem hatten diese Folgen ein starke Wirkung auf die Geschichte der Juden und die de Welt.

»Intelligenz« setzt sich aus mehreren geistigen Fähigkeiten zu sammen, zum Beispiel der Fähigkeit, mit der Sprache umzu gehen (Behalten von Wörtern und Erkennen ihrer Beziehun gen zueinander), dem logischen Denken (Schaffung von Be griffen, Interpretation und logisches Folgern), der mathema tischen Begabung (Operieren mit Zahlen), dem Denken i räumlichen Kategorien (die Fähigkeit, sich Größen und For men vorzustellen, sie in Beziehung zu bringen und damit z operieren). Weitere Fähigkeiten, von denen einige kaum meß bar sind, spielen ebenfalls eine Rolle. Das spezifische Gewicht das die verschiedenen Tests jeder einzelnen zu testenden Fä higkeit geben, ist variabel, und als »Intelligenz« wird schließ lich eine Art von Mischung bezeichnet. Es liegt in der Natu der Dinge, daß diese Mischung oft ziemlich willkürlich ist un allein im Bereich der Theorie besteht; reale Existenz habe nur die einzelnen Komponenten dieser Mischung, die getrenn voneinander wirksam sind.

Es ist durchaus denkbar, daß sich jemand bei geringem lite rarischem Vermögen als guter Mathematiker auszeichnet während ein anderer zwar ein mathematischer Kretin, jedoch verbal äußerst begabt sein kann. Beide können auf Grun eines Tests als »intelligent« bewertet werden, wenn die mathe matischen Fähigkeiten des einen seine niedrigen Werte fü verbales Können ausgleichen und umgekehrt. Ob dies ge schieht oder nicht, hängt von dem Gewicht ab, das man de einzelnen Fähigkeiten in einem bestimmten Test beimißt. Mi Hilfe guter Tests ist es jedoch fast immer möglich, etwas z erkennen und zu bewerten, was die Bezeichnung »Fähigkei abstrakt oder begrifformend zu denken« tragen sollte. Da ge rade diese Fähigkeit in vielen Berufen äußerst wichtig ist, haben derartige Tests einen hohen Wert für Eignungsbestimmungen.

Obgleich diese Tests nützlich sind, sollte man sich ihrer Grenzen bewußt sein und nicht annehmen, daß sie die Fähigkeiten eines einzelnen in ganzem Umfang erkennen oder Werte wie Kreativität, Phantasie, gefühlsmäßige Disposition und schließlich Charaktereigenschaften messen können. (Andere Tests mögen dazu beitragen, diese Elemente der »Gesamtpersönlichkeit« auszuwerten.)

Was immer es also bedeuten mag: jüdische Kinder schneiden bei Intelligenztests im allgemeinen besser ab als andere Gruppen. Und sie erzielen desto bessere Ergebnisse, je mehr Gewicht auf verbale und Fähigkeiten der Argumentation gelegt wird. Außer beim Denken in räumlichen Kategorien, wo sich chinesische Kinder im allgemeinen auszeichnen, erzielen jüdische Kinder auf allen Gebieten bessere Ergebnisse. Die Unterschiede zwischen den einzelnen Volksgruppen entspringen in erster Linie ethnischen Voraussetzungen und bleiben unabhängig von sozialer Stellung, gesellschaftlichem Rang und Erziehung bestehen.

»Ethnisch« sollte jedoch nicht mit »genetisch« verwechselt werden. Wir wissen nicht, welcher Anteil der bei Juden im Durchschnitt festgestellten höheren Intelligenz auf Vererbung zurückzuführen ist. Wahrscheinlich beruht die oben erwähnte Tatsache in einem uns unbekannten Verhältnis ebenso auf kulturellen wie auf genetischen Faktoren.

Daß kulturelle Faktoren eine wichtige Rolle spielen (und vielleicht die genetischen zu irgendeiner Zeit beeinflußt haben, da durch bessere Heirats- und Fortpflanzungsmöglichkeiten die Auslese derer bewirkt wurde, die im Besitz der am meisten geschätzten Eigenschaften waren), wird jedem klar, der auch nur oberflächlich erfahren hat, welch besonderes Gewicht Juden schon immer der Gelehrsamkeit, dem Verstand, der Fähigkeit zu formulieren, der logischen Beweisführung, ja sogar der kritischen Streitlust beigemessen haben.

Dies Hervorheben intellektueller Fähigkeiten in der Familie und später in der größeren Gemeinschaft teilt sich Kindern schon in früher Kindheit mit und trägt viel zur Verstärkung ihres Lerneifers und der Betonung intellektueller Zielsetzungen bei. Denn dies ist in den Augen der Gemeinschaft der Weg, um Anerkennung, Respekt und schließlich Erfolg zu erringen.

Ein Beispiel dafür sind die aschkenasischen Juden, die in West- und Osteuropa lebten. Diese Gruppe bewahrte sich nicht nur ihre Religion inmitten einer christlichen Umgebung, sondern führte - teils gewollt, teils notgedrungen - ein abgekapseltes Dasein, in dem jüdische Ideen, Charaktereigenschaften und Intelligenz sich formten. Während die Mehrheit der Christen auf dem Land Bauernhöfe bewohnte, waren die meisten Juden - die weder Leibeigene waren noch Land besitzen durften - Stadtbewohner. Diese Konzentration in den Städten führte auch dazu, daß sie viel früher mit den Eigentümlichkeiten städtischen Lebens vertraut wurden als die meisten Nichtjuden.

Neben den aschkenasischen gab es die sephardischen (»spanischen«) Juden, die auf der Iberischen Halbinsel, in Nordafrika und im östlichen Mittelmeerraum konzentriert waren und von Mohammedanern umgeben lebten. Außer in religiöser Hinsicht assimilierten sie sich völlig. Aber auch wo sie sich nicht einfügten, verfolgten die sephardischen Juden keine ausgesprochen jüdischen Ideale. Ihr Respekt vor der Gelehrsamkeit und ihr Interesse daran läßt sich nicht mit dem der Aschkenasim vergleichen. Sie ähnelten darin vielmehr ihrer islamischen Umwelt. Dieser Unterschied dürfte sich teilweise durch die geringeren Benachteiligungen erklären, die die Juden unter islamischen Herrschern zu erdulden hatten, da diese sich in der Regel den Juden gegenüber toleranter verhielten als christliche.

Die Folgen dieser unterschiedlichen Auffassungen lassen sich nicht nur in Israel beobachten, wo die Sephardim sich manchmal wie eine Minorität behandelt fühlen, sondern auch in den

USA. In beiden Ländern reichen die intellektuellen Leistungen der sephardischen Kinder bei weitem nicht an die der aschkenasischen heran. In Israel kommen die sephardischen Kinder aus einer benachteiligten Schicht, sie entstammen meistens Familien mit niedrigerem Bildungsstand, kleinem Einkommen und geringem sozialem Ansehen. Doch haben neuere Tests in den USA gezeigt, daß nicht diese Faktoren für ihr mangelndes Lernvermögen verantwortlich sind. Man verglich nämlich zwei Gruppen jüdischer Kinder - sephardische und aschkenasische -, die verschiedene Privatschulen besuchten. Beide Gruppen kamen aus Familien der Mittelschicht und waren in der zweiten Generation in den Vereinigten Staaten geboren; beide sprachen zu Hause Englisch und lebten in einer Mittelklassenumgebung. Trotzdem erzielten die sephardischen Kinder in den Intelligenztests durchschnittlich 17 Punkte weniger als die aschkenasischen; etwa das gleiche Ergebnis wurde in Israel beobachtet.

Merkwürdigerweise entspricht dieser Unterschied etwa dem zwischen weißen und schwarzen Kindern in den USA. Man könnte also mutmaßen, daß die Erklärung hierfür ähnlich lautet. Besonders seit neuere Forschungen ergeben haben, daß Unterschiede zwischen Schwarz und Weiß weit eher auf ethnischen Faktoren beruhen als auf solchen, die mit Erziehung, gesellschaftlicher Stellung oder gar Rassentrennung in Beziehung stehen.

Die einzig mögliche Erklärung für die unterschiedlichen Testergebnisse der verschiedenen jüdischen Gruppen bei denselben wirtschaftlichen und sozialen Voraussetzungen ist der Unterschied in den kulturellen Idealen und Werten, die sich beim einzelnen dann in der unterschiedlich starken Motivierung auswirken. (Genetische Unterschiede sind unwahrscheinlich, da beide Gruppen jüdisch sind, obwohl sie jahrtausendelang voneinander getrennt lebten.) Im Gegensatz zu den Aschkenasim haben die Sephardim nie besonderen Wert auf einen hohen Bildungsstand gelegt. Dies läßt vermuten, daß der Unterschied in Leistung und Intelligenz zwischen Juden und

Nichtjuden ebenfalls zu einem großen Teil damit erklärt werden kann, welche Werte ein Volk in der Familie fördert, unabhängig von der Rolle, die genetische Faktoren darüber hinaus auch immer spielen mögen.

Die durchschnittlich höhere Intelligenz der Juden und ihr spezifisches Bildungsideal haben zu bemerkenswerten Ergebnissen geführt. 67 amerikanische Wissenschaftler erhielten zwischen 1901 und 1965 den Nobelpreis; davon waren 18, also 27 Prozent, Juden, obgleich nur 3 Prozent der Bevölkerung Juden sind. Somit stellten sie etwa neunmal mehr wissenschaftliche Nobelpreisträger, als es dem statistischen Querschnitt entsprochen hätte. Dieses anteilmäßige Übergewicht verringert sich, wenn man die Zahl der jüdischen Wissenschaftler und nicht die der jüdischen Bevölkerung im ganzen zugrunde legt. Dieses könnte jedoch nur dann von Bedeutung sein, wenn die unverhältnismäßig hohe Zahl von jüdischen Wissenschaftlern auf andere Faktoren als Intelligenz und Motivierung zurückzuführen wäre. Das ist meiner Ansicht nach jedoch nicht der Fall.

30 Prozent aller nichtjüdischen High-School-Schüler in den USA beabsichtigen, ein College zu besuchen - bei den Juden sind es 75 Prozent (beide Zahlen steigen von Jahr zu Jahr). Und es bleibt nicht nur bei der Absicht: bezogen auf den Prozentsatz, den die Juden in der Bevölkerung bilden, haben sie unter den Collegestudenten ein Übergewicht von 260 und in den Eliteinstitutionen sogar von 365 Prozent.

Jüdische Collegestudenten schneiden gut ab, wenn man ihre späteren Gehälter zum Maßstab nimmt. Sie sind auch in den akademischen Berufen stärker vertreten als Nichtjuden: in der Medizin zum Beispiel um 231 Prozent überrepräsentiert, bei den Spezialisten um 308 Prozent, innerhalb dieser Gruppe wieder um 478 Prozent bei den Psychiatern und um 299 Prozent in der Zahnheilkunde. Außerhalb der Medizin sind sie in den juristischen um 265 und in den mathematischen Berufen um 283 Prozent stärker vertreten, doch nur um 70 Prozent bei den Architekten (was ihr nur durchschnittliches Denken in räumlichen Kategorien erklärt) und um 9 Prozent bei den Ingenieuren. Die verhältnismäßig kleine Anzahl jüdischer Ingenieure erklärt sich zum einen durch ihre bisherige Diskriminierung im industriellen Bereich und zum anderen dadurch, daß die Bezeichnung »Ingenieur« im Amerikanischen sehr weit gefaßt ist. Sie umschließt dort Facharbeiter wie Hochschulabsolventen. Obgleich die Juden also bei den Ingenieuren verhältnismäßig dünn vertreten sind, stellen sie doch um 110 Prozent mehr Erfinder als die Nichtjuden.

Dieses jüdische Übergewicht in den akademischen Berufen beruht teilweise auf der stärkeren Motivierung. Lewis M. Terman, der den Berufsweg begabter Kinder in Kalifornien verfolgte, stellte fest, daß 57 Prozent der jüdischen Kinder, jedoch nur 44 Prozent bei den Nichtjuden, akademische Laufbahnen einschlugen. Und dies, obgleich nur 15 Prozent der jüdischen im Gegensatz zu 35 Prozent der nichtjüdischen Eltern selber Akademiker waren. Ein deutlicher Beweis dafür, daß allein die Tatsache, jüdisch zu sein, die Neigung zu akademischen Laufbahnen unabhängig vom Beruf der Eltern vertieft. Terman beobachtete ferner, daß unter den begabten Kindern etwa zweimal mehr Juden waren, als man auf Grund der Bevölkerungszahlen in Kalifornien hätte annehmen können. Auch dies muß man genetischen und motivierenden Faktoren in unbekanntem Ausmaß zuschreiben.

Die wachsende Anzahl der Juden in akademischen Berufen fiel mit drei Ereignissen bzw. Strömungen zusammen: die Juden in den USA emanzipierten sich, rein religiöse Berufe schienen vielen weniger erstrebenswert, und die dem Besuch eines College gesetzten Schranken fielen. 1922 entsprach die Anzahl der Juden in der Gelehrtenelite Phi Beta Kappa[2] prozentual noch etwa ihrem Bevölkerungsanteil. 1962 hingegen war sie um 33 Prozent höher, als man nach den Bevölkerungszahlen hätte annehmen können.

Es ist vielleicht erwähnenswert, daß - obgleich natürlich nicht alle Minoritäten besondere Begabungen aufweisen - die Juden nicht die einzige Minorität sind, bei der dies der Fall ist.

Die ursprünglich aus Persien stammenden Parsen etwa siedelten sich in Indien an, wo sie ihre Religion und kulturellen Eigenarten pflegten. Dabei erwiesen sie sich als auffallend erfolgreich im geschäftlichen und akademischen Leben. Das Schicksal und die Umgebung der Parsen, ganz zu schweigen von ihren religiösen und kulturellen Bräuchen, sind völlig anders als die der Juden. Doch unterscheiden sie sich als Gruppe ebenfalls von der Gesellschaft, in der sie leben, und fühlen sich wie die Juden psychologisch ausgeschlossen.

Es ist möglich, was einige Philosophen und Soziologen annehmen, daß nämlich diese Außenseiterstellung beträchtlich zum Leistungsstreben als einem Mittel zur Kompensierung und Selbstbestätigung beiträgt. Natürlich reicht der Minderheitenstatus allein hierfür nicht aus, denn die Motivierung ist viel häufiger gegeben als diese Reaktion darauf. Der Minoritätsstatus allein - sei er auch noch so nötig - kann also noch keine hervorragenden intellektuellen Leistungen hervorbringen.

---

[1] Die heutigen Rabbiner in den Vereinigten Staaten erfüllen diese Führerfunktion natürlich nicht mehr. Sie sind - außer für die orthodoxen Juden - lediglich religiöse Führer von Gemeinden, die oft selber keine Beziehung zur Religion mehr haben.

[2] Studentenorganisation, in die man auf Grund besonderer akademischer Leistungen aufgenommen wird. Anm. d. Ü.

# 2 Wer sind die Juden, und wozu sind sie auserwählt?

Die dickköpfige, schwerfällige, fast absurde Integrität der Juden ist zweifellos einer der Gründe, weshalb James Joyce in seinem Ulysses Leopold Bloom für die Gestalt seines homerischen Helden wählte: keinen Griechen oder Iren, sondern einen Juden. Doch ist Bloom nicht sehr »jüdisch«. Viele emanzipierte Juden sind es nicht. Und dies ist an sich schon ein verbreiteter jüdischer Charakterzug: eine Reaktion auf ihre ethnozentrische Vergangenheit. Bloom scheint nicht religiös zu sein, er hat mit Ausnahme seiner Frau keinen engen Kontakt zu anderen Juden und geht auch keiner ausgesprochen jüdischen Tätigkeit nach. Nur in einer Hinsicht ist er jüdisch: ihm kommt nicht der Gedanke, *kein* Jude zu sein. Aufhören, Jude zu sein, seine Religion oder Nationalität zu wechseln, ist für ihn undenkbar - obgleich man nicht recht weiß, warum.
Bloom vertritt zweifellos die Menschheit auf ihrer Entdeckungsfahrt. An einem Tag durchlebt er den menschlichen Lauf auf Erden und symbolisiert das menschliche, nicht jüdische Dilemma. Doch ist er Jude. Niemand ist zufällig Jude. Joyce wählt einen Juden, um die Menschheit zu vertreten. Er läßt ihn Unwürdiges erleiden - in gewisser Weise sich selber zufügen. Doch selbst wenn er sich auf das obszönste im Schmutz wälzt, behält Bloom noch eine Art eigensinniger Würde. Vielleicht ist dies nicht das richtige Wort. »Menschlichkeit« ist wohl treffender.
Woher kommen sie? Juden sind Menschen wie wir alle, doch

in gewisser Weise sind sie es mehr als irgend jemand sonst. Mehr als jedes andere Volk haben sie an der menschlichen Geschichte teilgenommen, sie aufgezeichnet, geformt, hervorgebracht, weiterentwickelt und vor allem unter ihr gelitten. Keine andere Nation hat so viel miterlebt, so viel gestritten und mühsam ausgehandelt und dabei an ihrem innersten Kern festgehalten wie die Juden. Sie sind die ewigen Väter, beschuldigt und rituell ermordet, doch immer wieder zum Leben erweckt oder wiedergeboren in den Söhnen, von denen sie gewaltsam getötet wurden.

Seit mehr als zweitausend Jahren haben sie nun die Welt verwirrt, verblüfft und geblendet. Sie haben unserer Zivilisation die vorherrschende Religion gegeben, haben sich aber geweigert, an ihr teilzuhaben, und den Eindruck erweckt, daß dieser Messias nur für die anderen Völker erschienen sei. Der wahre Messias werde später kommen. Und seither warten sie eigensinnig. Ein geduldiges Volk . . . sind sie das wirklich?

Während sie warteten, haben sie der Welt mehr als einen Messias geschenkt, darunter einige unechte. Sie schenkten uns Karl Marx, der die Welt durch den Sozialismus retten wollte; aber Marx war Antisemit. Er sah die Juden als Geschöpfe des Kapitalismus an und haßte sie überdies aus persönlichen Gründen. Die Juden schenkten der Welt Sigmund Freud, wollten ihm aber keinen Lehrstuhl an der Jerusalemer Universität geben.

Die Juden verhalten sich nicht nur ambivalent, wenn es um ihre großen Männer geht, sie sind es auch mit Bezug auf ihre eigene Existenz. Manchmal streiten sie ab, daß das Judentum eine eigene Religion, Rasse, Nationalität oder sogar Kultur beinhalte, fast möchten sie behaupten, daß es nur eine Erfindung der Antisemiten sei.

Wer also sind die Juden, da sie trotz aller gegenteiligen Behauptungen greifbar genug existieren, um von einem Hitler getötet zu werden? Neger kann man an ihrer Hautfarbe erkennen, Juden nicht: sie gibt es in allen Farben. In allererster Linie sind Juden zwiespältig, fast kokett. Sie holen weit aus

d führen zahllose Beispiele an (obgleich sie im selben Atem-
g sagen, daß »zum Beispiel« natürlich kein Beweis sei), um
i zeigen, daß es keinen ausgesprochen jüdischen Typus gibt.
eutsche Juden sehen meist wie Deutsche aus und franzö-
sche Juden meist wie Franzosen. Natürlich behaupten Juden
er auch, daß sie einander auf den ersten Blick erkennen
önnten. Was sie auf keinen Fall wollen, ist: festgenagelt
erden. Die Erfahrung hat sie gelehrt, daß das gefährlich
t.
ibt es eine jüdische Mentalität, einen jüdischen Charakter,
nen jüdischen Geist? Der Himmel verbiete das! werden
nige Juden ausrufen und darauf bestehen, daß Juden sich in
chts von anderen Leuten unterscheiden, außer daß sie ihre
irche »Synagoge« (aus dem Griechischen) oder »Schul« (aus
m Deutschen) nennen. Andere Juden wiederum oder auch
eselben in anderer Stimmung behaupten, daß es jüdische
harakterzüge gibt, angenehme natürlich, und erklären, was
den so jüdisch macht. Dagegen wäre nichts einzuwenden,
r daß sie manchmal nichts für sich beanspruchen, ja sogar
re Existenz als Gruppe in Abrede stellen und im nächsten
ugenblick alles für sich fordern! Jeder hervorragende Mensch
i entweder Jude oder sollte es sein. Wie die Mutter eines
einer Freunde von jedem sagte, der ihr gefiel: er *muß* einfach
de sein.
a sie ihre geographische Heimat verloren, hielten die Juden
i ihrer geistigen fest: an ihren Gesetzen, Bräuchen, ihrem
lauben und aneinander. Dank ihrer gemeinsamen Vergan-
enheit konnten sie sich miteinander identifizieren. Sie verla-
erten die wesentliche Identifikation in die Persönlichkeit, den
itellekt und das Leben in der Gesellschaft. Ohne einen eige-
en Platz auf Erden klammerten sie sich an ihren himmli-
hen Bestimmungsort, an den Gott, der sie erwählt hatte -
n Gott für alle, der einzig wahre Gott und doch durch ge-
enseitige Wahl ihr Gott.
o wie ihr Gott allgemein und doch ganz ihr eigen ist, so sind
viele andere Werte. Die Juden haben immer auf der Ver-

nunft als einem ewig gültigen und auf alle Situationen anwendbaren Kriterium bestanden. Irrationalität war schon immer ihr Feind, ebenso die Traditionen. Und Vernunft war und ist ihre Waffe gegen die Traditionen und Institutionen der nichtjüdischen Welt, die immer dazu dienten, sie auszuschließen. Die Juden sind immer Egalitarier gewesen, denn Ungleichheit hätte sie unweigerlich zu den Unterlegenen gestempelt. Sie haben es gelernt, sich mit den Unterdrückten, Gedemütigten und Leidenden zu identifizieren, weil sie meistens zu ihnen zählten.

Und doch ist kein Volk traditionsbewußter oder hält dickköpfiger an seinen Bräuchen fest als das jüdische, keines unterscheidet feiner, manchmal sogar engstirniger in seinen Gefühlen und Ansichten. Sein Temperament und sein Rationalismus sind dogmatisch. Sogar die jüdischen Liberalen sind in ihrer Toleranz dogmatisch (und intolerant gegen alle, die es nicht sind oder andere Dinge als sie selber tolerieren). Wie sonst hätten sie auch ihre jüdische Identität unzerstört erhalten können? Gerade die Mischung aus dogmatischem Traditionalismus gegenüber jüdischen Bräuchen und gänzlich traditionslosem Rationalismus allem anderen gegenüber ermöglichte es ihnen, als Juden zu überleben, Traditionen zu verwerfen, die sie möglicherweise absorbiert hätten, und ihre eigenen zu bewahren.

Ein Paradoxon? Ja, vielleicht, doch wesentlich für den jüdischen Charakter, der eine Verkörperung des dem Rationalismus innewohnenden Problems ist, dem man nur mit Ambivalenz oder durch Polarisierung beikommen kann. Das Eingeständnis, daß Vernunft allein die Erfahrung menschlichen Lebens nicht erklären und vor allem nicht ersetzen kann, scheint einer Abdankung und einem Überlaufen zur Unvernunft gefährlich nahe. Vorzugeben, daß Vernunft etwas bewirken kann, was sie nicht bewirkt, wäre Selbsttäuschung und eine Weigerung, das wahrzunehmen, was man nicht verstehen kann; es hieße, die Erfahrung leugnen. Eine solche Überheblichkeit könnte schlimmere Folgen haben als der Mystizismus, den man riskiert, wenn man zugibt, daß der Vernunft Grenzen gesetzt sind. Und so behielten die fanatisch rationalen Juden ein kleines Eckchen des Universums der Tradition vor, ihrer eigenen.

Alle Religionen haben versucht, dem Dilemma zwischen Rationalität und Mystizismus zu entgehen. Und alle haben sie sich einige Mystizismen erlaubt, während sie gleichzeitig andere herausforderten, ihren Glauben durch rationale Argumentation zu verteidigen. Hierin sind auch die Juden keine Ausnahme. Doch hatten sie vom Standpunkt rationaler Verteidigung aus einige praktische Vorteile. Ihr ursprünglicher Glaube bedurfte keiner Verteidigung, da ihre Feinde ihm ebenfalls anhingen. Die Juden verwarfen nur einige seiner Entwicklungen: das Christentum. Die von dem christlichen Glauben vertretenen Ergänzungen und Abweichungen waren durch Vernunft ebenso schwer, wenn auch nicht schwerer zu rechtfertigen als der Glaube, aus dem sie sich entwickelt hatten. Und auch dieser neue Glaube hatte eine weite Gemeinde. Verteidigung gegen die Juden, die ihren Sohn verleugnenden Väter, war für die Christen oberstes Gebot. Die folgenden Jahrhunderte reagierten darauf mit Antisemitismus, den die Nichtjuden schließlich zu dem in erster Linie negativen, doch ambivalenten, jüdischen Mythos entwickelten.

Was die Juden selber betrifft, so ist das Schicksal keines anderen Volkes so sehr von dem selber geschaffenen Mythos und den Folgen eines von anderen hervorgebrachten Mythos beeinflußt worden. Juden (wie der Teufel) wurden schließlich lächerlich und mächtig, verächtlich und unheimlich, überragend und unterlegen, gefürchtet, verachtet und gesucht. Trotz ihrer Bedeutung für das Christentum waren und blieben sie den meisten Christen fast unbekannt.

Die Frage: Was ist ein Jude? hat Juden wie Nichtjuden beschäftigt. Die letzteren fanden es manchmal leichter, die als Juden bezeichneten Menschen zu töten als zu definieren, was sie zu Juden machte. Die Juden sind nur zu oft bereit gewesen, sich von ihren Feinden definieren zu lassen - als Opfer.

Für Jean Paul Sartre existieren die Juden nicht: »Nicht d[er]
jüdische Charakter hat den Antisemitismus hervorgebracht[«]
sagt er mit vielleicht mehr Großzügigkeit als Genauigke[it]
»sondern der Antisemitismus den Juden.« Sicher, und die m[it]
ihren Feinden sprechenden Juden scheinen zuzustimmen. G[e]
naugenommen, sagen sie, gibt es keine Juden. Leute wie Hi[t]
ler bildeten sich das nur ein. (Leider waren die auf Befehl Hi[t]
lers ermordeten Menschen keine Einbildung.) Das Judentu[m]
ist keine Religion, argumentieren sie, und auf gar keinen Fa[ll]
eine Rasse oder sogar Kultur. Merkwürdigerweise finden die[se]
»aufgeklärten« Juden zur Unterstützung ihrer Ansicht Ve[r]
bündete in der streng orthodoxen chassidischen Sekte. Für d[ie]
Chassidim, die im Judentum eine Religion, Rasse, Kultur un[d]
ein Volk erkennen, existieren die emanzipierten Juden übe[r]
haupt nicht als Juden (so wie die Mormonen Christen, d[ie]
nicht an die Prophezeiungen des Joseph Smith glauben, »An[-]
dersgläubige« nennen, aus dem Schoß der Kirche En[t]
laufene).
Für die Nichtjuden ist das Problem der Definition nicht leich[t]
ter. Für einige Nazis war Jesus kein wirklicher Jude, Roose[-]
velt hingegen war es. Für die anderen wiederum war Jesu[s]
ein Jude, weshalb das Christentum mit einem Makel behaft[et]
und abzuschaffen war. Für einige Juden, wie für Freud, wa[r]
Moses kein wirklicher Jude (er war Ägypter), und die mosa[-]
ische Religion war (wie alle anderen) nicht mehr als ein Mitte[l]
des Trostes und eine kollektive Neurose. Karl Marx, antise[-]
mitisch wie ein Sturmbannführer (und ebenso vulgär, wenn e[r]
zum Beispiel seinen Rivalen Lassalle einen »Niggerjuden[«]
nennt), definierte das Judentum als eine besondere Art vo[n]
Unerfreulichkeit, die zwangsläufig mit dem Kapitalismus ver[-]
schwinden würde.
Seine Anhänger in der Sowjetunion pflichten ihm bei un[d]
scheuen sich nicht, diesem Verschwinden hier und da nachzu[-]
helfen, indem sie Juden in übertragenem Sinne in Vergessen[-]
heit stoßen. Stalin schreckte nicht davor zurück, das wörtlic[h]
zu nehmen. Gerechterweise muß gesagt werden, daß sein[e]

46

Nachfolger es dabei bewenden lassen, die jüdische Kultur auszulöschen, ihre Träger jedoch zu schonen. »Wenn ihr nur aufhört, Juden zu sein«, sagen sie, »könnt ihr unseresgleichen werden.« Dieses Gambit ist altbekannt und bisher standhaft abgelehnt worden. Im Gegensatz zu den Nazis verfolgen die Kommunisten die Juden nicht aus rassistischen, sondern religiösen Gründen, eine Unterscheidung, die den Opfern gewiß etwas haarspalterisch erscheinen muß.

Natürlich betrachteten Marx' Feinde ihn als Juden, obgleich sein Vater, dem Religion höchst gleichgültig war, aus Gründen der Bequemlichkeit zum lutherischen Glauben konvertiert war. Jüdische Marxisten gibt es in Hülle und Fülle, ebenso aber jüdische Antimarxisten. Viele führende Bolschewiken waren jüdischer Abstammung, wie auch zahlreiche führende Antikommunisten in den USA und der Sowjetunion. Die jüdischen Marxisten, denen das Judentum eine Religion bedeutete, wähnten sich befreit davon, wenn sie Atheisten wurden. Damit hatten sie bei ihren Feinden allerdings überhaupt nichts erreicht. Für diese waren sie jetzt eben *jüdische* Atheisten. Ein Jude zu sein, ist zweifellos nicht nur eine Sache der Religion.

Verleugnung dessen, was sie hervorgebracht haben, sogar Selbstverleugnung, scheint ein jüdischer Charakterzug zu sein. Religion ist eines der Hauptbeispiele. Es gibt kein Volk, daß sich historisch gesehen mehr mit Religion befaßt als die Juden, die erst die Bibel nach ihrem Leben schufen und dann ihr Leben nach der Bibel. Trotzdem haben viele der berühmtesten Juden entweder ihre eigene Religion für eine andere verleugnet oder alle Religionen abgelehnt - obgleich viele von ihnen sich weiterhin als Juden fühlten und als solche betrachtet wurden.

Wenn das Judentum nicht oder nicht ausschließlich eine Sache der Religion ist, was ist es dann? Ist es ein Gefühl? Ich denke, die Antwort darauf lautet wenigstens teilweise ja. Mehr als alles andere macht das Gefühl, gewollt oder ungewollt jüdisch zu sein, einen Juden zum Juden. Und dieses Gefühl, auch wenn es zwiespältig oder sogar unbewußt ist, überträgt sich oft auf andere - trotz Verneinung, Konversion oder Glaubensabfall. Das Gefühl rechtfertigt sich selbst. Soll es so sein? Ich kann nur eine jüdische Antwort darauf geben: Weshalb fragen Sie mich? Ist es so? Im ganzen gesehen und trotz gegenteiliger Beispiele, ja.

Das Gefühl ist unabhängig vom Willen. Man kann durch Konversion Katholik werden. Aber Jude? Betrachtet irgend jemand Marilyn Monroe oder Elizabeth Taylor als Jüdinnen? War es ihnen wirklich ernst damit? Sicherlich. Aber der bloße Wille trat an die Stelle der vollendeten Tatsache. Sie wollten Jüdinnen sein (d. h. von ihren Ehemännern akzeptiert werden) und dachten, das genüge, um sie zu Jüdinnen zu machen. Aber Juden werden geboren, nicht gemacht.

Abgesehen von einer wörtlichen Auslegung der Gesetze wird ein Jude als solcher betrachtet, wenn er einer jüdischen Familie entstammt, gleich ob er getauft oder Atheist ist. (Dies gilt allerdings nicht in Israel, wo man, um als Jude zu zählen, nicht zum Christentum konvertiert sein darf. Juden sind eben eine Reihe von Ausnahmen.) Und dies ist ein Teil der komplizierten Wahrheit, die die Nazis begriffen. (Feinde sind oft klarsichtiger als Freunde.) Aber in ihrer verdrehten Art gingen sie so weit, einen Mann als »Nichtarier« zu betrachten, wenn nur einer seiner acht Urgroßeltern jüdisch gewesen war, auch wenn er selber von Juden nicht als ihresgleichen betrachtet wurde. Die Nazis stempelten ihn auch zum »Nichtarier«, wenn seine Familie durch viele Generationen hindurch dem christlichen Glauben angehangen hatte. (Wem dies merkwürdig erscheint, möge sich erinnern, wieviel Prozent »farbigen Blutes« nach allgemeiner Ansicht schon einen Neger ausmachen.) Unterscheidungen und Definitionen können ins Absurde getrieben werden, innerhalb vernünftiger Grenzen sind sie jedoch gültig. Und innerhalb dieser Grenzen ist ein Jude eine Person vorwiegend jüdischer Abstammung.

Dies ist eine gesellschaftspolitische, keine rassistische, religiöse oder kulturelle Definition, denn es gibt viele Juden mit religiösen Vorfahren, die sich selber der Religion gegenüber gleichgültig verhalten. Der südafrikanische Industriemagnat Oppenheimer (DeBeers Diamanten, Anglo-American Corp. usw.) ist Mitglied einer Episkopalkirche. Einstein war nicht gläubig, obgleich er sich wie Freud als Jude betrachtet. Marx, wie gesagt, war Protestant. Alle aber sind sie offensichtlich Juden. Und wie steht es mit Barry Goldwater? Doch Sammy Davis jr. kann es nicht schaffen, ganz gleich, wie gern er Jude wäre. Und als Marilyn Monroe einen Juden heiratete, hätte sie gern auch seine Vergangenheit und Religion dazugeheiratet, was jedoch nicht möglich ist. Weder Davis noch Marilyn Monroe können oder konnten jüdisch *fühlen*. Und selbst wenn ihnen das durch ein Wunder gelänge, würden andere Juden sie doch nie als jüdisch ansehen.

Die Juden sind nicht-evangelisch und entmutigen mögliche Konvertiten. Trotz gegenteiliger Versicherungen ist das Judentum in erster Linie eine Stammesreligion geblieben, auch wenn die Juden die evangelischste aller nicht auf einen Stamm beschränkten Religionen schufen. Als der Apostel Paulus den Glauben einer jüdischen Sekte zur Universalreligion erhob, hatte er die Hoffnung auf eine jüdische Konversion aufgegeben. Und nachdem das Christentum erst einmal Nichtjuden gepredigt worden war, verringerten sich die Aussichten für eine Konversion der Juden auf Null. Sie würden zu keiner Religion übertreten, die ihnen ihr Auswerwähltsein verweigerte.

Es wird oft geglaubt (besonders von Freunden), daß Juden mit den Bewohnern des Landes, in dem sie leben, mehr äußerliche Merkmale gemeinsam haben als mit Juden anderer Länder: deutsche Juden sehen mehr deutsch als jüdisch aus, italienische Juden eher italienisch als jüdisch und jemenitische Juden eher arabisch als jüdisch. Doch dies stimmt nur teilweise, wenn es auch oft genug zutrifft, um allgemein geglaubt zu werden. Es wäre allerdings durch lange Ortsansässigkeit, gleiche Ernährung und dieselbe geographische und soziale

Umgebung, ganz zu schweigen von Mischehen, durchaus erklärbar. In der Tat können deutsche Juden (in den Augen von Nichtdeutschen) sehr deutsch und russische Juden (in den Augen von Nichtrussen) sehr russisch aussehen.

Doch was erklärbar ist, läßt sich selten auf die Juden anwenden. In Israel durchgeführte Tests zeigen ganz deutlich, daß zum Beispiel im Hinblick auf die Häufigkeit bestimmter Blutgruppen oder die Art von Fingerabdrücken jemenitische Juden mehr mit deutschen Juden gemeinsam haben (obgleich sie Jahrtausende voneinander getrennt lebten) als deutsche Juden mit Deutschen oder jemenitische Juden mit Bewohnern des Jemen. Kurz gesagt, die ererbten Charakterzüge der Juden, der Volkstypus, scheinen sich gut bewahrt zu haben, jedenfalls in dieser Hinsicht. Welche Bedeutung dies für schwerer meßbare, doch wichtigere, etwa psychische Merkmale, die vielleicht mehr auf Erziehung als Vererbung beruhen, hat, ist schwer zu sagen. Aber in dem Maße, in dem man von einem Volkstypus sprechen kann, kann man einen jüdischen Volkstypus annehmen und dabei feststellen, daß er sich im Vergleich auffallend rein erhalten hat. Es scheint, daß die Juden im großen ganzen der biblischen Aufforderung, sich an ihresgleichen zu halten und Mischehen zu vermeiden, gehalten haben. Bis jetzt.

Wie können wir diese auffallende Homogenität der Juden trotz der über zweitausendjährigen Zerstreuung unter fremde Kulturen erklären? In erster Linie durch die Religion. Durch ihre Religion als ein alles durchdringender Verhaltenskodex und Regulator des täglichen Lebens. Zweitens erhielten sich die Juden ihre Identität, weil man nicht zuließ, daß sie sie jemals vergaßen. Eine feindselige Umgebung sorgte dafür. Bisher unterschied ihre Religion sie von anderen und führte zu ihrer Diskriminierung in der gleichen grundsätzlichen Weise, wie heute die Hautfarbe Neger von anderen Menschen unterscheidet. Denn wie jetzt die Farbe, wurde bisher die Religion als wesentlich für die Existenz, den Charakter und die gesellschaftliche Stellung eines Menschen betrachtet.

Für die Juden besitzt Religion noch sehr stark die wörtliche Bedeutung von re-ligare (wieder-verbinden). Die Rabbiner machten die jüdische Religion durch ihre ständigen Erläuterungen, Auslegungen und Fortentwicklungen zu »dem Gesetz«, das jedes Detail des jüdischen Lebens in einer Weise organisierte und regulierte, die die Juden von anderen Gruppen fernhielt, ihre Solidarität stärkte und bewirkte, daß sie als deutlich identifizierbare Gemeinde fortbestanden. Äußerer Druck gegen diesen Fremdkörper und die endlose Feindseligkeit der Christen gegen die Juden, die eine Konversion ablehnten und in ihrer Mitte lebend den Geist des von ihnen geschaffenen Glaubens nicht anerkannten, verhärteten nur die institutionelle Struktur der jüdischen Gemeinde.

Christliche Feindseligkeit fügte den Juden unsägliches Leid zu, das sie geduldig trugen - denn außer zu konvertieren, konnten sie wenig dagegen tun -, doch in erster Linie führte sie zu ihrer Isolation von der nichtjüdischen Welt. Somit wurde ihre Identität mit Hilfe derer erhalten, die sie zu zerstören suchten. Ohne diese Feindseligkeit werden sie in größerer Bequemlichkeit und Sicherheit überleben. Aber werden sie als Juden überleben, jetzt, wo sie nicht länger zwischen christlichem und jüdischem Glauben zu wählen gezwungen sind?

Obgleich man die Juden für Erneuerer und Gegner des Traditionalismus hält, sind sie das konservativste und traditionsbewußteste aller Völker. Jude zu sein bedeutet mehr, als an festgelegten Glaubensgrundsätzen, an bestimmten Bräuchen und Ritualen sakraler und profaner Natur, an bestimmten Tätigkeiten und Institutionen, religiösen und säkularen, und an bestimmten Ansichten festzuhalten. Vor allem anderen klammern die Juden sich an das von ihrem Gott gegebene Versprechen, auch wenn sie nicht länger an Gott glauben. Ein Schuldschein muß auch noch nach dem Tode des Ausstellers eingelöst werden und gibt einem das Pfandrecht auf sein Vermögen. Wegen seines Versprechens blieben die Juden ihrem

Gott treu. Und weil sie ihrem Gott treu blieben, blieben sie Juden. Und um Juden zu bleiben, mußten sie all das tun und unterlassen, was sie taten und unterließen.

In einer Hinsicht wurde das Versprechen gehalten. Die Juden überlebten, wo andere zugrunde gingen. Und sie überlebten als Juden. Sie brachten es sogar fertig, die Bewunderung und Anerkennung der nichtjüdischen Welt zu erzwingen, in der sie führende Rollen in fast allen Gebieten einnehmen. Wären sie keine an jedem ihrer Gesetze festhaltende Traditionalisten gewesen, hätten sie nicht als Juden bestehen können. Wären sie aber gleichzeitig nicht von keinerlei Tradition gehemmte, neue Wege schaffende und beschreitende Erneuerer gewesen, hätten sie nicht überleben und das erreichen können, was sie erreicht haben.

Und Erneuerer sind sie. Es gibt keine neue Industrie oder Wissenschaft, keine neue Bewegung in der darstellenden Kunst oder Literatur, keine neue Theorie in der Psychologie oder Physik, keine neue Strömung in der Politik oder Religion, in der die Juden nicht hervorragende Stellungen einnehmen. Eine einfache Erklärung dafür wäre natürlich, daß ein großer Teil der Juden intellektuell begabt und hochgebildet ist. Intellektuelle sind ihrem Wesen nach kritisch und erneuernd. Bildung erneuert Traditionen gewöhnlich in demselben Maße, wie sie sie übermittelt. Ein gebildeter Jude ist jedoch Erneuerungen gegenüber im Durchschnitt aufgeschlossener als ein ebenso gebildeter und begabter Nichtjude.

Der Jude erhält seine Bildung in einer Kultur, die - obgleich zum großen Teil aus seiner eigenen religiösen Tradition entsprungen - in ihrer säkularen Form der seinen ganz unähnlich ist. Und er erhält sie in Schulen, die von diesen teilweise fremden Traditionen beherrscht und hauptsächlich von Nichtjuden besucht werden. Bewußt akzeptiert der Jude diese Traditionen und Menschen und erreicht es, sich unter ihnen auszuzeichnen. Doch dürfte bei ihm gleichzeitig eine innere Opposition bestehen, eine Ambivalenz in der Übernahme, die eine Ablehnung in sich einschließt. Und diese Ablehnung kann die

Form der Erneuerung annehmen - denn Erneuern bedeutet vielleicht keine völlige Ablehnung, doch psychologisch mindestens eine Überwindung und Abschaffung des Alten.

Einstein war sehr unzufrieden mit dem deutschen Gymnasium, das er besuchte. Zu der Zeit gab es kaum Antisemitismus - jedenfalls beklagt er sich nicht darüber in seinen späteren autobiographischen Schriften -, und er entstammte keinem frommen jüdischen Heim. Trotzdem fand er die Atmosphäre des Gymnasiums seiner jüdischen Sensibilität wenig angemessen. In der Schweiz absorbierte er später die Physik Newtons. Doch ging er darüber hinaus und zeigte, daß Newtons Lehre nur in einem bestimmten Fall anwendbar war, den seine Physik mit einschloß und transzendierte.

Freud studierte die in Wien gelehrte Neurologie und Psychologie, gab sich jedoch nicht damit zufrieden. Er ging nach Frankreich, um die neuen Ideen Charcots und Bernsteins zu studieren, und kehrte schließlich zurück, um völlig unbekannte Bereiche der menschlichen Psyche zu erforschen und eine revolutionäre Theorie der Persönlichkeit zu entwickeln.

In der jüdischen Tradition läßt sich ein zugleich erneuernder und traditionsbewußter Geist erkennen. Es ist eine merkwürdig polarisierte Tradition, die zwischen der absoluten Autorität des Gesetzes und einer in der Auslegung und Anpassung enthaltenen Freiheit, zwischen der überragenden Autorität des Rabbiners und ihrem minimalen institutionellen Rahmen balanciert.

Es gibt nur wenige Völker, deren schriftlich belegte Geschichte so weit zurückreicht und so vollständig ist wie die jüdische: ihre Schriften beginnen mit der Erschaffung der Welt, der Genesis. Und sie umfassen die Wanderungen und Schlachten, die Politik, Stammbäume, Gesellschaftspolitik, Wirtschaft, Erfolge und Mißerfolge und vor allem die moralische Geschichte dieses Volkes, das sich von Gott zu einem besonderen Schicksal auserwählt glaubte und wegen dieses Glaubens ein bemerkenswertes Schicksal erlitt.

Wozu waren sie auserwählt? Zweifellos sind die Juden »auserwählt«, wenn auch nur für das Leiden und Überleben als erkennbare Gruppe. Das Ägypten der Pharaonen, das sie in Knechtschaft hielt, wo ist es geblieben? In Museen mumifiziert und den Juden durch Matzen (Speise aus ungesäuertem Teig) in Erinnerung gerufen. (Ägypten scheint nie sehr viel Glück mit den Juden gehabt zu haben, obgleich es noch zu früh ist, zu wissen, welche Speise an Nasser erinnern wird.) Babylonien versank, die Assyrer gingen unter. Das kaiserliche Rom besiegte Jerusalem, mußte aber vergehen wie der Ruhm Griechenlands. Stämme wie die Moabiter oder Philistiner leben nur noch in unserer Erinnerung, weil sie die Juden bekämpften und somit Teil ihrer Geschichte wurden.

Die Sprachen dieser Zivilisationen werden heute bestenfalls von Gelehrten am Leben erhalten. Hebräisch aber singt und spricht man. Es ist wieder die Landessprache des israelischen Staates geworden; eines Staates, der schon zweimal die umgebenden arabischen Stämme besiegt hat, zuletzt auch die Ägypter. Besiegt, ihre Hauptstadt zerstört, ihr Tempel verbrannt, vertrieben von ihrem Boden, verstreut durch die Geschichte und alle Länder der Welt, ohne König oder Land, überall verfolgt, die erklärten Feinde der Menschheit und Gottesmörder, blieben die Juden bestehen. Und als Juden bestehen. Sie halten sich immer noch für das auserwählte Volk[1], auch wenn man bei der Betrachtung ihrer langen Geschichte fragen mag: Auserwählt wozu?

Während ich dieses Buch schreibe, feiern die Juden fröhlich ihr 5730. Jahr. Durch die meisten dieser 5730 Jahre hindurch lebten sie unter Umständen, die in ihrer Widrigkeit unvorstellbar sind. Sie überlebten im Gegensatz zu den meisten ihrer Peiniger. Aber auch mit Hiobs Geduld könnten sie langsam zu argwöhnen beginnen, daß sie zum Leiden auserwählt sind. Denn noch ist ihr Leid ohne Ende. Den Nazismus gibt es nicht mehr, und Hitler ist tot. Aber auch sechs Millionen Juden mußten mit ihm sterben.

Legenden und der Mythos, zu dem sie sich verdichten, können zum Bestandteil der Realität werden, auf die sie hinweisen sollen. Einige der hoffnungsfrohen Philosophen von der Madison Avenue behaupten ja in der Tat, daß das von ihnen kreierte Image Teil des Produkts wird, für das es wirbt. Sicher ist, daß sie versuchen, Produkt und Image zu verschmelzen, und gelegentlich auch Erfolg damit haben.

Eine derartige Verschmelzung ist auch außerhalb der Madison Avenue manchmal unvermeidlich. Die von Dichtern und Historikern geschaffenen Bilder etwa werden spontan zu ihren Objekten in Beziehung gesetzt. Des Dichters Bild der Welt wirkt sich zwangsläufig auf diese Welt, der es den Spiegel vorhält, aus: seine Leser werden die Welt durch das literarische Bild erleben und manchmal sogar handeln, um die Welt dem Bild des Dichters anzupassen.

Historiker hingegen sind überzeugt, daß ihr Bild der Vergangenheit mit der Vergangenheit übereinstimmt. Glücklicherweise ist ihr Bild das einzige, durch das wir die Vergangenheit nacherleben können. Und obgleich die Geschichte »großer Unsinn« sein mag, wie Henry Ford gesagt haben soll, müssen und können Historiker einen Sinn darin ablesen. Sie müssen ihr eine Bedeutung geben, weil sie sonst nicht verständlich darüber schreiben könnten. Sie würden eine endlose Aufstellung von Tatsachen ohne Sinn und Zweck herstellen, ohne zwischen »Wichtigem« und Unwichtigem« zu unterscheiden. Die Welt ist immer voller Tatsachen gewesen. Darüber zu schreiben, heißt auszuwählen, zu entscheiden, was wichtig ist. Dies enthält gleichzeitig die Entscheidung, was für wen und wofür wichtig ist. In unserem Leben unterscheiden wir alle für uns auf ähnliche Weise. Unsere individuelle Auswahl hängt größtenteils von unserem Kulturkreis ab, der wiederum durch seine Art der Auswahl charakterisiert ist.

Die Juden haben in den letzten zweitausend Jahren die westliche Geschichte zu einem wesentlichen Teil mitgeprägt. Sie begannen mit dem Versuch, ihrem eigenen Leben einen Sinn zu geben, einen Mythos zu ihrem eigenen Gebrauch zu schaf-

fen. Dieser hatte viel mit den Mythen anderer Völker gemeinsam, doch unterschied er sich in einigen vielleicht einzigartigen
Punkten, die bis heute für die jüdische Religion wesentlich
geblieben sind. Schließlich wurde eine jüdische Auslegung des
menschlichen Schicksals fast universell akzeptiert, von den Juden jedoch abgelehnt, da sie nicht bereit waren, ihre Gruppenidentität durch Zugehörigkeit zu einer größeren Gruppe zu
verlieren. Sie hielten an ihrer Gruppenidentität fest, auch
wenn sie dadurch Härten, Feindseligkeiten und sogar Haß
auf sich zogen. Diese Wahl hat sie während der letzten zweitausend Jahre einen hohen Preis gekostet. Trotzdem war die
Wahl richtig, denn sie half, die Juden zu vereinen und sie als
identifizierbare Gruppe zu erhalten. Auch als Nichtjude kann
man verstehen, weshalb sie so hoch schätzen, was sie soviel
gekostet hat.

Voltaire wies einmal darauf hin, daß christliche Historiker
zu glauben schienen, daß »alles in der Welt in Hinblick auf
die Juden geschehen sei ... wenn Gott den Babyloniern die
Vorherrschaft in Asien gab, dann um die Juden zu strafen,
wenn Gott die Römer schickte, dann um sie (die Juden) nochmals zu strafen ...« Und er fährt fort: »Weshalb sollte die
Welt geschaffen worden sein, nur um sich um den kleinen
Punkt des Judentums zu drehen?«

Voltaire versuchte nicht, seine eigene, offensichtlich rhetori-
sche Frage zu beantworten. Doch könnte sie in allem Ernst
gestellt werden. Denn die Geschichte der Juden erweckt immer noch mehr Interesse als irgendeine andere und läßt sich
in ihrem Einfluß auf die westliche Welt mit keiner anderen
vergleichen. Seit Jahrhunderten ist sie eine Quelle der Inspi-
ration, denn die Geschichte der Juden wurde in der Bibel
niedergelegt. Man benutzte sie, um die Welt verständlich zu
machen und das Universum und seinen Schöpfer zu rechtfertigen, und das nicht nur für die Juden vor und nach Christi
Geburt, sondern auch für die Christenheit und den Islam. Die
Bibel ist nicht nur das meistgekaufte, sondern auch das am
häufigsten gelesene Buch aller Zeiten.

Die meisten Völker sehen sich als Zentrum des Universums. Aber weshalb teilte die restliche Menschheit schließlich die jüdische Version der Weltgeschichte? Weshalb glaubten sie alle, die Welt drehe sich um die Juden? Weshalb wurde die jüdische Geschichte zum Prototyp für die Geschichte der Welt? Wenn die Juden so »unbedeutend« sind, wie der Nichtgläubige Voltaire sie hinstellt, weshalb nimmt dann dieses zahlenmäßig winzige und machtlose Volk einen so großen Platz in der abendländischen Geschichte ein?

Für Gläubige ist die Antwort einfach. Die Juden waren Gott wichtig, daher müssen sie allen, die an Ihn glauben, ebenfalls wichtig sein. Aber auch zahlreiche Nichtgläubige wie Hitler hielten die Juden für weit über ihre Zahl hinausgehend wichtig und mächtig. Weshalb sind nicht nur ihre Freunde, sondern mehr noch ihre Feinde von ihrer Bedeutung überzeugt? Ihr Dasein an sich scheint unheimlich wie ihre Beziehungen zur restlichen Welt. Wie konnten sie soviel Feindseligkeit wecken und überleben? Werden sie auch die Emanzipation überstehen? Werden sie jetzt, wo sie wieder ihren eigenen Territorialstaat haben, als kulturelle und geistige Einheit überleben? Die Frage klingt paradox. Aber Juden sind nun einmal eine Reihe von Paradoxa.

Im Lauf der Zeit waren Juden abwechselnd das verachtetste und das meistumworbene Volk. Sie wurden aus christlichen Ländern vertrieben, um gleich darauf wieder zum Kommen ermuntert zu werden; sie wurden beraubt, um immer wieder reich zu werden, gehemmt und unterdrückt, um im Verdacht zu stehen, die Welt im geheimen zu lenken und natürlich an allem Unerfreulichen die Schuld zu tragen. Vieles hiervon wurde im Namen eines der ihren getan.

Denn obgleich die Juden Jesus nicht als den Erlöser sahen, waren er und seine Apostel doch Juden. Jahrhundertelang mußte das jüdische Volk leiden, weil es sich weigerte, einen Mann aus seiner Mitte als den Erlöser der Menschheit anzuerkennen. Aber diesem Volk, das oft als zu materialistisch und rationalistisch gilt, schien der Preis nie zu hoch. Bis auf den heutigen Tag haben sie die Anerkennung verweigert, die ihrem Leiden ein Ende bereitet hätte, denn Ihn anzuerkennen, hätte das Ende ihres Daseins als identifizierbare Gruppe, als Auserwähltes Volk bedeutet. Kein Wunder also, daß Legenden entstanden sind um dieses überall vertretene und bekannte, doch gleichzeitig mysteriöse und widerspruchsvolle Volk, das, in geheimes Dunkel gehüllt, dennoch im blendenden Licht seiner uns allen vertrauten Geschichte badet.

[1] Säkularisierte Juden und jüdische Intellektuelle geben dies selten zu, benehmen sich aber noch mehr als andere, als seien sie auserwählt.

# 3 Gibt es einen jüdischen Charakter?

Die Juden haben mehr Ideen entwickelt und die Welt für längere Zeit und mehr Leute verständlich gemacht als irgendeine andere Gruppe. Dies geschah direkt oder indirekt, immer unbeabsichtigt, sicherlich nicht durch gemeinsam unternommene Anstrengungen, trotzdem aber allumfassend. Unser aller Leben im Westen (und in Rußland) und sogar in riesigen Teilen der restlichen Welt ist stark beeinflußt, wenn nicht ganz und gar geformt von einer Auffassung des menschlichen Schicksals, die in Anlage und Ursprung wesentlich jüdisch ist. Jüdischer Einfluß ist nicht nur durch unser gemeinsames religiöses Erbe, das klar die Spuren seines jüdischen Ursprungs trägt, am Werk, sondern auch durch das ständige Hinzukommen neuer nichtreligiöser Ideen von seiten jüdischer Wissenschaftler und Gelehrter. Es steht fest, daß die jüdische Auffassung vom menschlichen Lauf auf Erden - Entstehung, Ziele, Lohn und Versuchungen - ihre eigene Geschichte hat. Jeder seit so langer Zeit bestehende Glaube muß sich ändern und entwickeln. Bemerkenswerter jedoch ist die Kontinuität des innersten Wesens der jüdischen Auffassung vom menschlichen Schicksal während so langer Zeit.

Natürlich vertreten nicht alle jüdischen Gruppen, Parteien, Bewegungen oder Personen die gleichen Ansichten. Trotzdem reichte das Fortbestehen einiger allgemeiner Glaubenssätze, die sich in Bräuchen und Verhaltensformen verfestigten, aus, um einen starken Niederschlag im jüdischen Charakter zu hinterlassen. Anschauungen werden von Generation zu Generation weitergegeben und noch verhärtet, wenn die äußeren Umstände, die ursprünglich zu ihrer Bildung führten, unverändert bleiben. Sie werden zu einer Komponente des Gruppencharakters.

Auf den ersten Blick mag die Annahme eines jüdischen Charakters absurd oder, schlimmer noch, als antisemitisches Klischee erscheinen. Oft vertreten sie sogar die entgegengesetzten Pole fast aller denkbaren Anschauungen, Gewohnheiten, Praktiken und Standorte. Einige Juden sind sehr arm, andere sehr reich. (Die meisten liegen irgendwo dazwischen.) Natürlich beeinflußt dies ihren Charakter. Einige streben rücksichtslos und ehrgeizig nach materiellem Erfolg, sie wollen »es schaffen«, ganz gleich wie, andere sind sanft und jenseitig orientiert. Es gibt Sensualisten und Puritaner unter ihnen. Einige sind für die vulgärsten Auswüchse der amerikanischen Kultur in Werbung, Unterhaltung und Fernsehen verantwortlich, andere gehören zu den besten und sensibelsten Literatur- und Gesellschaftskritikern. Einige vereinen in sich intellektuelle Gaben mit erfolgsorientiertem Ehrgeiz und vielleicht einem Verzicht auf jegliche Identität außer der, die der Erfolg einem gibt - eine nicht seltene traumatische Folge plötzlicher Emanzipation.

Einige sind Kommunisten, andere stehen extrem rechts. (Die meisten befinden sich in der »liberalen« Mitte.) Einige sind Verbrecher, andere Richter. (Der jüdische Zwiespalt gegenüber dem Gesetz und dem Gewissen zeigt sich im Leben des Judge Leibowitz im Staat New York. Als einer der erfolgreichsten Strafverteidiger, die die USA jemals hervorgebracht haben, verteidigte er berüchtigte Schwerverbrecher. Auf den Richterstuhl erhoben, wurde er für die Härte der Strafen, die er den ehemals von ihm verteidigten Verbrechern auferlegte, gleichermaßen bekannt.) Die Atomspione Rosenberg und Kaufman, der Richter, der sie zum Tode verurteilte, waren Juden.

Haben Juden also anderes gemeinsam als ihre Religion oder

Abstammung, um die vielen politischen, kulturellen, moralischen, psychologischen, sozialen, wirtschaftlichen und anderen Unterschiede, die sie trennen und manchmal gegeneinander treiben, zu überkommen?

Ich glaube es. Gewiß ist es kein einzelner Faktor, sondern ein kompliziertes Netz einander überschneidender Ähnlichkeiten und Charakterzüge, die mit nicht nur zufälliger Häufigkeit bei Juden in Erscheinung treten und sich wiederholen. Es ist die Ähnlichkeit von Familienangehörigen, auch wenn die einen Nonnen, die anderen Huren, die einen reich, die anderen arm, die einen ungebildet, die anderen Gelehrte, die einen Atheisten, die anderen Priester, die einen schön, die anderen häßlich sind. Die Ähnlichkeit liegt nicht in dem, was getan oder gedacht wird, sondern in der Art, wie es getan, gedacht, gefühlt oder ausgedrückt wird. Und selbst diese Art von Familienähnlichkeit tritt nicht in jedem Mitglied der Gruppe gleich stark zu Tage. Die Juden sind offensichtlich nicht homogen. Doch sind sie in genetischer, kultureller und psychologischer Hinsicht als Gruppe klar erkennbar durch das verhältnismäßig häufige Auftreten bestimmter Züge. An der Oberfläche mögen sich diese Züge widersprüchlich manifestieren, doch bilden sie die gemeinsame Quelle für alle Reaktionen.

Drei Elemente sind tief im Judaismus als Religion und im Judentum (als dem durch die Religion geformten Stammes- und Nationalcharakter) verwurzelt. Das erste ist der Messiasglauben, das zweite der Intellektualismus, das dritte die moralisch-legalistische Anschauung.

Aus diesen gemeinsamen Elementen können viele scheinbar widersprüchliche Ideen, Handlungen und Bewegungen erwachsen. Diese schließen den Sozialismus, den Kommunismus und den Atheismus einiger Juden und den Konservativismus und religiösen Dogmatismus anderer ein, die Intoleranz einiger Kommunisten und Antikommunisten beispielsweise und die Toleranz anderer, den Puritanismus der Rabbiner und Norman Mailers heftige Versuche, ihm zu entkommen, oder

Philip Roths nicht minder talentierte und manchmal ebenso obszöne Bemühungen gleichen Inhalts.

Im Gegensatz zu anderen Völkern der Antike glaubten die Juden nicht nur an das verlorene Paradies - bei den Nichtjuden die Herrschaft Saturns -, sondern auch an ein zukünftiges. Dieses göttliche Versprechen, das der Messias einlösen würde und das die Christen weiterentwickelten, hervorhoben und nicht nur für das auserwählte Volk gelten lassen wollten, unterlag bei religiösen wie nichtreligiösen Juden vielen Modifizierungen, doch wurde es nie vergessen. Die Gläubigen sahen die Erlösung davon abhängig, daß sie ihren Teil des Versprechens hielten. Strenge Befolgung und Auslegung des Gesetzes war unerläßlich, weil der Messias nicht kommen würde, bevor alle Juden sündlos und des Paradieses würdig wären.

Der Judaismus und das Judentum verschmolzen in einer endlosen Reihe von Vorschriften, die die Juden miteinander verband, sie von anderen unterschied und sie ihre Leiden standhaft ertragen ließ. Denn das Versprechen würde sich eines Tages erfüllen. Gott würde sie nicht verraten. Und da die Sündlosigkeit aller Juden für das Erscheinen des Messias nötig war, wurde es die Pflicht jedes einzelnen, jeden anderen Juden zu der Befolgung des Gesetzes und der Verehrung seines Gottes anzuhalten. Diese Haltung trennte die in enger Gemeinschaft lebenden Juden während ihrer langen Geschichte von allen anderen Völkern.

Emanzipierte Juden, die unter dem Einfluß der Aufklärung, der Industrialisierung und der Wissenschaften ihre Religion aufgaben, säkularisierten neben anderen jüdischen Werten auch die Erlösungsidee. Der Rationalismus enthält ja in sich ein Heilsversprechen: die Idee des Fortschritts, den Glauben, daß wir selber durch nötige Reformen und gewissenhafte Überlegung das Paradies schaffen können, das der Messias errichten sollte. Die Idee, daß das Paradies durch Befolgung oder Umsturz des Gesetzes erlangt werden könne, ist den frommen wie auch den unreligiösen, radikalen Juden vertraut; es ist eine dem Wesen nach jüdische Idee.

Sicherlich gibt es auch unter den Nichtjuden Utopisten. Bewußt oder unbewußt sind sie durch ihr christliches Erbe beeinflußt, das die im Judaismus wurzelnde Heilsidee enthält. Doch die weit größere Häufigkeit, mit der Juden sich messianischen Plänen verschreiben, ist ein direktes Ergebnis der Säkularisierung ihrer traditionellen religiösen Glaubensgrundsätze, die nicht nur den Heilsglauben vertiefen, sondern auch die Überzeugung, daß zur Erlangung des Heils die Kenntnis unentrinnbarer Gesetze erforderlich ist. Die marxistische Theorie zum Beispiel mit ihrem Begriff der historischen Notwendigkeit kann leicht den Platz talmudischer Lehren einnehmen, was ja auch häufig geschieht.

Was nun die Rechtmäßigkeit anbelangt, so sind die Juden das einzige Volk, das einen gesetzlichen Vertrag mit seinem Gott geschlossen hat, nämlich den Bund, den Er mit Noah und Abraham einging. Juden beten zu ihrem Gott, doch handeln sie auch mit Ihm und fordern, daß Er seinen Teil des Abkommens einhalte. Und es ist das Gesetz und seine nie endende Auslegung, der Glaube an Gerechtigkeit und die strengste Beachtung aller hieraus erwachsenden Konsequenzen, die die Juden jüdisch bleiben ließen.

Auf den ersten Blick mag es unvernünftig scheinen, den für die Juden in seiner religiösen und säkularisierten Form charakteristischen messianischen Utopismus oder das moralische Streben nach sozialer Gerechtigkeit und Gleichheit auf den prophetischen Judaismus zurückzuführen, in dem sie zum erstenmal auftraten. Weshalb sollten die vor 2500 Jahren in einem kleinen nahöstlichen Königreich entwickelten Ideen noch heute die weitverstreut und unter den unterschiedlichsten Bedingungen lebenden Juden beeinflussen? Sie täten es nicht, hätten nicht die Umstände und Institutionen diese Idee am Leben erhalten.

Als Kaiser Hadrian nach drei mißlungenen Aufständen gegen

ihn die überlebenden Juden von seinem Gebiet verbannte, hatten schon viele es freiwillig verlassen. Die vernünftigeren und gemäßigteren Juden, die die Aufstände der Zeloten nicht verhindern konnten, doch nur zu gut die Hoffnungslosigkeit ihrer Anstrengungen gegen die Römer erkannten, hatten sich schon in verschiedenen Teilen der Welt niedergelassen. Einige widerstanden dem Einfluß ihrer neuen Umgebung nicht, die meisten jedoch folgten der rabbinischen Regel, sich zu distanzieren und nach dem Gesetz zu leben, das die Ehe mit Nichtjuden untersagte und nur unverbindliche Beziehungen zu ihnen erlaubte.

Als Jerusalem an Vespasians Legionen zu fallen drohte, wurde dem Historiker Josephus zufolge der Rabbi Jochanaan ben Zakkai in einem Sarg versteckt aus der belagerten Stadt herausgeschmuggelt (tatsächlich fiel Jerusalem erst später an Titus, Vespasians Sohn). Rabbi Jochanaan war ein führender Pharisäer, das heißt ein gemäßigter Reformer; die Sadduzäer waren konservativ, und die Zeloten waren Fanatiker des politischen und religiösen Fundamentalismus. (Es ist bemerkenswert, daß die von Reformern, Konservativen und Fundamentalisten vertretenen drei Elemente im modernen Judaismus wiederzuerkennen sind. Die Umstände sind ja auch ähnlich: eine säkulare, nichtjüdische Welt winkt wieder).

Die unter sich zerstrittenen Führer des Aufstands gegen die Römer waren Zeloten, nicht Pharisäer. Trotzdem ergab sich Rabbi Jochanaan dem Vespasian im Namen der zu der Zeit völlig machtlosen Pharisäer und erhielt dafür die Erlaubnis, eine Akademie für hebräische Studien zu gründen. Vespasian sah zwar die Machtlosigkeit des Rabbiners, dachte jedoch, daß eine offizielle Kapitulationserklärung in Rom politisch nützlich sein könnte. Schließlich endete auch der Krieg offiziell; spätere Kämpfe wurden zumindest vorübergehend zweckdienlich als Polizeiaktionen bezeichnet.

Die Akademie des Rabbi, die erst in Javneh, später in Babylon blühte, schuf eine Tradition, die nie wieder völlig aus dem jüdischen Leben verschwand. Sie erweckte das jüdische Selbstbewußtsein zu neuem Leben und machte es unabhängig vom jüdischen Territorium, dem Tempel und politischen Organisationen; sie wurde so unsichtbar, stark und fordernd wie der Gott der Juden. Hier an der Akademie wurde die Übertragung der legalen und religiösen Autorität von Gott, Seinen Priestern und Propheten auf das göttliche Gesetz und seine Interpreten, die Rabbiner, erreicht. Sofort strebten die Rabbiner drei Dinge an, die die alle Juden vereinigenden Bande schufen, durch die sie sich zu Gemeinschaften und zu einer wenn auch noch so weitzerstreuten Nation zusammenschlossen, auch wenn diese Nation weder Land und Regierung noch Souveränität besaß. Dank dieser von den Rabbinern kultivierten Tradition fühlten die Juden auch weiterhin die oft einem Joch gleichkommende moralische Sendung, ihr Judentum zu bewahren, auch angesichts des Erstaunens, der Verachtung und manchmal des Hasses der restlichen Welt.

Von dieser Sendung waren auch die Juden durchdrungen, die ihre *raison d'être* verneinten und Auserwähltsein und Religion als Aberglaube betrachteten. Juden mögen sich Humanisten, Atheisten, Sozialisten oder Kommunisten nennen, sie mögen gleichgültig oder leidenschaftlich jeden Grund, weiterhin Juden zu bleiben, ablehnen, sie mögen sogar eine Abneigung gegen das Judentum fühlen und es - um eine angemessene Metapher zu benutzen - als ein Kreuz empfinden. Sie mögen seine Existenz wissenschaftlich bestreiten, aber ganz selten weigern sie sich, es zu tragen. Wenn sie auch ständig murren und drohen, es abzuwerfen, und mit Gott, der Welt und ihren Freunden um die ihnen zustehende Entschädigung feilschen. Sie wollen sich nicht um die versprochene Erlösung bringen lassen, obgleich die Erwartungen bei den einen vage und rituell und bei den anderen unbewußt sind. Sie werden nicht davon ablassen, Juden zu sein, selbst wenn sie es bewußt versuchen; wenn sie ihre Namen ändern, Mischehen eingehen und alles mögliche tun, um ihr Judentum zu verleugnen. Denn bei aller Ambivalenz bleiben sie sich ihres jüdischen Erbes bewußt. Sie mögen es unterdrücken, doch tritt es symptomatisch in ihren Handlungen in Erscheinung. Das Bewußtsein ihres Judentums wird von anderen geteilt, einfach weil ihre Verleugnung immer zwiespältig bleibt. Unbewußt oder nicht, will kein Jude sein Jüdischsein ganz aufgeben.

Der erste der drei wichtigen Schritte, die die Rabbiner an Rabbi Jochanaans Akademie einleiteten, war die Kodifizierung des Gesetzes: das Alte Testament entstand. Die Rabbis entschieden, was als Heilige Schrift zu betrachten war. Eine Ganzheit aus Geschichte und Prophetie wurde für alle erkennbar geschaffen und stellte von der Zeit an die jüdische Religion dar. Die verbindende Kraft dieser Kodifizierung hat sich durch Jahrhunderte erhalten. In der Tat waren die Jerusalemer Juden vor der Diaspora in mehr einander bitter bekämpfende Sekten und Parteien zersplittert als danach.

Der zweite Schritt bestand darin, den Gottesdienst in eine für alle Juden gültige Form zu bringen.

Der dritte und wichtigste Schritt schuf über die genaue Festlegung der Form des Gottesdienstes hinaus einen Verhaltenskodex, der unlösbar mit der Religion und dem Judentum verquickt war. Jude zu sein, bedeutete, zahlreichen Vorschriften zu folgen, ob es nun um Nahrung, Heirat, Geschlechtsverkehr, Kinder, Erziehung oder irgendeinen anderen Aspekt des täglichen Lebens ging. Diese Verhaltensvorschriften dienten in Verbindung mit dem Gottesdienst und dem Glauben dazu, die Juden von den Nichtjuden zu trennen und sie unter sich zusammenzuhalten. Juden wurden nicht nur davor gewarnt, Nichtjuden zu heiraten, sie wurden sogar daran gehindert, mit ihnen zusammen zu essen.

Diese drei Dinge trennten die Juden von der restlichen Welt und schufen ein allen Juden gemeinsames Glaubens- und Erfahrungszentrum, um das sie sich vereinigen konnten. So ersetzten die Rabbiner den zerstörten Tempel und seine Viehopfer, nur um den Juden ein Leben voller Selbstaufopferung und Dienst an ihrem Gott aufzuerlegen. Denn die bis ins einzelne gehenden Regeln und allumfassenden Vorschriften einzuhalten, war eine schwere Bürde. Und sie freudig zu tragen, war den Juden vorgeschrieben.

Bestimmte Bräuche erforderten natürlich eine Anpassung an wechselnde Umgebungen. Auf alle neu entstehenden Probleme lieferte eine lange Reihe von Rabbinern in nie endender Auslegung der Gesetze die Antworten. Und in jeder jüdischen Gemeinde wurden diese Auslegungen ad infinitum wieder neu ausgelegt. Die Synagoge bildete den Kern jeder Gemeinde mit dem Rabbiner als ihrem Oberhaupt. Er war der Richter in religiösen und staatsbürgerlichen Angelegenheiten, oft auch Arzt und immer Ratgeber für jeden, der mit seinen Schwierigkeiten zu ihm kam. Er war die letzte Instanz für jedes in der Gemeinde entstehende Problem theoretischer oder praktischer Natur. Und er war es dank seiner Kenntnis des Gesetzes und seinem völligen Aufgehen darin. Das große Ansehen, das ihm hieraus erwuchs, erklärt den Respekt, den die Juden schon immer großem Wissen entgegenbrachten.

Zusammen bildeten die jüdischen Gemeinschaften ein Volk, auch wenn es weder souverän war noch über ein bestimmtes Gebiet herrschte. Die jeweiligen Gastländer überließen ihm seine inneren Angelegenheiten zur Regelung nach seinen eigenen Gesetzen (wenigstens bis zur Emanzipation). Und diese Regelungen erfolgten in einem deutlich nationalen Stil.

Die jahrhundertelange Befolgung der immer wieder kommentierten Gebote, durch die das jüdische Leben geformt und Anschauungen und Verhalten zur Außenwelt beherrscht wurden, mußte schließlich den Charakter eines jeden mitprägen. Während die Gebote von Generation zu Generation weitergegeben wurden, hinterließen sie tiefe Spuren bei jedem und führten schließlich zu bestimmten, den Charakter formenden Merkmalen, wie sie auch bei modernen und säkularisierten Juden noch zu beobachten sind, auch wenn diese die Gebote, die sich in ihrem Charakter niedergeschlagen haben, schon nicht mehr befolgen.

Keines der jüdischen Merkmale, mag es auch noch so charakteristisch sein, ist ausschließlich jüdisch. Ob man nun die Einstellung zur Familie, zum Geld oder zur Erziehung betrachtet, so gibt es Nichtjuden, die völlig identische, und Juden, die völlig »unjüdische« Ansichten vertreten. Auch ist die Ganzheit dieser Merkmale in ihrer Beziehung zueinander, der Charakter also, nicht nur den Juden eigen. Es gibt nichtjüdische Personen, deren Gesamtcharakter innerhalb der Skala »jüdischer« Charaktertypen liegt; die Umstände, unter denen sie aufwuchsen, mögen das Entstehen eines Charaktertyps jüdischer Prägung begünstigt haben. Andererseits gibt es Juden mit unjüdischem Charakter. Außerdem gibt es natürlich nicht nur *einen* jüdischen Charakter, nicht einmal einen Prototyp, sondern eine ganze Reihe von Charaktertypen.

Diese Reihe überschneidet sich in mancher Hinsicht mit anderen, etwa mit dem italienischen oder spanischen Charakter, doch deckt sie sich mit keinem völlig, was nun berechtigt, von den Typen innerhalb dieser Reihe als von typisch »jüdischen« zu sprechen. Darüber hinaus trifft man diese Typen bei den Juden am häufigsten, wenn sie auch bei anderen Gruppen anzutreffen sind und sich andererseits nicht zwangsläufig bei allen Juden manifestieren. Auch dies berechtigt uns, von einem spezifisch »jüdischen« Charakter zu sprechen.

Wir können also sagen, daß

1. der jüdische Charakter eine Reihe von Charaktertypen mit individuellen Variationen einschließt, wenn auch

2. nicht alle Juden einen jüdischen Charakter haben und

3. nicht alle Nichtjuden keinen jüdischen Charakter besitzen, denn es

4. entsprechen mehr Juden einem jüdischen Charaktertyp als Nichtjuden.

Soviel mußte gesagt werden, um zu zeigen, daß es einen jüdischen Charakter geben kann, in der Tat geben muß, und um klarzustellen, was es bedeutet, wenn einer Gruppe ein bestimmter Charakter zugesprochen wird. Ich möchte in den folgenden Kapiteln wenigstens einige Eigenschaften dieses Charakters untersuchen. Lassen Sie uns sehen, wie sie von der Geschichte mitgeformt wurden.

# 4 Leiden heißt Überleben, Überleben heißt Leiden

Durch heftige, schmerzliche Erschütterungen erteilte die Geschichte den Juden eine wichtige Lektion. Die didaktische Methode war nicht sehr fortschrittlich, doch wirksam, und das Lernen war von lebenswichtiger Bedeutung: nur die guten Schüler überlebten.

Der Unterricht begann in Kanaan und geht zurück auf die zahlreichen Erhebungen der Juden gegen die römischen Eroberer, die alle mit einer zwar heroischen, doch unausweichlichen Niederlage endeten. Die durch Vespasians Sohn Titus 70 v. Chr. erlittene Niederlage geht zu Lasten der Zeloten, die die Juden über die Leichen der gefallenen Pharisäer und Saduzäer hinweg zu selbstmörderischem und nutzlosem Heldentum trieben. Dieses Mal kostete die Niederlage sie den Tempel und das bißchen Unabhängigkeit, das ihnen noch geblieben war. 60 Jahre später geriet Heroismus völlig in Verruf, als nämlich das Scheitern von Bar Kochbas Guerilleros damit endete, daß die Erde, auf der Jerusalem stand, durchpflügt und die meisten seiner Bewohner ausgetilgt wurden: sie wurden als Sklaven verkauft, verschleppt oder getötet.

Das dann folgende Leben in der Diaspora als kleine und machtlose, von erdrückenden Mehrheiten allgemein gehaßte und auf Widerruf tolerierte Minderheit verstärkte die Wirkung der von Rabbi Jochanaan in Javneh zum erstenmal begriffenen und gelehrten und von der Geschichte immer wieder bestätigten Lektion: Wenn keine Aussicht auf Sieg besteht, ist es schlimmer als nutzlos, nämlich selbstzerstörerisch, mit Gewalt auf gegnerische Bedingungen zu antworten, seien sie auch noch so unerträglich. Und es ist Selbstmord, sich zu gewalttätigen Handlungen gegen einen Feind hinreißen zu lassen, wie untragbar seine Forderungen auch immer sein mögen, wenn er nicht mit Sicherheit zu besiegen ist. Diese durch jahrtausendealte Erfahrung immer wieder bekräftigte Lektion ging schließlich in den »jüdischen« Charakter ein. Die Juden, die sich diese Lektion nicht zu eigen machen konnten, richteten ihre Feindseligkeit gegen sich selber und schwebten meist in der Gefahr, vor ihrer Zeit eines gewaltsamen Todes zu sterben, jedenfalls eher als jene, die sich den Umständen besser anpaßten. Gemeinden, die diese Lektion nicht beachteten, gingen unter.

Die Rabbiner intellektualisierten und rechtfertigten diese von der Geschichte erteilte Lektion. Sie lehrten, daß die Befreiung von Gott kommen müsse. Er bestrafte sie für ihre Sünden, aber Er würde sein Versprechen halten und sie in das Gelobte Land führen, bis dahin müsse Geduld geübt und nicht versucht werden, etwas von Ihm zu erzwingen. Feinde dürften nicht bekämpft werden, solange die Niederlage sicher war. Sie müßten sich der genauen Befolgung Seiner Gesetze widmen, und abgesehen davon, daß sie Sein auserwähltes Volk waren, könnten sie ihren mächtigeren Feinden geistig überlegen bleiben. Sie könnten ihre Scharfsicht und ihren Geist üben, da dafür keine Genehmigung nötig war. Und sie könnten in den ihnen erlaubten Tätigkeiten die anderen übertreffen. Und genau dies taten die Juden.

Wenn der Feind erdrückend stark ist, wenn jeder äußere Widerstand in einer Niederlage enden muß und noch größeres fortgesetztes Leid nach sich zieht, liegt die einzige Überlebenschance darin, endlose Duldsamkeit im Ertragen ungerechter Bürden zu entwickeln und wehrlos leiden zu lernen. Indem sie an dieser Lektion festhielten, paßten die Juden sich der Realität an und brachten es fertig, individuell und als

Kollektiv zu überleben. Eine kleine machtlose, von feindlichen und stärkeren Massen umgebene Gruppe kann nur auf Überleben hoffen, wenn sie sich ihrer Umgebung nicht widersetzt, auf Herausforderungen nicht reagiert, ihr Leid still trägt, sich möglichst unauffällig verhält und sich den Mächtigen so nützlich wie möglich erweist.

Und so brachten es die Juden unter dem Verlust eines großen Teils ihrer Selbstachtung fertig, wenigstens in physischer Hinsicht toleriert zu werden. Denn wirklich akzeptiert wurden sie nie.

Sie überlebten nicht nur, sondern überlebten eigensinnig als Juden. Von allen zurückgewiesen, zweifelten sie nie an sich selber. Im Gegensatz zu anderen Minoritäten, deren Aussicht auf Selbstbefreiung gleich hoffnungslos war, ließen sich die Juden nicht durch die auf sie gehäuften Demütigungen und ihre eigene Passivität demoralisieren. Sie beobachteten, welches Bild die Nichtjuden sich von ihnen machten, und wie andere Minoritäten absorbierten sie dieses Bild teilweise. Doch im Gegensatz zu den nordamerikanischen Negern etwa gelang es ihnen, sich innerlich ein stolzes Selbstverständnis zu erhalten, aus dem sie sich nährten und das ihnen half, psychisch unversehrt zu bleiben. Es ist ihnen immer gelungen, sich ihre Identität zu bewahren und bedeutende Beiträge zur Zivilisation zu leisten, sowie man ihnen die Gelegenheit dazu gab.

Im Gegensatz zu den Farbigen in den USA konnten die Juden auf ihre in der Bibel aufgezeichnete und allgemein respektierte und akzeptierte geschichtliche Vergangenheit zurückgreifen. Die in der Diaspora Überlebenden wurden nie versklavt. Zwar wurden ihnen Rechte vorenthalten, die andere besaßen, doch durften sie ihren eigenen Lebensstil beibehalten. Und ebenfalls im Gegensatz zu den Farbigen war es den Juden möglich, auch in der Zerstreuung homogene Gemeinschaften zu bilden, die durch ihre gemeinsame Geschichte, Sprache, Literatur und Religion gefestigt und in ihren inneren Angelegenheiten von politischen und religiösen Führern aus der eigenen Mitte gelenkt wurden.

Alle diese ungreifbaren, doch entscheidenden Vorteile waren den Farbigen versagt. Sie teilten keine gemeinsame Sprache, Religion oder Kultur. Sie hatten keine Literatur, keine Zeugnisse der Vergangenheit, keine Gesetze, Führer und keine Gemeinschaft. Zwar bestanden wenigstens einige dieser Gemeinsamkeiten in den einzelnen Stämmen, doch zerstörte die Versklavung die Stammeszugehörigkeit; und die auf den Plantagen lebenden Neger konnten sich nur in englischer Sprache miteinander verständigen. Sogar ihre Religion, ihr Selbstverständnis und ihre Wunschvorstellungen wurden ihnen von ihren Herren vermittelt. Sie sind noch immer in der schwierigen Lage, von der einzigen ihnen bekannten Gesellschaft nicht anerkannt zu werden. Sie möchten diese Gesellschaft verwerfen, doch haben sie keine eigene, auch keine Kultur oder brauchbare Vergangenheit, auf die sie sich beziehen können. (Universitäten und Institute können weder eine Kultur noch eine Geschichte künstlich schaffen.) Und die Bedingungen, unter denen sie in Amerika von Anfang an leben mußten, verhinderten die Entwicklung jener Zielvorstellungen und Fähigkeiten, die ihnen einen angemessenen Platz in der amerikanischen Gesellschaft gesichert hätten. Im Gegensatz hierzu waren die Juden durch ihre Vergangenheit dazu bestimmt, gerade jene Fähigkeiten und Talente zu entwickeln, die am geeignetsten waren, sie in den in Amerika herrschenden industriellen, wirtschaftlichen und akademischen Kreisen zum Erfolg zu führen.

Die Farbigen hatten nicht das Gefühl, daß ein von ihrer Religion vorgeschriebener Verhaltenskodex ihnen unabhängig von den Wünschen der weißen Mehrheit die Erlösung bringen würde. Sie hielten ihre Leiden nicht für eine vom Vater auferlegte Züchtigung, weil sie Ihm den Gehorsam verweigert hatten, ebensowenig glaubten sie, daß ihre Erlösung von dem Studium und der Befolgung Seines Gesetzes abhänge. Anders als die Juden neigten sie zu dem Gefühl, daß ihr Schicksal von äußeren, säkularen Kräften abhänge - von dem Verfahren der weißen Mehrheit. Und das bewirkt immer noch, daß sie von dieser Mehrheit Hilfe und Wiedergutmachung fordern oder erbitten, was ihre Eigeninitiative und Unabhängigkeit weiter schwächt.

Es soll nicht bezweifelt werden, daß das jüdische Selbstverständnis sich nicht völlig unabhängig von dem Bild, das die Nichtjuden sich von den Juden machten, entwickeln konnte. Niemand entrinnt unbeschädigt der Rolle, die die Welt für ihn bereithält. Die Vorstellungen der Nichtjuden wurden im jüdischen Charakter reflektiert und teilweise integriert.

Eine jüdische Charaktereigenschaft zeigt klar die Identifizierung mit dem Gegner: die verschiedenen Formen des jüdischen Antisemitismus. In seiner schlimmsten Ausprägung bestand er bei den - allerdings sehr wenigen - Juden, die, ihre jüdische Abstammung verleugnend, tatsächlich antisemitischen Gruppen beitraten (oder ohne ihre Abstammung zu verschweigen, derartige Gruppen finanziell unterstützten). Einer dieser Männer beging vor einigen Jahren Selbstmord, nachdem ein Reporter der *New York Times* ihn bloßgestellt hatte. (Diese grausame und sinnlose Handlung des Reporters war nicht so sehr antisemitisch als unmenschlich. Vielleicht verwarf der Reporter seinen eigenen, realistisch kontrollierten, unbewußten Antisemitismus, als er diesen harmlos gestörten und unglücklichen Menschen rachsüchtig bloßstellte.)

Die meisten Juden, die einen Teil der antisemitischen Haltung ihrer Umgebung absorbiert haben, finden rationalere Wege, ihn auszudrücken. Die wache und manchmal übermäßige Selbstkritik der Juden kann sehr wohl als Ausdruck der ursprünglich von außen kommenden, im jüdischen Charakter absorbierten Aggressionen verstanden werden, wenn auch die Bibel deutlich belegt, daß diese Selbstkritik schon vor der Diaspora bestand. Das jüdische Über-Ich scheint schon immer außergewöhnlich mächtig gewesen zu sein - wie auch in einer so patriarchalischen Gesellschaft nicht anders zu erwarten ist -, ob es nun seinen Ausdruck in Propheten oder späteren Gesellschaftskritikern fand. Trotzdem trägt ein Teil der äußerst destruktiven jüdischen Selbstkritik das Zeichen einer Identifizierung mit dem Gegner. Teilweise drückt sich die Kritik im Witz aus, einer harmlosen Art, Aggressionen abzureagieren.

Damit sind nicht jene Witze gemeint, die über die Juden erzählt werden. Sie sagen mehr über die Leute aus, die sie erfanden, als über die Juden. Gemeint sind auch nicht die manchmal sehr komischen von (meist jüdischen) Nachtklubkünstlern erfundenen, die oft ungemein populär werden, bevor sie in Vergessenheit geraten. Wir kennen sie zur Genüge. Außerdem sind sie nicht charakteristisch für die von Juden untereinander erzählten Witze, Witze, die vielleicht weniger komisch, dafür aber der zugrunde liegenden jüdischen Philosophie viel näher sind.

Scholem Aleichem, einer der berühmtesten in Jiddisch schreibenden Autoren, definierte Hoffnung als »einen Lügner«. Er sagte: »Der 1. April ist ein Witz, der 365mal im Jahr wiederholt wird.« Und: »Das Leben ist ein Drama für die Weisen, ein Spiel für die Narren, eine Komödie für die Reichen und eine Tragödie für die Armen.«

»Wann ißt ein armer Jude Hühnchen?« ist eine volkstümliche Scherzfrage. »Wenn er oder das Hühnchen krank ist.«

Man kann fast den zustimmenden Seufzer hören, der diese Witze begrüßte, als sie zum erstenmal in den jämmerlichen »Stetls«[1] in Osteuropa laut wurden. Es ist ein Humor des wegwerfenden Achselzuckens. Diese Witze lassen einen höchstens lächeln, und das Lächeln ist immer wehmütig. Juden sagen, sie machten Witze, um nicht zu weinen. Ihre Witze über die Härten des von ihnen jahrhundertelang geführten Lebens sollen dem Leiden die Schärfe nehmen - als wenn das Leiden selber komisch wäre. Es ist fast, als ob sie sich geradezu bemühten, Witze über sich selber zu machen, um den Schmerz, den die Welt für sie bereithält, vorwegzunehmen und die Wucht des Schlages, der sie gewiß treffen wird, zu mildern.

»Wie geht's?« fragt ein Jude einen anderen.

»Sehr schön.«

»Das freut mich. Ich hörte, es ginge dir schlecht.«

»Nein, mir geht's immer schön. Im Sommer ist mir schön heiß. Im Winter ist mir schön kalt. Wenn es regnet, hole ich mir eine schöne Erkältung, und wenn meine Frau über Geld jammert, werde ich schön wütend. Und im Grunde hab ich alles ganz schön satt.«

Oder nehmen Sie die nicht einmal unbedingt komische Geschichte über August Belmont und die feine Gesellschaft. Der berühmte Bankier, der als armer Jude geboren wurde und als reiches Mitglied der Episkopalkirche starb, war am Anfang seiner Karriere ein gesellschaftlicher Streber. Als er erfuhr, daß sein Name nicht auf der Gästeliste einer besonders exklusiven Veranstaltung stand, wandte er sich an das Festkomitee. Wie man erzählt, drohte er jedem einzelnen Komiteemitglied mit finanziellem Ruin, falls er keine Einladung geschickt bekäme. Er erhielt eine.

»Was man alles erreichen kann, wenn man einflußreich ist«, sagte ein nichtjüdischer Freund, dem ich die Geschichte erzählte. »Das geschah dem Komitee ganz recht, diesen verdammten Snobs.« Und er strahlte vor Schadenfreude.

Ich erzählte dieselbe Geschichte einem jüdischen Freund. »Was passierte?« fragte der. »Ging Belmont zu dem Ball, um festzustellen, daß sonst niemand erschienen war?« Und er seufzte über das Schicksal der Juden, für die seinem Gefühl nach jeder Triumph nur die vorletzte Stufe zu einer überwältigenden Niederlage sein kann. Im Gegensatz zu meinem christlichen Freund hatte er nicht das Gefühl, daß die Geschichte mit einem Triumph für den Juden den richtigen Abschluß hätte. Er erfand selber ein schlechtes Ende, weil andernfalls die Welt schon dafür sorgen würde. Aber wenn er das Schlimme als erster aussprach, war der Schaden selbst zugefügt und daher geringer.

Die Geschichte zeigt einen weiteren Aspekt des jüdischen Humors: er ist selten unverhüllt aggressiv gegenüber Nichtjuden. Doch jemanden lächerlich zu machen, ist schon eine deutliche Form der Aggression und gehört zur Grundlage des Humors.

Hier ist die Aggression jedoch erlaubt, weil sie anscheinend nicht ernstgemeint ist. Das Opfer der meisten jüdischen Witze ist der Erzähler. Er richtet die Aggression gegen sich selber, weil er meint, er könne es sich nicht einmal im Spaß erlauben, sie gegen sein wirkliches Zielobjekt zu richten. Er könnte damit Vergeltungsmaßnahmen herausfordern, und er ist schwach. Also identifiziert er sich lieber mit der gefürchteten nichtjüdischen Umgebung und attackiert sich selber, als wolle er sagen: ihr könnt mich nicht mehr verletzen, als ich es bereits selber getan habe.

Zwei polnische Kneipenwirte (einer der Berufe, die den Juden offenstanden) reden über das Geschäft.

Sagt der eine: »Wenn ich jemandem auf Kredit zu trinken gebe, berechne ich ihm den doppelten Preis.«

»Ich nicht«, sagt der zweite. »Ich berechne dann nur die Hälfte.«

»Das ist aber dumm, weshalb tust du das?«

»Auf diese Weise verliere ich nur die Hälfte, wenn er überhaupt nicht zahlt.«

Wenn der jüdische Witz wirklich einmal gegen die Außenwelt zielt, tut er es meist versteckt und in dem Bewußtsein, daß ein Preis dafür gezahlt werden muß - oft ist dieser Preis Selbstgeringschätzung, doch nicht immer.

»An allem, was in der Welt faul ist, sind die Juden schuld«, sagt ein Antisemit zu einem Juden.

»Sie haben vollkommen recht«, antwortet der mit großer Überzeugung. »Die Juden und die Leute, die Bananen essen.«

»Weshalb die?«

»Weshalb die Juden?«

Offensichtlich unterliegt der jüdische Charakter in Israel einer Änderung, aber bis zum israelisch-arabischen Krieg vor einigen Jahren wurde die jüdische Scheu vor Gewalt und Aggression allgemein von Nichtjuden und den Juden, die vor dem Unabänderlichen kapitulierten, erkannt und ins Lächerliche gezogen: Ein jüdischer Pazifist wurde in die Armee eingezogen. Auf dem Höhepunkt des Kampfes versammelt der Feldwebel seine Truppe um sich.

»Also, Leute«, schreit er, »wir werden sie mit unseren Bajonetten angreifen und diese Schlacht im Einzelkampf von Mann zu Mann gewinnen.«

»Bitte, Herr Feldwebel«, sagt der Jude, »könnten Sie mir meinen Mann zeigen. Vielleicht kann ich mich friedlich mit ihm einigen.«

Diese Scheu vor der Gewalt ist funktionell und ging in den jüdischen Charakter ein. Wenn sie auf die Provokationen der Nichtjuden mit Gewalt antworteten, würden sie die ganze Gemeinde aufs Spiel setzen und sonst nichts erreichen. Vom religiösen Standpunkt aus schienen ihnen die Leiden in der Diaspora und die Zerstreuung selber von Gott als Strafe für ihre Sünden auferlegt. Somit wurde das geduldige Erleiden zu einer frommen Handlung und entsprach dem Willen Gottes. Gegen die göttliche Züchtigung aufzubegehren, hieße eine Sünde begehen. So glorifizierten die Juden den Masochismus fast mit der Begründung, daß Gott den am härtesten züchtige, den Er am meisten liebe. So wie den Calvinisten materieller Erfolg als Zeichen der Gnade Gottes galt, kamen die Juden zu der Überzeugung, daß Leiden ihr Auserwähltsein symbolisiere und bekräftige.

Wenn die Juden jedoch ihre Ressentiments gegen andere weder in Taten noch in symbolischen Handlungen wie dem Witz auslebten, bedeutet dies doch keineswegs, daß sie frei von ihnen waren. Shakespeares Shylock verkörpert in dieser Hinsicht eine, wenn auch schreckliche Wahrheit. Menschen, die so lange ungerecht behandelt worden sind, suchen ihre Rache, wo sie nur können. Der moderne jüdische Witzemacher reißt gegen sich selber gerichtete Witze, benutzt sie jedoch, um die aggressiven Witze, die er jetzt auch gegen die Nichtjuden zu richten wagt, zu legitimieren. Die Marx Brothers karikierten die Juden - und gestatteten sich damit, auch die nichtjüdische Welt zu karikieren. Und Chaplin gab uns die liebenswerte Karikatur eines machtlosen jüdischen Einwanderers - und eine weit weniger liebenswerte der nichtjüdischen Welt, in der er sich eingerichtet hatte.

Der Antisemitismus, soweit er im jüdischen Charakter seinen Niederschlag gefunden hat, kann natürlich zu Schlimmerem als zu Witzen führen. »Der bewaffnete Prophet«, der, nachdem er an die Macht gekommen ist, diese rücksichtslos benutzt, könnte sehr wohl etwas von seinen ursprünglichen Feinden gelernt haben. Und die Feindseligkeit der verschiedenen jüdischen Gruppen gegeneinander - die durch religiöse, politische, kulturelle oder wirtschaftliche Aspekte scheinbar begründet sind - gehen wohl auch zum Teil auf den »internalisierten« Feind zurück.

Trotzdem blieb das in einem lebenslangen Erziehungsprozeß sorgfältig gepflegte Selbstverständnis der Juden stark genug, um Überleben und Selbstrespekt zu garantieren. Sein Wesen ruhte in der Überzeugung, daß Gott die Juden für ein besonderes Schicksal auserwählt hatte, das von ihnen Leiden und absoluten Gehorsam gegenüber Seinen Gesetzen erforderte. Diese das Judentum bildenden Gesetze mußten durch die Gemeinde und ihre Rabbiner immer wieder neu ausgelegt und streng befolgt werden. Seinem Teil des Versprechens treu, würde Gott schließlich den Messias senden und die Juden von ihrem langen Leiden erlösen.

Diese bewußt genährte Tradition und das durch sie genährte Selbstverständnis ermöglichte es den Juden, auf den offenen Haß der Nichtjuden mit heimlicher Verachtung zu reagieren. Dabei trugen sie jedoch Wunden davon. Sie waren weder psychologisch noch physisch unverwundbar, doch überlebten sie und fuhren fort zu glauben, daß Gott sie auserwählt habe. Leiden erschütterte ihren Glauben nicht, vielmehr bestärkte es ihn.

Sowie die Juden von ihrer Unterdrückung emanzipiert waren, begannen sie ihre psychischen Wunden schmerzhaft zu spüren. Wenn ihr Glauben unter dem von außen zugefügten Leid wankte, wurden sie häufig die Opfer der in der Vergangenheit erlittenen Verletzungen. Es ist kein Zufall, daß Juden die Psychoanalyse erfunden haben, die psychische Wunden dadurch erklärt und manchmal heilt, daß sie die Gegenwart im Licht der vergangenen Erlebnisse sieht, die unter günstigeren Umständen neu durchlebt werden müssen. Um einen Ausspruch Sigmund Freuds wiederzugeben: »Es ist vielleicht kein reiner Zufall, daß der erste Verfechter der Psychoanalyse ein Jude war.« Psychoanalyse ist inzwischen der beste verfügbare und vielleicht auch der am wenigsten absurde Trost für jene geworden, die zwar den Glauben, nicht aber ihr Bedürfnis nach ihm verloren haben.

Der Preis war hoch. Aber ihre Anpassung zu diesem hohen Preis erkaufte den Juden das Überleben. Als Jude zu überleben war durch Jahrtausende hindurch das Wichtigste. Dafür litten sie, dafür ertrugen sie Bürden, zu deren Ertragen sich kein Sklave durch Auspeitschung oder Bestechung hätte zwingen lassen, dafür unterzogen sie sich unsäglichen Mühen, die kein an die Sinne appellierendes Vergnügen oder Schmerz einen dazu bringen könnte, sie zu ertragen. Dafür und deshalb überlebten sie. Ehre und Stolz waren ein Luxus, den sie sich nicht erlauben durften. Sie mußten Salomons weisem Rat folgen: Besser ein lebender Hund als ein toter Löwe - vorausgesetzt, sie konnten lebende jüdische Hunde sein. Denn ihr Judentum war das einzige, das aufzugeben sie sich weigerten. Es aufzugeben, bedeutete, das Leben jetzt *und* im Jenseits zu verlieren.

Doch Passivität war nicht genug. Die Juden brauchten und erlangten einigen Schutz durch das christliche Gesetz und durch die darüber bestimmenden kirchlichen und weltlichen Mächte, indem sie sich diesen Mächten nützlich machten. Sicher war dieser Schutz dürftig genug. Die Juden wurden leicht und häufig für etwas geopfert, was ihren Beschützern wichtiger war. In guten Zeiten fanden weltliche und Kirchenfürsten die Finanzkünste und andere Fähigkeiten der Juden nützlich genug, um die unbeliebte Gruppe zu beschützen. Doch jedesmal, wenn ihre Untertanen durch übermäßiges Elend, Unglück oder eine Mißwirtschaft aufgestachelt wurden und ihre

Wut und Frustration ausleben mußten, benutzten dieselben Fürsten die Juden, um die Wut des Volkes von sich selber abzulenken. Für die Juden war dies ein unbequemes und gefährliches Leben, doch das einzig mögliche, wenn sie Juden bleiben wollten. Und selbst als Sündenböcke waren sie nützlich genug, um toleriert zu werden - wenn auch nur, um nötigenfalls zur Opferung verfügbar zu sein. Jude zu sein, bedeutete gezwungenermaßen, alles zu repräsentieren, was die nichtjüdische Welt als abstoßend betrachtete, bedeutete, Demütigungen ohne Ende zu ertragen, der Würde, Ehre, Schönheit und jeglicher Hoffnung außer der, an seinem jüdischen Leben festzuhalten, beraubt zu sein.

Einige Gemeindemitglieder, die dadurch überlebten, daß sie ihre Schwäche erkannten und ihr Fähnchen nach dem Wind drehten, erlitten große Entstellungen ihres Charakters. Möglicherweise war auch die Gemeinde als Ganzes wenigstens zeitweise davon betroffen. Zum Beispiel können die durch Anpassung gewonnenen Überzeugungen - provoziere niemals deinen Feind, du kannst dabei nur verlieren, setze niemandem Trotz oder Widerstand entgegen, du kannst die Dinge damit nur verschlechtern, schweigend zu leiden, ist deine beste Überlebenschance -, wenn sie übertrieben werden, lächerliche und widersinnige Dimensionen annehmen. Und die Juden erkennen dies sehr wohl in dem folgenden aufschlußreichen Witz: Zwei Juden werden von einem Nazikommando an die Wand gestellt. Einer beginnt laut nach einer schwarzen Augenbinde zu rufen. Sagt der andere: »Ssh, du machst sie noch wütend.«

Ob die Zahl der hingeschlachteten Opfer geringer gewesen wäre, wenn die Juden den Nazis stärkeren Widerstand entgegengesetzt hätten, wenn sie weniger »Kooperation« gezeigt hätten, ist ein strittiger Punkt. Ich sehe keinen Sinn darin, einem Mann, der seine Familie an rücksichtslose Feinde verloren hat, zu sagen, daß sie sich mit mehr List oder Mut hätten retten können. Die überwiegende Mehrheit der Juden konnte das ihnen vorbereitete Schicksal nicht begreifen. Die an Wahnsinn grenzende systematische Grausamkeit der Nazis war von einem so unerhörten Ausmaß, daß die Juden sie einfach nicht für möglich hielten. Für vernünftige Menschen war es ja auch undenkbar, daß die Regierung eines großen zivilisierten Volkes sich völlig irrational dazu entschließen könnte, Millionen harmloser, unschuldiger und nützlicher Leute wegen einiger dummer und unglaublicher Volkssagen systematisch hinzuschlachten. Als Realisten - zu denen die Juden aus Erfahrung geworden waren - neigten sie dazu, als unvernünftig und wahnsinnig abzutun, was in der Tat wahnsinnig war. Nur sollte dieser sadistische, nur durch psychologische Faktoren erklärbare Wahn tatsächlich zur schrecklichen Wirklichkeit werden.

Man kann den Juden ihre Ungläubigkeit kaum vorwerfen. Ihr Realismus gründete sich auf vergangene Erfahrungen mit Antisemiten. In diesem Licht mußten die Nazis unwirklich erscheinen. Die Geschichte hatte die Juden nicht auf systematischen Völkermord vorbereitet. Sie hatten grausame Feinde, den wütenden Mob und verräterische Regierungen kennengelernt, nicht aber systematische und zielstrebige Bemühungen, ihr Volk vollständig auszulöschen. Ihre geschichtliche Erfahrung schien zu zeigen, daß man am besten einem Sturm begegnet, indem man sich ruhig verhält, bis er vorüber ist. Einige Leben würden dabei verlorengehen, sogar einige Gemeinden würden sich auflösen. Aber das geeignetste Verhalten, um Verlust und Leid möglichst gering zu halten, war Passivität. Widerstand würde nichts einbringen und den Feind nur noch stärker verbittern. Der Sturm würde vorüberziehen und jüdisches Leben fortbestehen. Es war schwierig, sich vorzustellen, daß Hitler kein Sturm war, der sich verbrauchen würde, sondern ein Mann, der sich der Durchführung einer Massenvernichtung verschrieben hatte, die den Furor teutonicus mit der vielgerühmten Tüchtigkeit des Industriezeitalters verband. Bis sie erkannten, was mit ihnen geschah - daß der Sturm sich nicht von selber legen, sondern sie in die Gaskammern blasen würde -, war es schon zu spät, um irgendwelche Maßnahmen zu ergreifen, obgleich mutig verzweifelter Widerstand besonders in enggefügten Gemeinschaften gelegentlich geleistet wurde.

Ich weiß nicht, ob es einen großen Unterschied gemacht hätte, wenn die Juden sich anders verhalten hätten. Ihre Verhaltensweise war durch ihre geschichtliche Erfahrung bestimmt. Im nachhinein mag es leicht sein zu erkennen, daß die Hitlersche Endlösung ein qualitativ neues Element in die Summe jüdischer Geschichtserfahrungen brachte, doch daß dem so war, ließ sich vor dem Ereignis nicht erkennen.

[1] Eine Art Ghetto. Anm. d. Ü.

# 5 Warum gibt es Antisemitismus?

Die Juden sind naturgemäß Ursache sowohl des Antisemitismus wie des Philosemitismus; ohne sie gäbe es weder das eine noch das andere, da beides Reaktionen für oder gegen die Juden sind. Sie sind Ursache des Antisemitismus in dem Maße - nicht mehr und nicht weniger -, wie die Ehe die Ursache der Ehescheidung ist. Gäbe es keine Ehe, dann gäbe es auch keine Scheidung. Gäbe es keine Juden, gäbe es keinen Antisemitismus. Wenn aber eine Ehe in Scheidung endet, muß es dafür einen Grund gegeben haben, der in einem oder beiden Partnern, in ihrer Wechselbeziehung oder auch in dritten Personen zu suchen ist. Ähnlich verhält es sich mit der Beziehung der Juden zu ihrer Umgebung. Die Juden sind die notwendige Vorbedingung des Antisemitismus - aber das bloße Vorhandensein von Juden reicht zur Erklärung dieses Phänomens nicht aus. Warum hat sich zwischen Juden und anderen diese besondere Beziehung ergeben? Weshalb hat sie so viele Aggressionen zutage gefördert?

Ein Antisemit verhält sich Juden gegenüber feindselig, weil er glaubt, daß Juden bestimmte Eigenschaften besitzen, die er verabscheut und mit denen er die Juden identifiziert. Ob nun Juden diese Charaktereigenschaften tatsächlich besitzen oder nicht (ganz unabhängig davon, ob man sie nun als wertvoll oder abscheulich ansehen will), muß es doch irgend etwas geben, was die Juden oder die spezifisch jüdische Situation gewissermaßen aus dem normativen Erfahrungsbereich heraushebt und sie zum Ziel des Spotts, Hohns oder gar der Feindseligkeit macht - und dies noch intensiver als andere Sündenböcke. Des weiteren muß aber auch irgend etwas im Charakter des Antisemiten vorhanden sein, was es ihm nahelegt und geradezu zum Bedürfnis macht, Juden mit verabscheuungswürdigen Charaktereigenschaften zu assoziieren (doch nicht selten sind die Antisemiten - nicht die Juden - die wirklichen Träger dieser Eigenschaften).

So etwa waren auch die angeblichen Charakteristika der »Hexen«, die man im 17. Jahrhundert verbrannte - ungeachtet der Tatsache, daß diese Hexen sich manchmal selber mit ihnen identifizierten -, nichts anderes als die Auswüchse der kranken Phantasie ihrer Verfolger. Wiederum muß es aber auch etwas in der Persönlichkeitsstruktur dieser »Hexen« gegeben haben, was die Verfolgung herausforderte, ebenso wie es etwas in der Persönlichkeit der Hexenjäger gab, was sie dazu brachte, »Hexen« zu fürchten und zu verfolgen. Wir wissen darüber nicht allzu viel. Eines ist jedoch gewiß: dieses »Etwas«, das die Kettenreaktion von Wahn und Verfolgung auslöste, entsprang tieferen Ursachen als jener Hexenpsychose. Ebenso können wir als gewiß annehmen, daß die trüben Quellen, aus denen der Antisemitismus gespeist wird, nichts oder nur wenig mit der Realität des Judentums zu tun haben: der Antisemitismus ist sozusagen die Umprägung ins Negative des Mythos vom Juden.

Gewiß ist es unvereinbar mit den Grundsätzen, zu denen wir uns in der Regel bekennen, eine Verfolgung damit zu entschuldigen oder gar zu rechtfertigen, daß die spezifischen Eigenschaften des Opfers diese Verfolgung herausgefordert hätten. Ebensowenig würden wir einem Mörder gestatten zu erklären, welche Eigenschaften seines Opfers ihn zwangsläufig zu dem Mord getrieben hätten. Trotzdem muß wohl dem Opfer etwas angehaftet haben - in Wirklichkeit oder, falls der Mörder wahnsinnig oder irregeführt war, nur in seiner Einbildung -, was den Mörder herausgefordert hat. Es kann dies eine gute, eine schlechte oder eine neutrale Eigenschaft sein.

Das Opfer mag sich politisch hervorgetan haben, es mag sich durch jungfräuliche Unberührtheit oder durch sexuelle Ausschweifung, durch Schönheit, Reichtum, Häßlichkeit oder Armut von der Norm entfernt haben und so dem Mörder aufgefallen sein.

Gewiß gibt es bestimmte Eigenschaften, die man mit gutem Grund den Juden zuschreibt. Wenn man eine Person oder eine bestimmte Gruppe liebt oder haßt, muß man einmal selber dieser Gefühle fähig sein, zum anderen muß der Gegenstand dieser Gefühle durch bestimmte Eigenschaften geeignet sein, derartige Reaktionen hervorzurufen - wobei es sich hier wiederum um tatsächliche oder eingebildete Eigenschaften handeln kann. Was Nichtjuden wahrnehmen, wenn sie Juden wahrzunehmen wähnen, ist wahrscheinlich ein Amalgam von Wirklichkeit und eben jenem Mythos vom Juden, der den Nichtjuden vorschwebt, wobei die Wirklichkeit wiederum aus dem nichtjüdischen wie dem jüdischen Mythos geformt worden ist.

## Vorchristlicher Antisemitismus

Es ist zweifellos der jüdische Monotheismus, der eine der tiefsten Ursachen für die weitverbreitete Abneigung gegen die Juden ist. Zu diesem Glauben haben sich Antisemiten nur sehr zögernd und nicht ohne Vorbehalt bekehren lassen. Im Grunde hat der Widerstand gegen den Monotheismus nie aufgehört. Der Antisemitismus ist eine seiner Erscheinungsformen. Jene, die diese beschwerliche Religion hervorbrachten, sich dann jedoch anmaßten, diesen Glauben, zu dem sich die Nichtjuden schließlich bekehrten, abzulehnen, haben sich damit auf die natürlichste Weise unbeliebt gemacht. Natürlich darf man es nicht wagen, seinen eigenen allmächtigen Gott zu verneinen, aber man kann jene verneinen, ja hassen und verfolgen, die Ihn hervorbrachten, denen Er sich offenbarte und die letzten Endes andere dazu veranlaßten, sich Ihm zu unterwerfen. Der jüdische Gott ist unsichtbar, nicht darstellbar, sogar unaussprechbar, eine unvorstellbar ferne, unermeßliche Macht. Sein Reich ist die ganze Welt. Er besitzt Macht über alle und erheischt den Gehorsam und die bedingungslose Anbetung aller. Und dennoch trat Er in die überlieferte Geschichte ein als jener Gott, der die Juden - und nur die Juden - erhörte, überzeugte und schließlich erwählte. Sie sind Sein Volk (obwohl Er doch gewußt haben mußte, was Er sich damit aufhalsen würde). Kein Wunder also, daß die Juden die Zielscheibe des Hasses all jener wurden, die sich mit Seiner Herrschaft nicht abfinden können.

Der jüdische Gott war zwar universal, doch zugleich ein Stammesgott: Er hatte die Juden auserwählt, ihnen dafür aber auferlegt, nur Ihm und Ihm allein zu dienen. So kam es, daß die Juden sowohl den Monotheismus wie auch die religiöse Intoleranz erfanden - religiöse Intoleranz zumindest in ihrer passiven Form[1]. Sie behaupteten, die einzig wahre Religion zu besitzen. Die einzig gültige Verheißung war die ihre: der einzig wahre Gott hatte sie auserwählt - und die übrige Welt falschen Göttern und unechten Propheten überlassen. Es war diese ihre ursprüngliche Erfindung - oder Erleuchtung -, unter der die Juden viel zu leiden hatten. Trotzdem haben sie ihr nie den Rücken gekehrt. Ist sie es doch, die die Juden von Anfang an zu dem gemacht hat, was sie sind. Die Christen jedoch verwandelten, sobald sie die Herrschaft antraten, die gewissermaßen passive jüdische Intoleranz in aktive, christliche Intoleranz, deren erste Opfer die Juden wurden.

Die Völker der Antike hatten viele Götter. Diese Götter waren mächtig, doch durfte man annehmen, daß ihrer Macht Grenzen gesetzt waren; wie Sterbliche liebten und haßten sie einander, kämpften und intrigierten gegeneinander. Ja, sie bewarben sich sogar um die Gunst ihrer Anbeter. Den einzelnen Gläubigen blieb es daher überlassen, zwischen ihren Göttern zu wählen, wie es der jeweilige Anlaß erfordern mochte. Sie schrieben auch ihre Siege oder Niederlagen der relativen Macht und dem Wohlwollen der von ihnen angerufenen Schutzgottheit zu. Kein Gott besaß ein Monopol: die Anbeter des einen erkannten die Existenz der anderen an und unterließen nichts, ihnen Respekt zu zollen und sie freundlich zu stimmen.

Jeder Stamm oder jedes Volk war durchaus bereit, nicht allein das reale Sein, sondern auch die reale Macht der Gottheiten anderer Stämme und Völker anzuerkennen - obwohl natürlich jedes Volk den heimischen Göttern in der Regel den Vorzug gab. Dennoch war die Anerkennung der anderen durchaus aufrichtig, sahen doch die Alten in der Existenz verschiedener und vielfältiger Gottheiten nicht mehr und nicht weniger als die Widerspiegelung der natürlichen Tatsache, daß es auch verschiedene Stämme und Berufe gab.

Es war daher nicht nur ein Gebot der Vorsicht, sondern auch der Höflichkeit, fremde Götter zu ehren. Als Gast nahm man am Ritual und an den Opferfeierlichkeiten zu Ehren fremder Götter teil. Überdies haftete den Göttern ein politischer Symbolwert an. Sich der politischen Macht Roms zu beugen, bedeutete für die unterworfenen Völker nicht, die eigenen Sitten und Gebräuche, die Sprache und Kultur aufzugeben. Ganz im Gegenteil: nicht selten war es umgekehrt. Herrschaft bedeutete auch Austausch. Die unterworfenen Völker opferten den römischen Göttern, ohne ihren eigenen den Rücken zu kehren; zumindest das Gastrecht war den fremden Göttern im Tempel der heimischen Götter gesichert.

Die für unsere Begriffe schier unglaubliche religiöse Toleranz der Antike ging weit über das hinaus, was wir heute als Toleranz begreifen. Man ließ dem anderen nicht nur seine eigene Religion, ohne ihn zu stören, man war dabei auch überzeugt, daß die Religion des anderen nicht weniger wahr und seine Götter nicht weniger heilig waren als die eigenen - wenn auch jedes Volk im stillen hoffen mochte, daß sich der eigene Gott im Notfall als der mächtigste erweisen würde.

In diesen Rahmen vermochte sich die jüdische Religion nicht zu fügen. Schon in der Antike wurden die Juden dadurch zu Ausgestoßenen. Die Vernichtung ihres Tempels, der Verlust ihres Landes an die Römer und die Diaspora waren höchstwahrscheinlich Folgen dieser religiösen Fehlanpassung.

Die Römer hatten die Juden zunächst recht tolerant behandelt. Da sie aber die Sieger waren, bestanden sie auch darauf, daß die Besiegten jenen Sitten und Gebräuchen Ehrerbietung bezeugten, die die Unterwerfung unter die Macht Roms symbolisierten. Alle anderen Völker hatten die Symbole des Römischen Reiches und seiner Religion - jene Statuen römischer Götter und kaiserlicher Halbgötter - widerspruchslos akzeptiert. Den Juden aber erschienen sie als schiere Blasphemie: das mosaische Gesetz duldete nicht die Errichtung von Bildnissen, noch viel weniger die Anbetung fremder Götter. Daher rebellierten die Juden mit dem unstillbaren Fanatismus religiöser Eiferer immer wieder - und so lange, bis ihre Gemeinschaft vernichtet wurde.

Später allerdings zerstörten die Juden die römische Religion, der sie sich nicht hatten unterwerfen wollen. Die Grundelemente ihrer eigenen Religion wurden, zumindest in der westlichen Welt, allgemein akzeptiert, bis auf das lästige Gebot, das die Schaffung von Bildnissen verbietet (obgleich es auch zeitweise in der christlichen Geschichte aufgetaucht ist). Doch in das neue christliche Glaubensschema, das sie zum großen Teil geschaffen hatten, fügten die Juden sich ebenso schlecht ein. Der von den Nichtjuden anerkannte jüdische Messias wurde von ihnen als falscher Prophet angesehen. Er war nicht gut genug für sie - was die Nichtjuden übel genug nahmen[2]. Immer noch erschienen ihnen die von den anderen verehrten Götter als falsche Götter. Ihnen allein hatte der wahre Gott sich offenbart, und nur sie hatte Er auserwählt. Die restliche Welt war unerhellt geblieben.

In der Antike erschien die Religion der Juden absurd und empörend, überdies lächerlich, wenn man bedachte, daß nur ein kleines, unbedeutendes, bäuerliches Volk ihr anhing, das sich durch keinen besonderen zivilisatorischen Beitrag ausgezeichnet hatte. Das jüdische Verhalten war gewiß nicht diplomatisch, im Geist der Antike überdies unvernünftig, intolerant und irrational. Der tolerante und belesene Herrscher Julian Apostata beklagte sich über die Juden mit den Worten: »Sie streben nur danach, ihren eigenen Gott zu befriedigen, und dienen dabei keinem anderen.« Dies war Julians Ansicht nach »ihr Fehler«. Und politisch gesehen war es das auch. Überdies hielten die Juden mit ungewohntem Fanatismus an ihren Anschauungen fest. Und der jüdische Gott diente Seinem Volk nicht - Sein Volk diente ihm. In der Antike war dies eine völlig ungewohnte Vorstellung.

Auch gaben sich die Juden nicht damit zufrieden, an derart absurden und intoleranten Grundsätzen eisern festzuhalten - womit sie sich dem Hohn oder sogar der offenen Feindseligkeit der anderen Völker aussetzten -, sie weigerten sich überdies, die vernünftigen Ansichten und Glaubenssätze anderer auch nur zu tolerieren. Obgleich sie von den Römern besiegt worden waren, besaßen die Juden die Unverschämtheit, ihre Eroberer daran hindern zu wollen, ihren eigenen Göttern auf ihre Weise zu dienen. Und dies im Namen der nach Ansicht der Juden göttlichen Gesetze, die die Anbetung falscher Idole verbieten. Man stelle sich vor, die amerikanischen Indianer hätten versucht, die Weißen daran zu hindern, ihren christlichen Gott auf amerikanischem Boden zu verehren. Eine derartige Intoleranz und offenkundige Arroganz mußte Feindseligkeit hervorrufen. Und so geschah es. Natürlich wehrten sich die Juden ihrer eigenen Ansicht nach nur gegen die Entweihung des ihnen heiligen Bodens. Dies war den Römern jedoch so wesensfremd, daß man es ihnen nicht zu erklären vermochte.

Der vorchristliche Antisemitismus wurde durch eine Reihe weiterer Merkmale ihrer Religion verstärkt. Ihr allmächtiger Gott war unsichtbar. Er verbot nicht allein die Errichtung von Bildnissen, die ihn darzustellen versuchten, sondern auch menschliche Darstellungen - von denen anderer Götter ganz zu schweigen. Dieses Verbot untermauerte den Glauben an einen einzigen Gott, denn die Bildnisse konnten selber früher oder später zum Gegenstand der Anbetung werden und zur Vielgötterei führen. Auch konnte ein menschliches Bildnis den Abglanz des Göttlichen annehmen oder schließlich auch zu

Zwecken der Magie mißbraucht werden. Darin bestand der entscheidende Unterschied zwischen der jüdischen und allen anderen Religionen: sie konkurrierte nicht mit ihnen, erkannte ihre Existenzberechtigung nicht an und wies kaum rituelle Ähnlichkeit auf. Sie war *sui generis,* völlig anders geartet und wies daher dem auserwählten Volk einen besonderen Platz zu.

Diese »Apartheid« war den Juden als moralischer Imperativ anheimgegeben. Es war ihnen aufgetragen, sich nicht mit anderen Völkern zu vermischen; insoweit sie ihren religiösen Lehrern die Treue hielten, taten sie dies auch nicht. Ganz gewiß war weder der Stammesstolz noch die Begriffserweiterung, die er durch den Nationalismus erfuhr, den antiken Völkern unbekannt, ebensowenig wie das Vorurteil, einem überlegenen Kulturkreis anzugehören. Im Fall der Juden aber erfuhren diese Elemente der Exklusivität eine besondere Vertiefung im Religiösen, sie wurden auch auf weit intensivere Weise in Realität umgesetzt, als dies bei anderen Völkern der Fall war. So schien es zumindest. Aber die Griechen hielten ja auch nicht viel von den »Barbaren«. Nur gingen die Juden hierin noch weiter, sie waren noch exklusiver.

Die Römer gewährten anderen Kulturen, Religionen und Völkern das Gastrecht. Zwar nicht ohne zu murren, doch waren sie immerhin etwa so gastfreundlich wie die Amerikaner unserer Tage. Die Juden hingegen waren halsstarrig, klebten am Buchstaben ihres Gesetzes, fielen den anderen auf die Nerven und waren, kurz gesagt, äußerst schlecht »angepaßt«. Sie weigerten sich, auch nur die geringsten Konzessionen zu machen, und wiesen sogar die römischen Münzen zurück, weil diese das Abbild der Kaiser trugen. Man konnte mit den Juden einfach nicht auskommen - und daß dies nur an den Juden selber liegen konnte, schien zumindest den Römern klar.

Am unerfreulichsten aber war, daß der unsichtbare Gott der Juden nicht bloß darauf bestand, der einzige und allmächtige zu sein - der Weltenschöpfer und Beherrscher, der einzige, der das Recht für sich in Anspruch nehmen durfte, angebetet zu werden -, er nahm außerdem noch einen spezifisch moralischen Charakter an.

Auch dies unterschied ihn von allen anderen Gottheiten der Antike. Diese waren in der Regel Personifizierungen von Naturkräften, etwa der Fruchtbarkeit, von menschlichen Charaktereigenschaften, wie etwa der Schläue oder auch Arglist, oder von gesellschaftlichen Phänomenen, wie etwa des Krieges, des Handwerks oder der Kunst. Manchmal vereinigten sich mehrere dieser Elemente in Gottheiten, die menschliche Eigenschaften oder Naturkräfte potenzierten. Gelegentlich wiesen sie moralische Aspekte auf, doch nicht in höherem Maße als gewöhnliche Sterbliche. Und man verstand es, sich diese Götter dienstbar zu machen, indem man mit ihnen verhandelte, sie anflehte, ihren Forderungen genauestens nachkam, ja sie auch durch Opfer zu bestechen versuchte - so, wie man mit menschlichen Machthabern verfahren wäre.

Der Gott Israels, dem diese Elemente ursprünglich ebenfalls anhafteten, entwickelte sich jedoch nach und nach zu einer viel beherrschenderen und anspruchsvolleren Gottheit, die schwer zu verstehen war und der zu gehorchen noch schwerer fiel. Er entwickelte sich von einem aus der Natur abgeleiteten Geist zu etwas wahrhaft Übernatürlichem und gebot, daß Sein Volk moralischen Gesetzen folgen und ein Leben der Gerechtigkeit - oder auch, wie manche fanden, der Selbstgerechtigkeit - führen solle, um Seinem Gesetz Genüge zu tun. Darin glich Er keinem jener Götter der Antike, die das Menschliche im Göttlichen transparent werden ließen, die wie Sterbliche nebeneinander bestanden, sich miteinander verbanden oder einander bekämpften. Denn der Gott der Juden wurde immer mehr zu einem dominierenden väterlichen Über-Ich (noch lange bevor ein Sohn des auserwählten Volkes das Über-Ich erfand). Die Juden beteten ausschließlich eine Vatergottheit an, nicht, wie andere Völker, eine Götterfamilie. Auch darin unterschieden sie sich von den anderen, und zwar nicht allein durch ihren

Glauben, sondern auch durch die Lebensführung, die dieser Glaube ihnen aufzwang.

Die Götter der Antike waren ihren Völkern mehr oder weniger wohlgesonnen, sie waren hilfreich und beschützten sie - und eben deshalb wurden ihnen Gebete und Opfer dargebracht. Auch die Juden waren dazu ausersehen, von ihrem Gott bestimmte Verheißungen zu empfangen. Doch mußten sie Ihm dafür unbeirrbar die Treue halten. Ihre wichtigste Aufgabe wurde die Auslegung und Befolgung Seines Gesetzes. Die Erfüllung des Paktes mit Gott wurde zum beherrschenden Faktor des jüdischen Lebens. Das Volk unterwarf sich einer Priesterhierarchie, die strenge Rituale und Opferhandlungen vorschrieb, und mehr noch Propheten, die ihr Volk ständig ermahnten, zum Geist des Gesetzes Jehovas zurückzufinden; jedes Mißgeschick, von dem das jüdische Volk befallen wurde, legten die Propheten als verdiente Strafe für den Ungehorsam ihrem Gott gegenüber aus - einem Gott, der immer eifersüchtig auf Seine Rechte pochte, auf der Erfüllung des Paktes mit Seinem Volk bestand und ihnen kein Jota der strengen Bedingungen erließ.

Die Juden wurden ständig wie säumige Schuldner von ihrem Gott verfolgt. Ihre gesamte Existenz kreiste um die Bemühung, Seinem Willen Genüge zu tun und ihren Pflichten Ihm gegenüber nachzukommen. Wenn Er aber durch seine Propheten zu ihnen sprach, ließ Er sie immer nur Seinen Unwillen spüren. Nie war Er mit Seinem auserwählten Volk zufrieden: es war nie pflichtbewußt genug, immer undankbar und treulos. Kurz, Er nahm die Gestalt eines unersättlichen Über-Ichs an. Deshalb bestrafte Er Sein Volk auch verdientermaßen, obwohl Er es trotz seiner Sündhaftigkeit immer wieder errettete, um der Gerechtigkeit eines einzelnen willen. Die Gnade dieses ehrfurchtgebietenden Vaters war unermeßlich - sie mußte es auch sein, da Sein auserwähltes Volk in Seinen Augen grenzenlos schuldig war.

Für die relativ unkomplizierten Menschen der Antike war all dies schwer zu verstehen. Ihnen erschien dieser Glaube als etwas lächerlicher Aberglaube, dem nur Ingoranten oder Kinder, jedenfalls Menschen, die das Leben nicht kannten oder begriffen, anhängen konnten. Ähnlich geht es auch heute den vielen keiner Kirche angehörigen Menschen, die Religion als »neurotisch« bezeichnen. Der jüdische Moralkodex erschien der Antike daher fast pervers in seiner scheinbaren Überbewertung des nicht mit Händen greifbaren Gewinns, den die Erfüllung eines moralischen Imperativs den Juden versprach, während die sich doch anbietenden und so leicht zu erlangenden Sinnesfreuden kaum zur Kenntnis genommen wurden. Die Juden waren deshalb den Völkern der Antike unheimlich. Denn die Intensität, mit der sie an ihren Moralbegriffen festhielten, die Ausschließlichkeit ihrer Gottesergebenheit inmitten einer dem Sinnlichen und Sinnfälligen ergebenen Welt war unbestreitbar. (Auf ähnliche Weise hat der Katholizismus, dem der Begriff der moralischen Überlegenheit keineswegs fremd ist, sehr viel dadurch gewonnen, daß der Durchschnittsmensch dem Priester, der sich dem Zölibat unterwirft, einen manchmal geradezu unheimlichen Respekt zollt.)

## Christlicher Antisemitismus

Vorchristlicher Antisemitismus kann im Grunde durch die Verachtung, mit der die Juden den Göttern und Werten der anderen Völker entgegentraten, erklärt werden. Indem sie darauf bestanden, ein Monopol für den einzig wahren Gott zu besitzen, der sie aufgrund eines besonderen Bundes erwählt hatte, mußten sie sich unbeliebt machen. Es galt als rechtmäßig und gebührlich, den eigenen Gott zu lieben. Doch war es gefährlich zu behaupten, daß die Götter anderer falsche Götter seien, und jene, die sie anbeteten, Narren, und im übrigen zu erklären, daß im Unterschied zum eigenen wahren Gottesglauben der Glaube anderer allein deshalb schon falsch sein müsse, weil sie das Pech gehabt hätten, in die falsche Gemeinschaft hineingeboren zu werden.

Wenn ein solcher Glaube von einem schwachen und ohnmächtigen Volk, wie die Juden es waren, vorgetragen wird, muß er dieses Volk der Lächerlichkeit und der Feindseligkeit anheimgeben. Wenn ein mächtiges und beherrschendes Volk sich solche Grundsätze zu eigen macht, können sie dazu führen, alle Übel des Rassismus zu bemänteln oder auch erst herbeizuführen, was auch häufig geschehen ist. Die Exklusivität der Juden war eine ebenso reale Tatsache - und im übrigen das ältere Phänomen - wie der Antisemitismus der Nichtjuden. Aber diese besaßen das größere materielle Gewicht. In mehr als einer Beziehung hatten sich die Juden zu Opfern ihrer eigenen Anmaßung gemacht.

Das Christentum hat dem Antisemitismus Elemente hinzugefügt, die ihre Wurzeln in der historischen Beziehung zwischen dem christlichen und dem jüdischen Glauben haben. Doch waren sich weder die christlichen Antisemiten noch die Juden der tieferen Bedeutung dieser Glaubenselemente bewußt. Ebenso wie der vorchristliche Antisemitismus war auch der christliche gewissermaßen überdeterminiert: Außer historisch-religiösen trugen noch wirtschaftliche, politische und psychologische Beweggründe - von denen jeder einzelne ausgereicht hätte - zu seiner Entstehung bei.

Die Christenheit beschuldigte die Juden, Gott getötet zu haben. (Noch beim Zweiten Vatikanischen Konzil wurde diese Anschuldigung ernsthaft diskutiert, und Kardinäle der römisch-katholische Kirchen sprachen sich für und gegen sie aus.) Der Gottesmord wurde den Juden zugeschrieben, weil einer aus ihrer Mitte, der sich später der Messias nannte und von seinen Anhängern vergöttlicht werden sollte, in Jerusalem gekreuzigt worden war. Die Hinrichtung erfolgte durch die römischen Besatzungstruppen in Jerusalem nach römischer Sitte (die Kreuzigung war keine jüdische Hinrichtungsart). Wahrscheinlich wurde Jesus getötet, weil er wie andere religiöse Führer jener Zeit den Römern als Aufwiegler des Volkes staatsgefährdend erschien.

Das erst lange nach den Ereignissen geschriebene Evangelium, in dem es heißt, daß Jesus Christus auf Geheiß des jüdischen Senhedrions verhaftet und verurteilt wurde, scheint vom rechtlichen und historischen Standpunkt aus wenig wahrscheinlich. Die Evangelisten wußten, daß sich der christliche Glaube unter den Juden kaum durchsetzte, während die Zahl der nichtjüdischen Konvertiten besonders unter den Römern ständig anstieg. Es wäre daher undiplomatisch gewesen, den Gottesmord den Römern zur Last zu legen. Die Behauptung jedoch, daß die Juden den neuen Gott aus ihrer Mitte haßten, brachte Ihn den Römern näher. Wir wissen natürlich nicht, ob die Evangelisten diese Überlegungen tatsächlich anstellten. Doch würden sie glaubhaft erklären, weshalb die Juden einer Handlung beschuldigt wurden - der Verurteilung und Hinrichtung Jesu Christi -, die doch unzweifelhaft die Römer begangen hatten.

Es ist wahrscheinlich, daß die jüdische Priesterkaste den staatssichernden Maßnahmen der Römer keinen großen Widerstand entgegensetzte. Sie bekämpfte nicht weniger als die Römer alles, was das Volk zur Unruhe und zum bewaffneten Aufstand hätte treiben können. Sie erkannte, was die Geschichte später bestätigte: daß eine solche Erhebung hoffnungslos war. Die Propheten aus dem Volk wußten nur sehr wenig über die tatsächlichen Machtverhältnisse und verließen sich mehr als die Priesterhierarchie auf eine göttliche Erleuchtung - was in der Vergangenheit zu katastrophalen Folgen geführt hatte. Die vielen verschiedenen Sekten, die religiösen Schwärmer, die angeblichen Propheten, die Fanatiker und Feinde Roms bereiteten den jüdischen wie den römischen Behörden große Schwierigkeiten. Wenn die römischen Regierungsstellen Unruhen vermeiden wollten, so war dies ganz im Interesse der jüdischen Führer, die fürchten mußten, daß eine solche politische Tätigkeit sie die Reste ihrer Unabhängigkeit kosten würde, wie es auch tatsächlich geschah. Soviel zum historischen Aspekt der Entstehung des Antisemitismus, der jedoch vielleicht weniger wichtig als der psychologische ist.

Die Juden wurden also beschuldigt, Gott getötet zu haben.

Tatsächlich hätte sich die Feindseligkeit gegen sie ebenso darauf gründen können, daß Er in ihrer Mitte geboren worden war. Denn auch der Messias war ein anspruchsvoller und moralischer Gott, der Opfer verlangte, die vor der Entstehung des christlichen Glaubens undenkbar gewesen wären. Deshalb hätten die gläubigen Christen auch sehr wohl ihren unterdrückten Groll zwar nicht gegen Ihn, der doch unantastbar war, wohl aber gegen seine Vorfahren und Verwandten richten können. Schließlich hatten diese Verwandten den Erlöser mißhandelt und ermordet, was jegliches Maß an Feindseligkeit rechtfertigte.

Weiter blieben die Juden ihrem alten Gott treu, während sie Seinen Sohn nicht anerkannten. Durch diese Treue zeigen sie, daß sie sich immer noch als auserwählt betrachten, und daß die Christen einen falschen Gott, einen unechten Messias, verehren. Ihre Religion blieb der Vatergestalt zugewandt; das Christentum stützte sich auf den Sohn. Durch ihre Ablehnung des Sohnes identifizierten die Juden sich mit dem Vater und zogen so allen Groll, zumindest alle zwiespältigen Gefühle auf sich, die eine Vateridentifizierung gewöhnlich begleiten.

Doch dies ist noch nicht alles. Freud zufolge ermordeten die Juden wahrscheinlich nicht den Sohn, sondern die Vatergottheit, die Moses symbolisierte: jenen Mann, der sie aus Ägypten und aus der Wildnis führte und ihnen ihr Gesetz gab. Das Grab des Schöpfers des Judentums ist nie gefunden worden, und Freud glaubt, daß die Juden Moses während eines ihrer vielen Aufstände gegen ihn tatsächlich erschlugen. Sie überwanden die hieraus entstehenden Schuldgefühle nie und wurden eifrige und gehorsame Söhne des Vaters, den sie getötet hatten.

Selbst wenn Freuds Spekulationen völlig phantastisch und unbegründet sind, artikulieren und erklären sie doch, wenn auch keine historische Tatsache, so doch die im kollektiven, besonders aber im jüdischen Unbewußten schlummernden Vorstellungen. Das Trauma des Vatermordes und die Sühne der schuldbeladenen Söhne durch Opferung eines der ihren war unter den orientalischen Völkern weit verbreitet und den Römern zur Zeit der Evangelisten ebenfalls nicht fremd.

Durch Anerkennung der Erbsünde sühnten die Christen diese Tat und machten sich Ihm, wie sie dachten, durch ihre Identifizierung mit dem Opfer des Sohnes wieder annehmbar. Jesus ließ sich freiwillig ans Kreuz schlagen. Er war von seinem Vater gesandt worden, um die Welt zu erlösen. Diejenigen jedoch, die ihn dem Evangelium zufolge mordeten, wollten weder ihre Ödipusschuld noch das sühnende Opfer Jesu anerkennen. Damit schlossen sie sich von der Erlösung aus. Sie wollten sich nicht von einer Schuld reinigen, die sie ihrer Ansicht nach gar nicht begangen hatten, wodurch sie in den Augen der Christen ihre Sünde weitererttrugen und noch vergrößerten, indem sie nicht davon abließen zu behaupten, daß Jesus ein falscher Messias sei.

Die beharrliche Weigerung der Juden, dem Opfer Jesu erlösende Kraft zuzugestehen, um derentwillen sie soviel erduldeten, mußte schließlich die Christen an der Gewißheit der Erlösung zweifeln lassen. Es gab also Menschen - die Juden -, die bestritten, daß Jesus irgend jemanden erlöst hatte, und diese Menschen waren bereit, für diesen ihren Glauben zu sterben. So wurden die Juden in den Augen der Christen Vertreter des beleidigten, rachsüchtigen und ihrer Meinung nach unversöhnlichen Vaters.

In gewisser Weise zeigten die Juden also, wenn auch unfreiwillig und ohne dessen gewahr zu sein, auch in der christlichen Welt die Arroganz, die ihnen den Haß der antiken Völker zugezogen hatte. Sie warfen den Christen vor, daß sie einem falschen Messias aufgesessen seien, wie sie den Alten erzählt hatten, daß sie falsche Götter anbeteten.[2] Sie allein, die Juden, besäßen die wahre Religion. Welch eine Chuzpe! (Frechheit).

Aber verständlicherweise war den Christen die Religion der Juden ein viel größerer Dorn im Auge als den antiken Völkern. Für jene war die jüdische Religion arrogant, närrisch und fremd. Für die Christen jedoch war sie eine Bedrohung ihrer fundamentalen Glaubensgrundsätze. Während vieler

Jahrhunderte betrachteten die Christen das Versprechen des ewigen Lebens - das Paradies - als das Wichtigste auf Erden. Doch ließ gerade die Tradition, aus der ihr Glaube erwachsen und gerade das Volk, aus dessen Mitte der Messias hervorgetreten war, Zweifel an ihrer Hoffnung auf Erlösung aufkommen. Eine paradoxe Situation. Es ist nicht weiter verwunderlich, daß die Christen die Juden so behandelten, wie sie jeden zu behandeln versucht gewesen wären, der ihre tiefsten religiösen Überzeugungen in Zweifel stellte.

Es wäre anders gekommen, wenn nicht einer von ihnen, Paulus, entschieden hätte, daß der von den Juden abgelehnte Messias von den Christen anerkannt werden könnte, vorausgesetzt, sie brauchten nicht erst Juden zu werden und die damit verbundene Beschneidung auf sich zu nehmen. Die Geschichte vom ewigen Heil konnte allen Völkern gepredigt werden. Und Paulus tat dies recht erfolgreich.

So erkannten die Nichtjuden an, was die Juden zurückgewiesen hatten, und lehnten gleichzeitig das Volk ab, das sein Auserwähltsein nicht aufgeben wollte. Fortan wurde den Juden nicht nur die Erbsünde zur Last gelegt, sondern auch ihre Weigerung, sich erlösen zu lassen, ihr Mord an Ihm, der die Menschheit erlösen wollte, und schließlich ihre halsstarrige Verneinung der den Christen in Aussicht gestellten Erlösung.

Die Christen glaubten nun, daß sie den Vertretern des Vaters - gewissermaßen im Namen des Sohnes - das antun konnten, wofür sie als Christen eigentlich hätten bestraft werden müssen, hätte der Sohn den Anspruch jener, die in ihren Augen zu unerlösten Juden reduziert waren, nicht zunichte gemacht und sie so jeglicher Bestrafung preisgegeben. Den Juden wurde alles zugeschrieben, was Söhne unbewußt oder manchmal bewußt fürchten: die Kastrierung und der Tod durch den Vater. Und an ihnen rächten sich die Christen für alles, was das Vaterurbild sie fürchten ließ.

Hartnäckig bestritten die Juden, daß sie mitschuldig und der Errettung ebenso bedürftig seien; sie beharrten darauf, daß sie ein Sonderabkommen mit Gott, dem Vater, geschlossen hätten, das sie und (wie die Christen meinten) sonst niemanden erlösen würde. Wenn die Juden auch nur ein wenig mit dem, was sie glaubten, recht hatten, so waren alle den Christen von ihrem Glauben aufgezwungenen Kasteiungen vergeblich, sie hätten dann alle Freuden dieser Welt für ein Paradies aufgegeben, das, wie sie einmal erkennen müßten, den Juden vorbehalten war.

Kein Wunder also, daß die bloße Existenz der Juden dem Christentum ein Dorn im Auge war. Ein nützlicher Dorn allerdings. Denn indem die Christen all ihre Feindseligkeit auf die Juden richteten, konnten sie sich leichter miteinander identifizieren. Nichts kommt der inneren Solidarität so sehr zugute wie die Existenz eines äußeren Feindes. Diesem Feind kann die Gruppe alles in sich selbst Gefürchtete oder Gehaßte unterstellen. Auf ihn kann sie alle Feindseligkeit entladen. Wie die Keuschheit der Frau im 19. Jahrhundert Prostituierte unumgänglich machte, so brauchte die Reinheit des christlichen Glaubens die Juden.


## Die jüdische Verschwörung: ein antisemitisches Märchen

Die primitive Weise, in der die Nazis den ideellen Zusammenhalt und das Anderssein der Juden wahrzunehmen glaubten, führte zu der Entstehung eines ihnen sehr gelegen kommenden Mythos. Radikale Parteien, mögen sie nun rechts oder links stehen, neigen immer zu einer ungerechtfertigten Vereinfachung der Tatsachen, um so schließlich mit Klischees operieren zu können. Es ist ihre Art, das Leben verständlich zu machen und zu beweisen, daß sie es zum Besseren wenden könnten und daher an die Macht gelangen sollten.

Vor allem anderen glaubten die Nazis entgegen aller Logik und Realität, daß die Gemeinsamkeiten der Juden (tatsächlich vorhandene oder nur eingebildete) zu gemeinsamen Zielen und vereinten Anstrengungen führen würden, zu einer Verschwörung mit dem Ziel der Beherrschung und Ausbeutung der Nichtjuden. Diese »Theorie« wurde gelegentlich durch gefälschte Dokumente, etwa die »Protokolle der Weisen von Zion«, unterstützt.

Die allgemein menschliche Neigung, alles Unerfreuliche und Unerwünschte böswilligen Dämonen zuzuschreiben, führt leicht zur Unterstützung derartiger Ideen. Mit fortschreitender Säkularisierung wurden die Dämonen durch bösartige menschliche Gruppen ersetzt, zum Beispiel die Juden oder die Kapitalisten. Hexen bildeten den Übergang zwischen diesen beiden Gruppen. So verlor Deutschland Hitlers Ansicht nach den Ersten Weltkrieg nicht, weil es seinen Feinden unterlegen war - was den Glauben an die eigene Überlegenheit zutiefst erschüttert hätte -, sondern weil die Juden ihm einen Dolchstoß in den Rücken versetzt hatten. Auch die Weltwirtschaftskrise der dreißiger Jahre hatten die Juden von der Wall Street in obskurer Zusammenarbeit mit Kommunisten, die anscheinend ebenfalls Juden waren, herbeigeführt. Und so weiter.

Diese Ideen hatte es schon vor den Nazis gegeben. Ein säkularisiertes Modell dieser Denkungsart hatte Karl Marx, ein Jude, geliefert. Natürlich hatten die Nazis insofern recht: die Juden waren überall. Nur war es falsch zu glauben, daß sie auf ein gemeinsames Ziel zustrebten. Auch Deutsche, übrigens auch Frauen, werden häufig auf verschiedenen Seiten angetroffen.

Marx legte alle Übel dieser Welt dem Kapitalismus zur Last; seine undifferenzierten Anhänger (manchmal Marx selber) gingen weiter und schrieben diese Übel der Bösartigkeit den Kapitalisten zu. Sie humanisierten die Theorie, wie man in der Madison Avenue, dem Mekka der Werbebranche, sagen würde. Hitler gab »dem System« und »den Juden«, die es angeblich beherrschten, an allem die Schuld. Vor ihm hatte Marx die Schuld »den Kapitalisten« gegeben. Die »logische« Struktur ist in beiden Fällen dieselbe.

Der Sozialistenführer August Bebel - ein Deutscher, der lange vor Hitlers Aufstieg starb - traf den Nagel auf den Kopf, als er sagte, daß der Antisemitismus der Sozialismus der verzweifelten Unterschichten der Bourgeoisie sei. Psychologisch gesehen ist er in der Tat das Äquivalent des Sozialismus und ersetzt ihn bei jenen, die von ihm enttäuscht sind oder ihn von vornherein ablehnen. (Alle utopischen oder von Utopisten unterstützten Systeme müssen »versagen«; nichts Reales kann jemals unserer Phantasie gerecht werden.) Die Symbole unterscheiden sich, doch die Psychologie beider Ideologen ist dieselbe: die Übel der Welt werden angeblich von einem falschen System bewirkt, das einige wenige unterstützen, weil sie daraus Vorteile gewinnen, und das sie bewußt einsetzen, um die Mehrheit auszubeuten. Diese Mehrheit - das Volk - ist seinen Ausbeutern jedoch eigentlich überlegen, entweder durch »Rasse« und historische Sendung (Hitler) oder durch »proletarische« Abstammung, wirtschaftliche Position und historische Sendung (Marx)[3]. Die überlegene Mehrheit hat die historische Sendung, die historisch oder rassisch korrupte Minderheit zu beseitigen, wonach das »Tausendjährige Reich« anbrechen kann. Die Wurzeln dieser Verschwörungstheorie finden sich im primitiven Anthropomorphismus. Ein Verkehrsunfall, ein Krieg, ein wirtschaftlicher Rückgang, fallende Agrarpreise oder die Rückständigkeit bestimmter Industriezweige, alle diese Dinge geschehen, ohne daß sie jemand ausdrücklich gewollt hätte, doch können sie jeden von uns betreffen. Wenn jeder bloß seine Bahn verfolgt, kann es zum Zusammenstoß kommen. Wenn jeder Landwirt produziert, kommt es zu fallenden Preisen. Wenn jede Nation die von ihrer Regierung als notwendig erachteten Ziele verfolgt, kann sie mit anderen kollidieren, die auch nur dasselbe tun. Eine Industrie mag eines Tages von der Technologie überholt worden sein, ohne daß es jemand ausdrücklich darauf abgesehen hätte.

Es fällt uns allen schwer zu begreifen, daß Dinge auch ungewollt geschehen. Menschliches Handeln ist im allgemeinen zweckgerichtet - zumindest bilden wir uns das ein. Daher neigen wir auch dazu, unserer Umwelt und der Natur selber Zwecke zu unterschieben, und tun dies in erhöhtem Maße, wenn es sich um Erscheinungen handelt, die unsere Mitmenschen ausgelöst haben: Kriege etwa oder Verkehrszusammen-stöße. Es fällt uns schwer einzusehen, daß dies einfach unbe-absichtigte Folgen zwar bewußter, doch vielleicht auf etwas ganz anderes abzielender Handlungen sein können. Wenn die Ergebnisse besonders unerfreulich ausfallen, werden sie bösen Geistern und mit fortschreitender Säkularisierung bösen Men-schen zugeschrieben. Und, wie wir gesehen haben, waren die Juden schon immer besonders für die Rolle der Bösewichter geeignet.

Lange nach Marx und nicht so sehr lange nach Hitler gibt es wieder eine Fülle neuer Variationen dieser so populären Vor-stellungen, die sich in der Kindheit der menschlichen Rasse durch Mythen über Dämonen und ihre menschlichen Werkzeu-ge ausdrückten. Was sonst ist denn C. Wright Mills[4] faszinie-rende Fabel von der »Machtelite«? In jeder dieser Variationen hat der Erzähler entdeckt, daß es Männer gibt, die mächtiger sind als andere und ein höheres Prestige und Einkommen ge-nießen. Dann entdeckt er, daß Männer, die sich durch eine Fä-higkeit hervortun, sich auch auf anderen Gebieten auszeich-nen: so werden aus Generalen Industriekapitäne, der Vor-stand eines Konzerns wird auch von anderen Konzernen zum Vorstand gewählt, ein Mann, der es in Kalifornien geschafft hat, macht seinen Einfluß auch in Washington und New York spürbar. Hieraus wird dann geschlossen, daß diese Männer, die nur ihre besondere Beziehung zur Macht und Einflußnah-me gemeinsam haben, sich auch sonst ähneln und gemeinsame Ziele verfolgen, und vor allem dieses: auf den eigenen Nutzen zum Nachteil der weniger Mächtigen bedacht zu sein. Und daraus wird dann alles abgeleitet, was den Durchschnittsmen-schen plagt und behelligt. »Sie« haben es getan, was immer es auch gewesen sein mag: »Sie« haben den Krieg gewonnen, »sie« haben ihn verloren, »sie« haben die Inflation herbeigeführt, »sie« sind schuld an der imperialistischen Expansion oder am feigen Rückzug aus imperialer Herrlichkeit.

Auch ich bin, genau wie Hitler und C. Wright Mills, zu dem Ergebnis gelangt, daß wir von einer »Machtelite« beherrscht und ausgebeutet werden. Doch sehr im Unterschied zu meinen bedeutenderen Kollegen bezeichne ich die Übeltäter weder als »die Reichen« noch als »die Juden«. Ich habe das Thema gründlich studiert und bin zu dem Ergebnis gelangt, daß wir von Brillenträgern beherrscht werden; ihnen gelingt es immer, einander die fettesten Posten in der Industrie zuzuschanzen. Brillenträger werden Generale, Musikkritiker, Börsenmakler, Senatoren, Richter des Obersten Gerichtshofs und Minister. Sie konspirieren gegen alle, die nicht kurzsichtig sind. Das kann ich auch ohne weiteres beweisen. (Im Anhang findet der Leser statistisches Material über Brillenträger in führenden Positionen, das meine Theorie nachdrücklich untermauert[5].)

Wie gesagt: die Juden haben sich immer hervorragend zum Objekt solcher und ähnlicher »Theorien« geeignet. Seit Hitler sie in Europa beinahe ausrottete, hat sich dies allerdings ein wenig geändert. Den Nichtjuden sind sie immer fremd und unheimlich erschienen: Sie hatten ihre Gesellschaft zwar unterwandert, doch hatte man sie als integrierenden Bestandteil nie wirklich akzeptiert. Sie mochten zu den Aktivsten gehören, häufig in führende Positionen gelangen, doch blieben sie irgendwie fremd und daher nicht ganz zugehörig. Und überdies hatten sie zweifellos etwas gemeinsam, das sie von den anderen unterschied: sie waren Juden. Es ist gerade so, als würden sie zu einer Art Familie gehören, die den anderen irgendwie mysteriös ist, oder zu einer Verschwörungsgemeinschaft, die über ein unheimliches Kommunikationssystem verfügt, allgegenwärtig ist, einflußreich, sinister und dennoch beinahe unerkannt irgendwo im Zentrum der politischen Macht ihre Fäden spinnt. Waren sie nicht überall? Was immer auch geschah, hatten sie es nicht deshalb verschuldet? Es ist natürlich der kausale Zusammenhang, der hier nicht stimmt. Brillenträger gibt es wirklich überall, das heißt aber nicht, daß sie deshalb gemeinsame Ziele verfolgen. Auch wenn Menschen manches gemeinsam haben, kann man nicht daraus schließen, daß sie deshalb auch gemeinsam handeln, geschweige denn konspirieren werden. Doch solche Theorien sind zu gefällig, um nicht geglaubt zu werden.

Es ist ein weithin anerkanntes - und mit gemischten Gefühlen betrachtetes - Charakteristikum, daß die Juden danach streben, sich Wissen anzueignen, daß es kaum Alkoholiker unter ihnen gibt, daß die Jugendkriminalität äußerst gering ist (das entsprechende Ventil jüdischer Jugendlicher, die sich gegen die Autorität auflehnen, ist der politische Radikalismus). Natürlich sind dies keine liebenswerten Eigenschaften - ganz im Gegenteil. Zumindest von Antisemiten werden sie nicht als liebenswert empfunden, um so weniger, als sie sich zu einer vermeintlichen Erklärung zusammenfügen lassen: Wißbegierde - das heißt doch, daß die Juden sich überall vordrängen und sich überdies auf die Weltherrschaft vorbereiten wollen; und wenn man in eine ernste Verschwörung verwickelt ist, kann man es sich kaum leisten, einen über den Durst zu trinken - *in vino veritas:* Leute, die soviel zu verbergen haben, können das nicht riskieren; und wozu sollte man auch ein jugendlicher Krimineller werden, wenn man, gemeinsam mit den nicht minder verdächtigen Eltern, in eine Verschwörung gegen die übrige Welt verwickelt ist . . .

Das Interessante an diesen paranoiden Phantasien ist, daß sie nichts weiter als das Negativ von Halbwahrheiten sind: Juden sind ehrgeizig, sie hängen messianischen Träumen nach, und ihre Enthaltsamkeit mag etwas damit zu tun haben, daß sie ängstlich darauf bedacht sind, ihre Geheimnisse vor einer feindlichen Umwelt zu hüten. Diese meist nur halbbewußten jüdischen Neigungen werden von Antisemiten wahrgenommen und zu Realitäten umfunktioniert. Daher ist der Antisemitismus auf der psychologischen Ebene nichts weiter als das Produkt einer Gemeinschaftsarbeit der Juden und ihrer Feinde: auf der rationalen Ebene ist er einfach Unsinn und eine simplifizierte Geschichtsbetrachtung, die es den Menschen - besonders wenn sie sich in Not befinden - ermöglicht, für all ihre Kümmernisse einen Sündenbock zu haben.

Dieser Nonsens wurde von genügend Menschen geglaubt, um das Grauen der Konzentrationslager und den Mord an sechs

Millionen Juden möglich zu machen. Es ist schwer, an Gott zu
glauben; noch schwerer ist es aber, an die Rationalität menschlichen Handelns zu glauben.

[1] Die Juden verhielten sich dem Glauben der Nichtjuden gegenüber passiv.
Sie versuchten nicht, sich aktiv in die Glaubensdinge anderer einzumen-
gen, waren indessen überzeugt, daß jeder Glaube falsch sei - ein für uns
tolerantes Verhalten. Im Kontext der antiken Kulturen jedoch mußte es
arrogant und barbarisch zugleich erscheinen. Schon ihre demonstrative
Passivität mußte als Anmaßung empfunden werden.

[2] Natürlich behaupteten die Juden nur, daß er nicht der wahre Messias
sei.

[3] Marx differenzierte natürlich weit feiner als Hitler und lebte vor allem
noch aus der rationalistischen, humanitären Tradition, auch wenn sie ihm
»unwissenschaftlich« und sentimental erschien, weshalb er auch Intellektuelle stärker anzog. Doch sein Erfolg bei der großen Masse entspringt
der gleichen Quelle wie der Hitlers: er vertritt eine säkularisierte, mani-
chäische Eschatologie.

[4] Amerikanischer Soziologe, der neben Arbeiten zur soziologischen Theorie
Werke über wissenssoziologische, sozialpsychologische und politische Fra-
gen sowie über Probleme der sozialen Schichtung veröffentlicht hat.
Anm. d. Ü.

[5] Was die Träger von Sonnenbrillen betrifft, so bin ich noch nicht zu
schlüssigen Ergebnissen gelangt. Es handelt sich wahrscheinlich um eine
rivalisierende Machtelite. Ich warte noch auf einen Forschungszuschuß,
der es mir ermöglichen wird, das Thema erschöpfend zu behandeln.

# 6 Zweierlei Diskriminierungen: Juden und Neger

Als die Juden endlich in die amerikanische Gesellschaft aufgenommen wurden, gestattete man ihnen wie allen anderen auch, erfolgreich zu sein oder zu versagen, je nach Können und Begabung ... beinahe. In den meisten Fällen hatten sie allerdings Erfolg.

Bis zum Zweiten Weltkrieg bedurfte es immer noch besonderen Könnens, um als Jude erfolgreich zu sein und anerkannt zu werden. Das Können eines Juden mußte über jeden Zweifel erhaben, es mußte außergewöhnlich sein, um ihm die Anerkennung zu gewinnen, die ein Nichtjude auf Grund weniger hervorstechender Qualitäten errungen hätte. Jüdische Rechtsanwälte wurden Richter am Obersten Gerichtshof, obwohl sie Juden waren. Jüdische Ärzte wurden Mitglieder der medizinischen Lehrkörper, obwohl sie Juden waren. Es wäre ermüdend, die Liste zu verlängern, und wohl auch überflüssig und überdies pedantisch, diese Behauptung auch noch dokumentieren zu wollen. Da den Juden etwas anhaftete, was sie gewissermaßen zu inferioren Wesen stempelte - worin wir einen in die Neuzeit überkommenen Rest jener christlichen Auffassung erkennen können, die in ihnen von der Erlösung ausgeschlossene, gesellschaftliche Parias sah -, bedurfte es besonderer Begabung, um diese Inferiorität wettzumachen: um als gleichgestellt anerkannt zu werden, mußten die Juden überlegen sein.

Es bedarf natürlich keiner besonderen Betonung, daß die Barrieren, die die Juden zu überwinden hatten, und das soziale

Handikap, das man ihnen auferlegte, in einer egalitären Gesellschaft als ungerecht empfunden werden mußten. Wenn man jedoch beabsichtigt hatte, die Juden auszuschließen und ihre Inferiorität zu perpetuieren, dann erreichte man damit das Gegenteil: den Juden, denen es gelungen war, alle diese Hindernisse zu überwinden, haftete hernach eine Aura der Überlegenheit an.

Während eines ziemlich langen Zeitraums vermochten nur Juden, die sich ihren Kollegen als haushoch überlegen erwiesen hatten, beruflich aufzusteigen. Auf diese Weise erreichten Juden auch hervorragende Positionen, die dies im wahrsten Sinn des Wortes waren: nicht nur hervorragend, sondern geradezu auffällig, da sie sich ja ihren nichtjüdischen Konkurrenten als überlegen erwiesen hatten. So kam es auch, daß Juden weitgehend als befähigter angesehen wurden als Nichtjuden[1].

Daher werden College-Studenten auch feststellen, daß ihre jüdischen Dozenten im allgemeinen besser sind als die nichtjüdischen; größere Fähigkeiten waren für diese Juden aber auch nötig, um überhaupt erst Dozenten zu werden. Ähnliche Wirkungen zeitigte die Diskriminierung gegen Juden auch in anderen Wissensgebieten: fast ohne Ausnahme mußten sie befähigter sein als Nichtjuden, um die entsprechenden Positionen zu erreichen. Die resultierende tatsächliche Überlegenheit wurde dann einer inhärenten jüdischen Überlegenheit gleichgesetzt. Der gewissermaßen negative, diskriminierende Ausleseprozeß, dem die Juden unterworfen wurden, schuf schließlich auf paradoxe Weise die Vorstellung vom intellektuell überlegenen Juden. Die unbegabten Juden hingegen - gewiß auch unter den Juden die Mehrheit - blieben für die nichtjüdische Masse praktisch unsichtbar.

Auch war es zweifellos der Druck, den Nichtjuden auf sie ausübten, der die Mehrheit der Juden in die Städte und überdies in Berufe drängte - wie die des Geldverleihers, des Händlers und Zwischenhändlers -, die Nichtjuden nur zögernd ergriffen und die ihnen in manchen Fällen verwerflich schienen, so nützlich, nötig und profitabel sie auch sein mochten. Mit der fortschreitenden Entwicklung der Industriegesellschaft erlangten die Juden auf diese Weise Schlüsselpositionen, die nach außen hin jedoch oft unauffällig waren. Die Macht der Juden schien um so mysteriöser, als sie in krassem Gegensatz zu ihrer inferioren sozialen Stellung und politischen Ohnmacht stand. Und diese scheinbar unerklärliche Tatsache war es wiederum, die das ambivalente Prestige der Juden nährte. Die Tatsache, daß sich die Juden durch ihre Spezialisierung auf bestimmte Berufe und ihre Mobilität außerhalb der landbesitzenden oder feudalen Hierarchien leichter als jede andere Gruppe dem urbanisierten Industriezeitalter anpassen und daher scheinbar mühelos in führende Positionen gelangen konnten, ist hier von besonderer Bedeutung. Diese größtenteils durch ihre Diskriminierung eingeleitete Entwicklung trug schließlich ebenfalls zum Mythos von der jüdischen Überlegenheit bei.

Wie zu erwarten, führte dieser Mythos, an dessen Entstehung antisemitische Vorurteile nicht unbeteiligt waren, zu unterschiedlichen Reaktionen: In Deutschland rief er eine defensive Haltung hervor: Laßt uns jene töten, die uns durch ihre mögliche Überlegenheit mit unseren eigenen Mängeln konfrontieren und unsere herrschende Stellung und unsere Überwertigkeitsgefühle bedrohen. In den USA, wo es keine in ihrer Dominanz sich bedroht fühlende homogene Gruppe gibt (und wo sich die »WASPS«[2] von ganz anderer Seite bedroht fühlen), ergab sich gewissermaßen eine Symbiose, die sich übrigens in den letzten Jahrzehnten vertieft hat.

In der *New York Times* vom 14. 4. 1968 schreibt der Kritiker Walter Kerr über Leo Rostens »Education« of Hyman Kaplan«, einem Musical, das auf Kurzgeschichten basiert, die Rosten vor etwa dreißig Jahren im *New Yorker* veröffentlichte. Im Musical wird die »Amerikanisierung durch Anpassung« eines wohlmeinenden, klugen, übereifrigen, naiven und etwas anmaßenden jüdischen Einwanderes gefeiert. Kerr weist darauf hin, daß Rosten die »jüdische Zutat zum Schmelztopf« zelebriert und die Schwierigkeiten beschreibt, die seine jüdischen Einwanderer bei der Anpassung an ein Amerika zu überwinden

haben, das von den WASPs bestimmt wird. Kerr schreibt also:
»Mr. Parkhill stellt den Musteramerikaner dar, den die braven Einwanderer nachzuahmen versuchen. Sie möchten das »W« wie er aussprechen, wie er lesen, hören, handeln und denken. Er, adrett und selbstsicher, ist genau der Typ, den man jetzt WASP nennt. Ein guter, seriöser und recht liebenswerter WASP. Er vertritt uns, und sie - die jüdischen Einwanderer - brennen darauf, wie wir zu werden.«

Doch Kerr fährt fort, daß die heutige Situation ganz anders sei, daß sie sich in ihr Gegenteil verkehrt habe:
»Heute, nach nur 25 Jahren, scheinen die Einwanderer, und vor allem die jüdischen, ›amerikanischer‹ als Mr. Parkhill. Ihre Gesichter, ihre Stimmen, ihre Denkweise sind uns vertraut und zur zweiten Natur geworden. Jetzt ist Mr. Parkhill der Fremde, der Überlebende aus einer vergangenen Zeit. Wir sehen ihn uns ein wenig verwirrt an und fragen uns: ›Wo ist er geblieben?‹ Wir können uns an ihn erinnern: blaß, manierlich, adrett gekleidet, selbstbewußt. Und wir sehen ihn jetzt als Außenseiter, Fremdling, Vertreter einer noblen Rasse, die im Aussterben begriffen ist. Auf der Bühne tritt er uns als Vorbild entgegen, doch ist er in keiner Weise das Vorbild, dem wir noch nacheifern möchten. Er ist nicht mehr ›unser Typ‹, und bis zu diesem Augenblick hatten wir das überhaupt nicht bemerkt. Jedenfalls nicht so bewußt.

Unsere Umgebung hat sich gründlich verändert. Es liegt nicht nur daran, daß wir alle so viele jüdische Bühnenkünstler gesehen und jüdische Schriftsteller gelesen haben, daß ihre sprachlichen Eigenarten sich in unserem Ohr eingenistet und heimisch gemacht haben. Denn das ist ohnedies geschehen. Jiddische Wörter in Gespräche mit Leuten von der Madison Avenue einfließen zu lassen, ist schon so lange in Mode, daß es bereits wieder *passé* wirkt. Außerhalb von Kansas gibt es wohl keinen Nichtjuden mehr, der seine Wortstellung nicht so verdrehen könnte, daß sie jüdisch klingt. (Wie steht es eigentlich in Kansas? Ich weiß es nicht.)

Jeder hat heutzutage eine jüdische Mutter, sei sie nun irisch oder sonst was. Und der Nichtjude, oder auch Jude, der heute noch seine Sätze mit ›so‹ beginnt, um zu zeigen, daß er weiß, was schick ist, ist auch schon passé. Das ist reine Affektiertheit und sitzt nicht einmal hauttief.«

Und das Gesagte gilt besonders für die Literatur:

»Seit dem Zweiten Weltkrieg hat die amerikanische Sensibilität deutlich jüdische Züge angenommen, zumindest ist die jüdische Komponente nicht weniger bedeutsam als andere. Und das bedeutet nicht nur eine mitfühlende Identifikation (weil so viele Juden getötet worden sind) oder eine spielerische Geste der Nichtjuden (weil kleine sprachliche Eigenarten ganz reizvoll sein können). Das sitzt viel tiefer. Das literarische Bewußtsein in den Metropolen der USA hat eine jüdische Denkform angenommen. Durch äußere Einflüsse, gewiß, doch war der Boden dafür schon vorbereitet. Nach den Entertainern, Sängern und Romanschriftstellern kamen die Kritiker, Politiker und Theologen. Die letzteren sind schon ihrem Wesen nach bewußtseinsbildend und verstärkten diese Entwicklung.«

Man kann haarspalterisch über Ausmaß und Gültigkeit der von Kerr beschriebenen Entwicklung diskutieren. Kann man sie aber anzweifeln? In den USA verkraftete man die Angst vor der (tatsächlichen oder eingebildeten) Überlegenheit der Juden und das Bestreben, es ihnen gleichzutun, indem man die jüdischen Elemente in das amerikanische Selbstverständnis miteinbezog. Was auch immer in dem großen Schmelztopf sein mag, das Salz ist jüdisch. Andere Zutaten sind sicher substantieller, doch die Juden gaben dem Ganzen erst die rechte Würze.

Wir können heute die Versuche der nordamerikanischen Neger beobachten, als Gruppe gleichberechtigt und als einzelne nach Verdienst und Charakter beurteilt zu werden. Wie ihre Geschichte sich von der jüdischen unterscheidet, so auch ihr Ringen um Anerkennung und die Reaktion der weißen Amerikaner darauf.

Zunächst: Die Ansiedlung der Neger in den USA war nicht

freiwillig. Sie liegt im ganzen gesehen auch weiter zurück als die der Juden. Die Schwarzen wurden mit Gewalt nach Amerika gebracht, unterdrückt und gezwungen, in einer Gesellschaft zu leben, die sie jahrhundertelang ausnutzte, ohne sie aufzunehmen. Im Gegensatz zu den Juden lebten die Neger auf dem Land, weit entfernt von den Slums der Großstädte, in denen sie sich jetzt konzentrieren. In diesen »Ghettos« gehen sie jetzt meist Berufen nach, die die Weißen nie ergreifen würden. Doch keine mit dem Finanzwesen und dem Handel verbundenen Berufe, wie sie den Juden von den Nichtjuden überlassen wurden, sondern schlechtbezahlte, niedrige Beschäftigungen, die kaum Aufstieg oder Unabhängigkeit versprechen. Die Berufe, mit denen sich die Juden zufriedengeben mußten, weil sich Nichtjuden zunächst nicht damit befassen wollten, vermittelten ihnen Schlüsselpositionen in der aufkommenden Industriegesellschaft. Doch den Negern bleiben nur die schmutzigsten Beschäftigungen und solche, die bald überflüssig sein werden.

Noch ausschlaggebender für die Situation der Neger in den USA ist, daß ihre Stammeskulturen, Sprache und Religion durch Verschleppung und Sklaverei zerstört wurden. Sogar ihre Familienstruktur wurde aufgelöst. Aber auch wenn die Stammeskulturen nicht zerstört worden wären: in der Zivilisation, in die sich die Neger gewaltsam versetzt fanden, hätten sie ihnen kaum eine Hilfe sein können. Das Fehlen einer eigenen lebensfähigen Tradition und ihr niedriges soziales Ansehen in der nordamerikanischen Gesellschaft bewirkten eine relativ geringe Selbstachtung, die jegliche Initiative - auch unter günstigen Umständen - dämpfen oder fehlleiten mußte.

Das gegenwärtige Bemühen der Neger, Eingang in die amerikanische Gesellschaft zu finden, ist von größerer Bitterkeit erfüllt als das anderer Gruppen. Es ist auch ambivalenter. Der Übereifer, sich anzupassen, wechselt mit der nicht selten gewalttätigen Betonung der Eigenständigkeit, die die Ablehnung der Umwelt vorwegnimmt. Auch die Reaktionen der Weißen sind verschiedenartig. Oft sind sie von Schuldgefühlen belastet; in der Vergangenheit waren sie meist offen feindselig und drohen dies wieder zu werden, weil die untere Mittelschicht sich in ihrer Stellung durch die Neger angegriffen fühlt, auch wenn diese Bedrohung mehr auf die Rhetorik militanter Negerführer zurückzuführen ist als auf eine tatsächliche Umschichtung der Machtverhältnisse. Noch für lange Zeit wird man wahrscheinlich die Beziehung zwischen Schwarz und Weiß bestenfalls als eine durch einen latenten Antagonismus getrübte Symbiose empfinden.

Seit die Juden akzeptiert worden sind und häufig führende Positionen einnehmen, fühlen sie sich den Negern gegenüber schuldig. Im Gegensatz zu den Schuldgefühlen der »Wasps« resultieren die der Juden nicht daraus, daß sie sich in der Vergangenheit zu den Unterdrückern zählen mußten. Im Gegenteil: die Juden identifizieren sich mit den unterdrückten und unterprivilegierten Negern, deren Behandlung durch die weiße Gesellschaft ihnen allzu vertraut ist - erinnert sie sie doch ständig an ihre eigenen Erfahrungen, an die Entbehrungen und Isolierung im Ghetto. Jetzt, wo sie erfolgreich sind, fühlen die Juden sich verpflichtet, jenen zu helfen, die sie an ihr eigenes Schicksal erinnern, die unter Diskriminierungen zu leiden haben, die als inferior betrachtet, unterdrückt, verachtet und nur nach negativen Klischees beurteilt werden.
Diese Identifikation ist rein topologischer Natur: die Neger nehmen jetzt den sozialen Rang ein, den früher die Juden innehatten (sie bewohnen sogar oft die ehemals jüdischen Stadtviertel); in historischer Erfahrung, Anschauung und Charakter haben sie keinerlei Ähnlichkeit mit den Juden. Vor allem fehlt ihnen die gemeinsame kulturelle Tradition, die Religion und die Selbstachtung, die sich die Juden bewahren konnten.
Die übrigens auch von Nichtjuden geteilten Schuldgefühle sind in der Regel ein notwendiger Beweggrund für eine Neubewertung des Verhältnisses zu den Negern, doch meine ich, daß man ihnen nicht allzu sehr nachgeben sollte. Sie führen oft zu Handlungen, die die Situation nur verschlechtern, insbe-

sondere zur umgekehrten Diskriminierung, nämlich zur Diskriminierung aller, die nicht Neger sind. Viele Neger und fast alle ihre Wortführer beanspruchen jetzt diese »Diskriminierung durch Begünstigung« als ihr gutes Recht.

Wie schon gesagt, mußten die Juden andere erst ausstechen, bevor sie als ihnen ebenbürtig anerkannt wurden. Die Juden, die in exponierte Stellungen aufrückten und fälschlicherweise als »typisch jüdisch« betrachtet wurden, halfen daher das Klischee vom cleveren und überlegenen Juden mitzuprägen, denn sie mußten befähigter sein als ihre nichtjüdischen Kollegen. Umgekehrte Diskriminierung führt jedoch dazu, daß Neger befördert werden, nicht *obwohl* sie, wie im Fall der Juden, sondern *weil* sie Neger sind - völlig unabhängig von ihrer Befähigung. *Weil* sie Neger sind, werden sie zu den Universitäten zugelassen und erhalten Stipendien, auch wenn ihre weißen Mitstudenten diese vielleicht eher verdient hätten. Vielleicht lassen sich derartige kompensierende Starthilfen rechtfertigen, wenn man diesen farbigen Studenten hilft, ihre weißen Kommilitonen einzuholen - wenn ihre geringere Befähigung also nur auf mangelnde Ausbildung zurückzuführen ist, nicht aber auf Unbegabtheit.

Es ist jedoch bekannt, daß manche Universitäten ängstlich bemüht sind, Neger als Studenten bzw. als Mitglieder ihrer Lehrkörper aufzunehmen, auch wenn ihre Fähigkeiten unter der vorgeschriebenen Norm liegen. Dies gilt auch für Positionen in Wirtschaftskreisen und im Regierungsapparat. »Diskriminierung durch Begünstigung« mag zu der Situation mitbeigetragen haben, daß der Prozentsatz der in statusbetonten und hochbezahlten Stellungen beschäftigten Neger schneller steigt als die Vergleichsziffer für Weiße. Cardozo, Brandeis und Frankfurter wurden Richter am Obersten Gerichtshof, *obwohl* sie Juden waren. Thurgood Marshall wurde es, *weil* er Neger ist. Er ist zwar ein fähiger Rechtsanwalt, doch ist er keineswegs hervorragend[3].

Politische Gesichtspunkte waren fast immer mitbestimmend für die Ernennung der Richter am Obersten Gerichtshof. Mehr als ein Jurist wurde aus politischen Erwägungen qualifizierteren Kollegen vorgezogen. Natürlich kann man argumentieren, daß nach einer so langjährigen Bevorzugung der »WASPS« jetzt eine solche zugunsten der Neger gerechtfertigt sei. Dies ist jedoch ein zweifelhaftes Argument. Es wird Politikern, in deren Augen zwei Mißstände einander ausgleichen können, annehmbarer erscheinen als Philosophen, für die zwei Negative kein Positivum ergeben. Es wird also gefolgert: Da manche Weiße bisher aus ihren guten Beziehungen trotz geringer Qualifikation einträgliche Positionen schlagen konnten, und Neger über keine solchen nützlichen Beziehungen verfügen, müßte man ihnen ähnliche Chancen bieten, indem man sie Weißen - auch befähigteren - vorzieht.

In dieser Argumentation werden Neger und Weiße als zwei Gruppen gesehen, deren jeweilige Ansprüche gegeneinander abgewogen werden müssen. Es sollte jedoch die Qualifikation eines jeden einzelnen - gleichgültig ob schwarz oder weiß - ausschlaggebend sein. Diskriminierungen der Vergangenheit mögen es nun gerechtfertigt erscheinen lassen, sich über die unparteiische Beurteilung einzelner zugunsten einer bewußten Bevorzugung bestimmter Gruppen hinwegzusetzen. Doch wird hierdurch die Gruppendiskriminierung nicht abgebaut, sondern im Gegenteil verstärkt. Ungeachtet scheinbarer Vorteile werden die Mitglieder aller Gruppen geschädigt. Ungerechtigkeit - auch wenn sie zum Zweck der Wiedergutmachung getanen Unrechts eingesetzt wird - entspricht niemals dem Interesse der Gesamtheit.

Die tatsächlichen Auswirkungen - auf kurze und auf lange Sicht - sind wichtiger als die vermeintlich ausgleichende Gerechtigkeit der »Diskriminierung durch Begünstigung«. Um Zurücksetzungen der Vergangenheit wettzumachen, setzen wir jetzt Neger in Positionen ein, für die sie sich weniger als ihre weißen Mitbewerber eignen. Könnten sich die Auswirkungen dieser »Diskriminierung durch Begünstigung« nicht als effektiv schädlich für die Neger erweisen? Welche Wirkung können wir erwarten

a) auf die Selbstachtung der Neger,
b) die Beziehung zwischen den Rassen,
c) auf die Einschätzung der Neger durch die Weißen?

Hierzu im einzelnen:

a) Neger werden nicht lange übersehen können, daß sie in diskriminierender Weise beruflich gefördert werden. Auch wenn diese Diskriminierung sich zu ihrem Nutzen auswirkt, werden sie nicht nach Verdiensten und Fähigkeiten beurteilt, sondern pauschal als Mitglieder einer bestimmten Gruppe. Im Gegensatz zu Juden können sie nie sicher sein, ob sie die gegen ihre Gruppe bestehenden Vorurteile durch ihre persönlichen Fähigkeiten überwunden haben. Nein, ständig müssen sie damit rechnen, nicht wegen ihrer Verdienste befördert worden zu sein, sondern bloß, weil sie Neger sind. Ihr individueller Status ist zu dem eines Gruppenmitglieds reduziert. Daher kann also ein Neger, der ebenso qualifiziert wie sein weißer Kollege ist, nie genau wissen, ob er auf Grund dieser Qualifikation befördert wurde oder weil man bestehende Vorurteile gegen seine Gruppe durch die Begünstigung einzelner Gruppenmitglieder ausgleichen wollte.

Dieser Zweifel kann auch dem Selbstbewußtsein solcher Neger schaden, die allen Grund hätten, selbstbewußt zu sein, während andere langsam zu der Überzeugung kommen, daß ihnen unabhängig von ihrem Können bestimmte Stellungen ganz einfach auf Grund ihrer Gruppenzugehörigkeit zustehen. Was jedoch ihre Motivierung, sich größeres Wissen und Können anzueignen, kaum verstärken wird.

b) Einige Weiße werden die bevorzugte Behandlung von Negern übelnehmen, wenn sie nämlich Nachteile für sie selber mit sich bringt. Der Bedarf an qualifizierten Leuten ist jedoch in den meisten Berufen so groß, daß wenige Weiße tatsächlich hierunter zu leiden hätten. Bei praktischen Erwägungen könnte diese Tatsache also übersehen werden. Psychologisch gesehen, fällt sie jedoch stark ins Gewicht: sie wird die aus anderen Quellen gespeiste Abneigung gegen Neger mitbegründen und überdies verstärken. Vorurteile werden vertieft. Bei den Negern aber wird diese »Diskriminierung durch Begünstigung« sich retardierend auswirken: Wer Vorteile für sich erwarten darf, ohne sich um sie bemühen zu müssen, hat kaum einen Anreiz zur Weiterbildung.

c) Die Auswirkungen der »Diskriminierung durch Begünstigung« auf das Image der Neger werden katastrophal sein, anders zwar, aber im Endeffekt keineswegs besser als die der *gegen* die Neger gerichteten Diskriminierung. Bevorzugte Behandlung der Neger, ihre Ernennung für bestimmte Positionen, für die sie sich weniger eignen als ihre weißen Mitbewerber - all dies bedeutet, daß es unter den Studenten und Dozenten an Hochschulen und Universitäten und unter den Akademikern allgemein zwar mehr Neger als je zuvor geben wird, daß sie jedoch im Durchschnitt ihren weißen Kollegen in fachlicher Hinsicht unterlegen sein werden. Diese Ungleichheit wird auf lange Sicht nicht verborgen bleiben können. Und so wie besonders begabte Juden in exponierten Stellungen den jüdischen Mythos begründen halfen, wird dann umgekehrt das unvermeidliche Versagen gleichermaßen exponierter Neger das Image vom Schwarzen negativ beeinflussen.

Die gegenwärtige Politik einiger den Negern wohlgesonnener Leute bietet den Negern wie dem schuldbeladenen Bewußtsein ihrer Wohltäter zwar auf kurze Sicht Vorteile, die langfristigen Wirkungen jedoch könnten sich als höchst unheilvoll für die Gesamtheit der nordamerikanischen Neger erweisen. Ihre Selbsteinschätzung als eine den Weißen unterlegene Rasse könnte verstärkt und das Vorurteil der meisten Weißen von dem inferioren, nur für wenige Tätigkeiten geeigneten Neger bestätigt werden.

So läßt man also den Negern weder durch Begünstigung noch durch Benachteiligung Gerechtigkeit widerfahren. Bei der Förderung einzelner darf eine gerechte Gesellschaft nur deren Verdienste und Qualifikationen berücksichtigen, ohne sich von Erwägungen wie der Gruppenzugehörigkeit oder der ausgleichenden Gerechtigkeit leiten zu lassen[4]. Wenn es in der Vergangenheit zu Diskriminierungen gekommen ist, kann das jetzt nicht durch begünstigende Diskriminierung ausgeglichen werden. Diese würde zu den alten Ungerechtigkeiten nur neue hinzufügen.

Wohltätigkeit und Güte, der Versuch, vergangenes Unrecht wiedergutzumachen, haben natürlich ihren Platz in der Gesellschaft: ohne sie wäre eine Gesellschaft unvollkommen. Doch muß vor allem anderen Gerechtigkeit angestrebt werden. Eine Gesellschaft, die Wohltätigkeit über Gerechtigkeit stellt, wird ungerecht und letztlich unwohltätig. Die sich benachteiligt fühlenden Gruppen werden mit Rachsucht reagieren und auch ein vertretbares Maß an Wohltätigkeit ablehnen.

Güte und Liebe sind von Gerechtigkeit zu unterscheiden (wenn sie auch in Beziehung zueinander stehen). Eine Gesellschaft darf nicht nur hohe Werte anstreben, sondern muß auch Prioritäten setzen. Nichts sollte Privatleute oder manchmal auch Regierungen davon abhalten, Negern zu einer angemessenen Ausbildung zu verhelfen und ihren Bedürfnissen gerecht zu werden. Je tiefer die Not, desto größer sollte die Hilfe sein. Auch der Liebende begünstigt ja einen bestimmten Menschen, weil er ihn gern hat, wie der Wohltätige Bedürftige bevorzugt. Doch wenn es um die Förderung von Gruppen oder Einzelpersonen geht, muß Gerechtigkeit über Liebe und Wohltätigkeit herrschen. Nur die Qualifikation der Betroffenen darf ausschlaggebend sein. Diese einfache Regel zu ignorieren, hieße, die gesellschaftliche Ordnung zu verletzen und die Empfänger von Wohltaten letzten Endes zu schädigen. Neger würden dann wieder zu leiden haben - diesmal unter der schuldbewußten Wohltätigkeit ihrer Gönner.

## Antisemitismus unter Negern

Es ist nur natürlich, daß Neger Ressentiments gegen Weiße haben, besitzen diese doch alles, was ihnen vorenthalten bleibt: ein gutes Einkommen, Macht, Ansehen, ein Gefühl der Sicherheit, Stolz und Selbstbewußtsein. So jedenfalls erscheint es den Negern. Ist es wirklich so? Ich bezweifele es. Doch entscheidend ist, daß es den Negern so vorkommt und daher ihren neiderfüllten Groll weckt.

Dieser Groll richtet sich häufig besonders gegen Juden. Die offensichtlichste Erklärung dafür ist, daß die in Städten wohnenden Neger - also die wuterfülltesten, artikuliertesten und militantesten - von allen Weißen am häufigsten zu Juden Kontakt haben. Der jüdische Hausbesitzer, der seine Wohnungen an Neger vermietet, nachdem die Juden in bessere Viertel gezogen sind; der jüdische Ladenbesitzer, dessen jüdische Kundschaft durch farbige ersetzt wurde - auf sie richtet sich die Aufmerksamkeit der mit den Verhältnissen unzufriedenen Ghettobewohner am ehesten. Für diese sind die Juden die sichtbarsten Vertreter der weißen Welt. Auch kommen aus ihren Reihen viele Fürsorgearbeiter, die für die Neger ohnehin wie ein rotes Tuch wirken, und Schullehrer, die oft nicht in der Lage sind, den Negerkindern das nötige Wissen zu vermitteln.

Weit davon entfernt, den Antisemitismus abzubauen, tragen die verhältnismäßig zahlreichen Juden in der Bürgerrechtsbewegung jetzt noch zu seiner Intensivierung bei. Die Neger wollen ihre »Befreiung« selber herbeiführen. Sie brauchen und akzeptieren Hilfe von außen, nehmen sie jedoch gleichzeitig übel. Die Dringlichkeit dieser Hilfe wird von ihnen selber als Zeichen ihrer Unzulänglichkeit angesehen. Das braucht uns nicht zu überraschen. Wohltätigkeit anzunehmen, ist schon immer schwieriger gewesen, als sie zu spenden. Der Groll über die eigene Hilfsbedürftigkeit und Abhängigkeit wird oft auf den Wohltäter übertragen; gleichzeitig werden infantile, aus der Abhängigkeit erwachsende Forderungen gestellt: wir wollen mehr, weshalb können wir nicht alles bekommen? Die bloße Gegenwart der gebildeten, intelligenten und hilfsbereiten Juden, die sich ihre Hilfsbereitschaft leisten können, weil sie selber in einer besseren Lage sind, muß zwangsläufig den Groll der Hilfsbedürftigen erwecken. Der Helfer besitzt, was dem

Hilfeempfänger fehlt. Wichtiger noch: er ist, was dieser gern sein möchte, und seine Großzügigkeit macht ihn nur noch mehr zum Objekt des grollerfüllten Neids.

Juden mit Erfahrung und Grundkenntnissen der Psychologie bringen in diesen Fällen Verständnis und Verzeihung auf oder lassen sich doch wenigstens nicht entmutigen. Viele andere aber sind verwirrt: weshalb schlagen die militanten Neger den jüdischen Lehrer zusammen, der sich doch sogar intensiver als seine nichtjüdischen Kollegen bemüht hat, ihren Kindern zu helfen?

»Mein Vetter Lenny«, kann man von einem Juden hören, »ging in den Süden, als es darauf ankam, Negern zu helfen, und er riskierte dabei, von wütenden weißen Rassisten erschossen zu werden. Jetzt riskiert er es, von aufgebrachten schwarzen Rassisten umgebracht zu werden, die keinen Gedanken daran verschwenden, was er für sie getan hat und immer noch tut. Vielleicht war es nicht genug - oder war es zuviel?«

»Er wird nicht als Jude, sondern als Weißer angegriffen«, werden einige Juden zur Entschuldigung der Neger sagen (es ist ihnen zur Gewohnheit geworden zu entschuldigen). »Schließlich ist er zwar Jude, doch weiß. Und Neger machen hier keinen Unterschied: weiß ist weiß.«

Das stimmt jedoch nicht ganz. Wie sie laut verkünden, hegen Neger Ressentiments gegen alle Weißen, natürlich einschließlich der Juden. Doch lehnen sie Juden auch als solche ab.

Juden sind eine auffallend erfolgreiche Minorität in den USA. Sie haben es geschafft. Die Neger nicht. Es ist nur natürlich, daß sich der Groll der Nichterfolgreichen gegen die Erfolgreichen richtet, gegen die, denen es ebenfalls schlecht ging, die ihre Lage jedoch verbessern konnten und deshalb einen ständigen Vorwurf verkörpern. Im Kontrast zu ihrem Erfolg wird das Versagen der Neger in grelles Licht gerückt. Ein Vergleich zwischen Juden und Negern ist aus vielen Gründen unzulässig, weil irrational, doch entspringen Ressentiments eher irrationalen als rationalen Quellen. Und nur die Neger können es

sich noch erlauben, ihre Ressentiments im Antisemitismus abzureagieren.

Selber eine unterdrückte Minderheit, sind die Neger auf dem
besten Weg, die einzigen lupenreinen Antisemiten zu werden,
die sich offen als solche zu erkennen geben: Nach Hitler darf
es sich schließlich kein »WASP« mehr erlauben, auch nur die
harmloseste Variante eines gesellschaftlichen Antisemitismus
öffentlich zu zeigen.

Umgekehrt jedoch protestierte eine beträchtliche Zahl jüdischer Studenten an der New Yorker Universität gegen die Entlassung - nicht die Berufung - von John F. Hatchett[5], einem
Neger, dessen Reden schließlich selbst jenen, die ihn gerufen
hatten, zu antisemitisch wurden. Und doch war er trotz einiger merkwürdiger Publikationen von keinem anderen als dem
ehemaligen Richter Arthur Goldberg für *koscher* erklärt worden. Worauf Hatchett noch zündendere Reden über die Ungerechtigkeit der Juden hielt, während er doch in Wirklichkeit
unter ihrer übermäßigen Wohltätigkeit litt. Als Weißer hätte
er keine Chance gehabt, an das Institut berufen zu werden.
Wie die Dinge nun stehen, könnte er sich seinen Lebensunterhalt damit verdienen, Reden über die an seiner Rasse began-
genen Ungerechtigkeiten zu halten.

Wird die jüdische Nachgiebigkeit den Antisemitismus der Neger abbauen oder verstärken? Die Ressentiments der Neger
werden durch die deutlichen Anzeichen jüdischen Selbstbe-
wußtseins hervorgerufen. Denn Juden fühlen sich wegen ihres
Erfolges schuldig, zumindest läßt ihr Handeln darauf schließen. Sehr oft sind sie bereit, auch die unrealistischsten und al-
bernsten Forderungen der Neger zu unterstützen, einfach weil
es Neger sind, die diese Forderungen stellen. Juden, auch wenn
sie reich sind (oder vielleicht gerade, wenn sie es sind), neigen
immer noch dazu, sich mit den Armen zu identifizieren - weil
sie nämlich selbst einmal arm gewesen sind. Und sie identifizieren sich mit den Machtlosen und Verfolgten - weil sie sich
selber lange genug zu diesen zählen mußten. So erscheinen die
Neger den Juden als ihr ehemaliges Selbst. Sie identifizieren

sich schon allein deshalb, weil die Beziehung der Neger zu den Weißen ihrer ehemaligen Beziehung zu Nichtjuden gleicht. Doch wird diese Identifikation nicht etwa von den Negern erwidert. Im Gegenteil, sie betrachten die reichen und mächtigen Juden und besonders deren Großzügigkeit - das Symbol ihrer Überlegenheit - mit Groll.

Am wichtigsten ist schließlich noch, daß die durch ihre Schuldgefühle verunsicherten Juden nicht begreifen können, daß viele Forderungen der Neger einfach irrational sind; psychologisch zwar durchaus verständlich, aber keineswegs zu verwirklichen. Doch sind die Liberalen, und auffällig viele jüdische Liberale, einfach grundsätzlich bereit, den manchmal gerechtfertigten, manchmal unvernünftigen Forderungen der Neger unabhängig von der Art und Weise, in der sie gestellt werden, nachzukommen.

Doch gerade die militantesten Neger wollen ja gar keine Zugeständnisse, wenn sie sie auch ständig fordern. Sowie ihnen etwas gewährt worden ist, wollen sie schon mehr oder wollen etwas anderes, einfach weil sie nicht etwas geschenkt bekommen, sondern es erkämpfen wollen. Der Gegenstand dieses Kampfes ist weniger wichtig als der Kampf selber und das stolze Gefühl, das sie erfüllt, wenn sie etwas nicht durch die Großzügigkeit anderer, sondern durch die eigene Macht oder sogar Gewalt erlangt haben.

Dieses Bedürfnis zu kämpfen erwächst aus Gefühlen der Demütigung und Unzulänglichkeit: der tiefe Ärger, den sie hervorrufen, kann sich nur im Kampf entladen, der ihnen ihren Stolz zurückgibt. Nicht Geschenke befriedigen sie, sondern etwas selber Errungenes. Zugeständnisse helfen ihnen nicht, nur Siege. Hier ist das Mittel zum Selbstzweck geworden.

Die durch äußere Umstände bewirkte Demoralisierung hat viele Neger für hysterische Reaktionen anfällig gemacht, und diese innere Haltung kann nicht augenblicklich durch äußere Veränderungen korrigiert werden. Hand in Hand mit dieser Hysterie gehen Realitätsferne, sehr viel Irrationalität und trügerische Träume von Macht und Ruhm. Juden - diese Rationalisten par excellence - begreifen nur mühsam, daß man von ihnen keine Verhandlungsbereitschaft, Zugeständnisse und Geschenke verlangt, sondern daß die Neger ihre Wut abreagieren wollen und sie alle verachten, die, statt dies geschehen zu lassen, diese Wut durch etwas zu besänftigen versuchen, was die Neger als Bestechung empfinden. So leicht wollen sie es den anderen nicht machen.

Dies ist nicht der Ort, um die Ursache dieses tiefen Ärgers und mögliche Heilmittel zu diskutieren. Doch sollte eines klar sein: es handelt sich nicht länger um rational zu begründende Forderungen, sondern um Emotionen, die abreagiert werden müssen. Juden, die diesem Ärger mit materiellen Zugeständnissen begegnen wollen, respektieren andere Kämpfer, nicht aber jene, die ihnen freiwillig das Objekt des Kampfes überlassen wollen.

Um dies zu belegen, möchte ich daran erinnern, daß Neger agitieren, um auf alle Colleges und Schulen zugelassen zu werden. Haben sie dies jedoch erreicht, bestehen sie sofort auf erneuter Segregation: sie wollen ihre eigenen Aufenthaltsräume, eigene Klassen und schließlich ihre eigenen sogenannten Institute. Sie wollen über Negerkulturen nur von Negern erfahren - so wie die Nazis meinten, daß kein Jude deutsche Jugendliche über deutsche Kultur unterrichten könne. Sie fordern die Kontrolle über die Ernennung und Entlassung von Lehrern sowie über Prüfungsordnungen und damit die Vergabe von Diplomen. Doch wo ihnen eine derartige Einflußnahme erlaubt werden würde, könnte man nicht länger zum Beispiel von einem Harvard-Diplom sprechen, sondern nur von einem Diplom eines Afro-Amerikanischen Studieninstituts, das der Harvard-Universität angeschlossen ist. Und der Wert dieses Diploms wäre fraglich. Es gibt ja schon von Negern geleitete Colleges, unter deren häufig niedrigem akademischen Niveau die Studenten allerdings zu leiden haben. Würde ein ausschließlich von Negern geleitetes Institut an der Harvard- oder Cornell-Universität höheren Ansprüchen genügen? Trotzdem sind die Juden die ersten, die unerfüllbaren und unvernünftigen Forderungen der militanten Neger zu unterstützen.

Jüdische Schuldgefühle grenzen ans Absurde und manchmal sogar Selbstmörderische, wenn sie in die Kanäle »progressiver« Ideologien geleitet werden. So schrieb I. F. Stone, der häufig im *New York Review of Books* zu Wort kommt: »Es kann uns Juden nicht schaden, einige Beleidigungen von überspannten Negern einzustecken.« Schwarzer Antisemitismus scheint also entschuldbar (im Gegensatz zu irischem oder dem der »Wasps«). Und Stone steht mit seiner Meinung nicht allein[6].

Es gibt keine Rechtfertigung für schwarzen oder irgendeinen anderen Antisemitismus, er gibt aber Erklärungen dafür. Paradoxerweise ist der schwarze Antisemitismus nicht antiweiß, womit ihn viele entschuldigen wollen, sondern ein Versuch, sich mit den Weißen zu identifizieren, indem man einige ihrer schlechtesten Gewohnheiten oder Anschauungen - tatsächlich vorhanden oder mißverstanden - imitiert. Antisemitismus ist kein afrikanischer Zug. Die Neger übernahmen ihn von den weißen Amerikanern. Die Araber waren die traditionellen Feinde der afrikanischen Neger. Sie, nicht die Juden, handelten mit Sklaven. Trotzdem sind militante Neger in den USA unter dem Beifall ihrer jüdischen Anhänger pro-arabisch und anti-israelisch. Wenn die Neger in den USA aber Grund haben, eine Nationalität mit mehr Feindseligkeit zu bedenken als eine andere, dann verdienten die Juden sie wohl am allerwenigsten. Sie besaßen doch keine Plantagen. Ihnen war die Lynchjustiz fremd, es sei denn, sie wurden hin und wieder zu ihren Opfern. In der jüngsten Vergangenheit war es die jüdische mehr als irgendeine andere Gruppe, die sich in der Negerfrage engagierte und 1968 von allen Weißen die wenigsten Wallace-Wähler stellte, eben jenes Kandidaten, der am deutlichsten eine ausgesprochen negerfeindliche Politik befürwortet.

Kein Zweifel: die militanten Neger sind Antisemiten, gerade weil die Juden ihnen in ihrer großen Mehrheit freundlich gesinnt sind, weil sie Schwächen zeigen und sie moralisch unterstützen, nicht etwa, weil die Juden den Negern gegenüber feindselig wären. Sie können sich auch darauf verlassen, daß die Juden trotz allem negerfreundlich bleiben werden. Juden sind zu »progressiv«, um sich anders verhalten zu können. Es ist nicht überraschend, daß die von den Juden in der Vergangenheit herausgebildete Taktik, die darauf hinausläuft, »ein paar Beleidigungen einzustecken«, auch den Negern gegenüber angewandt wird, besonders dann, wenn diese Beleidigungen von links kommen. Ist es aber notwendig, sich so zu verhalten? Ist den Juden oder der politischen Erziehung der Neger damit gedient, wenn man sie wissen läßt, daß man sich den Juden gegenüber ungestraft Feindseligkeiten herausnehmen darf?

Denn dies Verhalten erschöpft sich nicht in Beleidigungen. Die militanten Neger verlangen überall einen Numerus clausus zu ihren Gunsten. Gewiß gibt es Berufssparten - etwa im Baugewerbe, wo man Neger lange Zeit von den qualifizierteren Beschäftigungen fernhielt -, in denen eine solche Forderung gerechtfertigt sein mag. Auf anderen Gebieten jedoch herrscht schon seit geraumer Zeit das Prinzip, das dem Tüchtigen die Möglichkeit gibt, sich durchzusetzen. An den Universitäten zum Beispiel, wo es einst einen Numerus clausus gab, der die Juden auszuschließen bestimmt war, ist es jetzt allein die Leistung, die über Aufnahme und Zulassung zum Studienfach bestimmt. So konnte auch der statistische Anteil der jüdischen Studenten den jeder anderen Gruppe überwiegen, dasselbe gilt für Lehrer.

Nun bestehen die militanten Neger auf einem Numerus clausus, der den Negern den Weg in die Universitäten ebnen soll, und zwar unabhängig von der Qualifikation der einzelnen Bewerber. Letzten Endes würde ein solches System vor allem den Juden zum Nachteil geraten. Wenn etwa ein College gezwungen wäre, 11 Prozent Negerstudenten aufzunehmen - dieser Prozentsatz entspricht etwa dem Anteil der Neger an der Gesamtbevölkerung der USA -, ließe auch die Forderung nicht lange auf sich warten, nicht mehr als 3 Prozent jüdische Studenten und Professoren zu tolerieren, was wiederum dem jüdischen Anteil an der Gesamtbevölkerung entspricht. Nachdem sich ein derartiges prozentuales System unabhängig von der Begabung der Studenten einmal durchgesetzt hätte, wäre diese Forderung ja ganz berechtigt. Und trotzdem sind es gerade die Juden, die die Forderung nach diesem Quotensystem unterstützen, und dies mit größerem Eifer im akademischen Bereich als etwa im Baugewerbe. Folglich reagieren die Neger bei akademischen Verhandlungspartnern militanter, als wenn sie mit Gewerkschaftsführern konfrontiert werden. Sie suchen sich den nachgiebigsten, nicht den härtesten Gegner aus.

Natürlich kann nicht geleugnet werden, daß das Prinzip, Leistung und natürliche Begabung zu fördern und nötigenfalls zu bevorzugen, für das die Juden so lange gekämpft haben, ihnen manchen Vorteil einräumt. Man kann aber auch nicht darüber hinwegsehen, daß die Gesellschaft insgesamt profitiert, wenn Schlüsselpositionen nach dem Leistungsprinzip - nicht aber auf Grund irgendeines rassischen Numerus clausus - besetzt werden. Im politischen Bereich mag man dies einschränken: hier wird der freien Entscheidung größerer Spielraum gelassen, das Leistungsprinzip tritt hinter anderen Kriterien zurück, und bloß Kompetenz muß noch kein entscheidender Faktor sein. Doch anderswo und besonders auf dem Erziehungssektor sollte man sich an das Leistungsprinzip halten. Trotzdem sind es vorwiegend jüdische Studenten und Professoren, die die Claque der militanten Neger bilden und ihre Forderung nach einem Quotensystem unterstützen.

Obgleich die Juden intelligent sind, ist ihr Verhalten doch nicht in höherem Maße als das anderer Leute durch den Intellekt bestimmt, den sie manchmal nur gebrauchen, um durch ihn ihre Emotionen scheinbar rational zu begründen. In der Negerfrage hat die traditionelle Identifikation mit dem *underdog* - dem Verfolgten und Unterprivilegierten - Formen angenommen, die sich durch die Vernunft nicht erklären lassen. Im Gegenteil, hier handeln die Juden all ihrer Intelligenz zuwider.

[1] Auf gewisse spezifische Fähigkeiten mag dies, wie im ersten Kapitel dargelegt, tatsächlich zutreffen. Indes hat der hier beschriebene Ausleseprozeß dazu geführt, daß Juden ungeachtet ihrer natürlichen Begabungen über die Norm hinausgehoben werden.

[2] »White anglo-saxon protestants«, Synonym für die weiße obere Mittelschicht in den USA.

[3] Bei rein politischen Vorgängen verhält sich dies erstaunlicherweise anders. Obgleich rassische Gesichtspunkte hier immer mitgespielt haben, scheint Mr. Brooke in Massachusetts Senator geworden zu sein, ohne daß »obwohl« oder »weil« mit hineinspielten - oder aber beides: ein »Weil« und ein »Obwohl«.

[4] Bei der Besetzung von Positionen im politischen Bereich darf die Gruppenzugehörigkeit allerdings mit in Betracht gezogen werden, da hier die Ansprüche aller Gruppen vertreten sein sollten.

[5] Hatchett wurde an die NYU als Leiter eines Instituts für schwarze Studien berufen. Sowohl die Errichtung des Instituts wie auch die Wahl seines Leiters erfolgten auf Verlangen einer Minderheit. Man hoffte damit, Frieden zwischen den Rassen herzustellen. Hatchett zerstörte ihn, indem er vor seinen Studenten antisemitische Reden hielt.

[6] Der SDS (»Students for a Democratic Society«, ein amerikanischer linksradikaler Studentenbund) stellt sich nicht nur gegen Israel, sondern unterstützt sogar El Fatah, die prominenteste Gruppe unter den palästinensischen Guerillas. Die Hälfte der SDS-Mitglieder ist aber jüdisch. Man kann diesen Studenten wohl kaum Bewunderung entgegenbringen.

# 7 Jüdische Radikale
## und jüdische Hippies

Auch die Juden sind wie alle Völker durch ihre geschichtliche Erfahrung geprägt worden, und eben diese Prägung macht sie für radikale Ideen besonders empfänglich. Utopische Träume, eschatologische Prophezeiungen und messianische Erwartungen sind ebenso ein Bestandteil ihres kulturellen Erbes wie jene Hinwendung zum Praktischen und Nützlichen, für die sie um einiges besser bekannt sind. Solange die Juden unterdrückt wurden, nahm ihr Utopismus jenseitige, religiöse Formen an. Mit der Emanzipation wandten sie sich ihrer realen Umwelt zu und versuchten, sie zu ändern. Doch ungeachtet dieser praktischen Bemühungen gaben sie ihre Träume nicht auf. Viele wurden Reformer; andere wurden zu Radikalen.

Von allen mit ihrem Leben unzufriedenen und dagegen rebellierenden Gruppen sind die Juden am anfälligsten für die Überzeugung, radikale Änderungen herbeiführen zu können. Daran hat sich seit ihrer babylonischen Gefangenschaft nichts geändert; die Hoffnung hat sie auch im neueren Babylon, einem Vorort von New York, der mit gutem Grund diesen Namen zu tragen scheint, nicht verlassen. In der Regel war diese große herbeigesehnte Wende mit der Hoffnung auf eine Rückkehr in die Vergangenheit, in das goldene Jerusalem, ins Paradies verknüpft. Heute ist diese Rückkehr nur eine Metapher: die amerikanischen Juden sind nicht in großen Massen aufgebrochen, um das gelobte Land zu besiedeln; die Fleischtöpfe Amerikas sind nahrhafter und gewähren größere Sicherheit. Dennoch verläßt sie das Gefühl nicht, im Exil zu leben. Sie haben nicht aufgehört, in den Synagogen zu singen: »Über's Jahr in Jerusalem.« Ihre an der Religion uninteressierten Kinder reagieren im Grunde nicht anders; ihr Ritual ist das gleiche - es hat nur andere Vorzeichen: Exil heißt nun Kapitalismus, und Jerusalem ist mit einer Art anarchistischem, volkstümlerischem Sozialismus gleichzusetzen, der an die Narodniki im zaristischen Rußland erinnert.

Auf Grund ihrer politischen Orientierung sind die Juden meist liberal bis linksliberal. Manche sind radikal, einige wenige konservativ[1]. Wir wollen uns hier mit den Radikalen befassen: sie machen den größten Lärm.

Die Liberalen haben eine vage Vorliebe für egalitäre Maßnahmen, für den Wohlfahrtsstaat und für eine liberalere Auslegung der Bürgerrechte. Den Radikalen gegenüber sind sie meist sehr nachsichtig. Die Konservativen betonen die individuelle Initiative und das Recht, die Früchte ihres zielbewußten Handelns auch zu genießen. Sie sind entsetzt über die hohen Steuern, über den verschwenderischen Wohlfahrtsstaat und halten ihre Besitzrechte für unantastbar: die Radikalen erfüllen sie mit Widerwillen. Indes bekennen sich sowohl die liberalen wie auch die konservativen Juden im großen ganzen zu dem Gesellschaftssystem, in dem sie leben. Sie möchten bloß - sei es von rechts, sei es von links - einige Reformen.

Den Radikalen ist ein solches Bekenntnis fremd. Sie lehnen das amerikanische System als Ganzes ab. Die demokratische Regierungsform, ihre wirtschaftlichen, akademischen und politischen Institutionen, ihre Legislative und Exekutive trachten sie durch andere Systeme zu ersetzen, die sich radikal von den vorhandenen unterscheiden.

In der Vergangenheit hatten die Radikalen einigermaßen präzise Vorstellungen über die neuen Institutionen, die sie zu errichten planten. Die Radikalen von heute hingegen haben in der Regel recht nebulose Ideen und haben konkrete Programme durch tönende Phrasen ersetzt. Nur eines wissen sie genau: wogegen sie sind. Gegen praktisch alles nämlich, was ihre Eltern repräsentieren oder tun. Um das gegenwärtige System durch ein anderes zu ersetzen, würden manche Radikale nicht vor Gewaltanwendung zurückschrecken. Alle aber befürworten zumindest ein gewisses Maß an subversiver Tätigkeit, ihre Taktik zielt meist darauf ab, durch passiven Widerstand Gewalt herauszufordern, um auf diese provokative Weise Kettenreaktionen auszulösen. Die Radikalsten der Radikalen allerdings schrecken auch nicht vor primärer Gewaltanwendung zurück.

Obwohl im Grunde sehr wenige Juden Radikale sind, sind sehr viele Radikale Juden: unter 100 Juden mag man 5 Radikale finden, doch unter 10 Radikalen 5 Juden. Es ist daher unrichtig zu behaupten, daß eine verhältnismäßig große Anzahl von Juden radikal sei, richtig aber ist, daß unter den Radikalen die Juden überaus zahlreich vertreten sind. Dies ist in der Vergangenheit schon so gewesen und hat sich bis heute nicht geändert. Warum also hat der Radikalismus eine derartige Anziehungskraft auf Juden?

Schließlich kann man nicht mehr behaupten, die Juden gehörten einer unterdrückten Minderheit an - wie dies etwa im zaristischen Rußland der Fall war. Sie arbeiten auch längst nicht mehr in den seinerzeit so berüchtigten »Schwitzbuden«, den Schneiderwerkstätten New Yorks und anderer nordamerikanischer Großstädte. Sie haben die Slums längst verlassen. Kurz, es fehlen die Voraussetzungen, die sie für radikale Anschauungen prädestinieren würden. Im Gegenteil sogar: sehr viele Juden sind wohlhabend geworden; ihr Lebensstil ist manchmal luxuriös. Und obwohl die meisten Juden nicht wirklich reich sind, und die meisten reichen Leute keineswegs Juden, ist die proportionale statistische Häufigkeit finanziell erfolgreicher Juden ebenso auffällig wie die der radikalen Juden. Alles in allem: es ist den Juden noch nie so gutgegangen. Woher also ihre Unzufriedenheit, ihr Radikalismus?

Man sollte nicht vergessen, daß viele heute wohlhabende Juden die Kinder armer und radikal gesinnter Juden sind. Sie haben sich mit der Gesellschaft soweit versöhnt, um in ihr erfolgreich zu sein, jedoch nicht genug, um all jene Schuldgefühle zu unterdrücken, die in eben dieser Wohlhabenheit wurzeln und darin, daß sie die radikalen Ideale ihrer Jugend verraten und der Armut ihres ursprünglichen Milieus den Rücken gekehrt haben. Als sie noch arm waren, lehnten sie das unerreichbar scheinende Ziel - den individuellen Wohlstand - ab. Sie wollten sich nicht als einzelne bereichern, sondern das System als Ganzes umwälzen. Das haben sie nicht getan; statt dessen sind sie wirklich zu Wohlstand gelangt. Daher rührt ihr vages Schuldgefühl. Sie haben gesündigt, doch wurden sie nicht bestraft. Irgend etwas ist nicht im Lot. (Die Schuldgefühle jener, die sich der von ihrer puritanischen Tradition verworfenen Sexualität frei hingeben, bewirken ein ähnliches Unbehagen.)

Jüdische Eltern erinnern sich ihrer Vergangenheit und zeigen sich daher den radikalen Neigungen ihrer Kinder gegenüber aufgeschlossen, wenn sie diese nicht geradezu - meist unbewußt - fördern. Die Kinder dieser Familien zeigen sich radikalen Einflüssen gegenüber besonders empfänglich, gleichgültig, ob sie ihnen zuerst zu Hause oder in der Schule ausgesetzt waren. Nicht selten aber sind es die Eltern, die die Ideale der Vergangenheit lebendig zu erhalten und an ihre Kinder weiterzugeben trachten, auch wenn sie nun in seltsamem Kontrast zu ihrer eigenen Erfahrung und gesellschaftlichen Stellung stehen. Denn für die wohlhabenden Eltern haben diese Ideen nun ihre Relevanz verloren, befriedigen aber noch ein emotionales Bedürfnis, weil sie nun als überpersönlich und damit altruistisch empfunden werden. Man könnte auch sagen: Radikalismus ist Opium für die Wohlhabenden. Marx' utopische Vorstellungen von einer künftigen klassenlosen Gesellschaft ersetzen ihrem gesellschaftlichen Bewußtsein oft das Sedativum, das er in den Tröstungen der Religion sah. Sie erfüllen die Funktion einer säkularen Religion: sie enthalten das Versprechen eines säkularen »gelobten Landes«. Indessen erfüllen die Ideen der neo-marxistischen »neuen Linken« in der Regel die Funktion eines Anregungsmittels.

In einem wichtigen Punkt ähneln die Juden ihren antisemitischen Erzfeinden. Beide halten an Vorstellungen und Ideen fest, die für sie in emotionaler Hinsicht unentbehrlich sind. Beide weigern sich, aus der Realität und aus ihren Erfahrungen zu lernen, und sind dennoch nicht realitätsfremd. Der Antisemit mag jüdische Freunde haben, doch bleiben seine fundamentalen Vorurteile davon unberührt. Seine Freunde sind für ihn die Ausnahme, die die Regel bestätigt - die Regel vom bösartigen und geldgierigen Juden.

Ähnlich ergeht es dem jüdischen Geschäftsmann. Aus eigener Erfahrung weiß er ja, daß sein Erfolg nicht darauf beruht, daß er geschwindelt, betrogen und die Armen ausgebeutet hat. Er ist auch kein imperialistischer Kriegshetzer gewesen. Kurz, er paßt in keines der Klischees, das die Radikalen für die kapitalistische Geschäftswelt geprägt haben. Doch er hat den Verdacht, eine Ausnahme zu sein. Seine fundamentalen marxistischen Anschauungen bleiben intakt: Kapitalismus bedeutet Ausbeutung.

Viele sozialistische Länder sind antisemitisch und im Grunde reaktionär, sie beuten die Massen aus und machen ihnen das Leben schwer. Im kapitalistischen Amerika jedoch können sich die Juden frei entfalten. Doch auch dies erscheint dem mit den traditionellen »linken« Vorurteilen behafteten bürgerlichen Juden im Grunde als Ausnahmefall, als bloß zeitweilige Abweichung von der Norm. Letzten Endes muß sich der Sozialismus dem Kapitalismus als überlegen erweisen - so lehrte man es ihn, als er noch ein Kind war. (Immer sind die in der Kindheit vermittelten Anschauungen »vernünftig«, was man später hinzulernt, bleibt irgendwie nur »Theorie«.) Sein »kapitalistischer« Erfolg hebt dieses Bezugssystem nicht auf. Auch »sozialistische« Katastrophen und Verirrungen können daran nichts ändern. Ganz im Gegenteil. Seine Schuldgefühle sind so tief verwurzelt, daß aus seinem Erfolg das emotionale Bedürfnis erwächst, die radikalen Ideen seines Sohnes zu unterstützen. Überdies kann er sich dies ja auch leisten.

Und nicht minder können sich die Kinder den Radikalismus

leisten, für den der Vater sich, um sie aufziehen zu können, zumindest aktiv nicht mehr engagieren kann. Der Vater ist nun liberal geworden. Früher einmal war er radikal - eben als er arm war. Er dachte, er hätte nichts zu verlieren, doch alles zu gewinnen. Die Kinder sind nun wiederum radikal, doch dies paradoxerweise, weil sie wohlhabend genug sind, der Sorge um die Zukunft enthoben zu sein. Während die politischen Motive des Vaters und des Großvaters durch Armut und Unterdrückung determiniert waren, ist der Radikalismus des Sohnes das Ergebnis des gesellschaftlichen Erfolgs der Eltern. Der Sohn entdeckt nun, »daß Geld nicht alles bedeutet«. Damit hat er recht. Geld langweilt ihn: sein Erwerb ebenso wie das, was er damit tun kann.

Das Geld gewährt ihm materielle Geborgenheit; doch muß er einen Preis dafür zahlen: er fühlt sich unbehaglich, ängstlich, gelangweilt, unruhig, ziellos, rebellisch - was soll er mit sich selbst, mit seinem Leben anfangen? Das Beispiel des Vaters erscheint ihm nicht nachahmenswert. Gelderwerb als Lebenszweck, der Aufstieg in eine höhere Gesellschaftsschicht erfüllen ihn mit Unbehagen. Und zwar eben deshalb, weil ihm hier sein Vater schon vorangegangen ist, gewissermaßen bewiesen hat, daß es »zu schaffen« ist: die Pioniertat wurde vorweggenommen. Wer überdies immer Geld gehabt hat, verliert das Gefühl für Geld - es besitzt keinen Reiz mehr für ihn. Und er kann es den Eltern auch nicht verzeihen, daß sie ihrerseits Geld so wichtig nehmen, daß sie ihre ganze Existenz um Erwerb und Konsum kreisen lassen. Er wird es anders machen. Er weiß besser Bescheid. (Das stimmt übrigens: konnte er doch von den Erfahrungen seiner Eltern profitieren.)

Indem der Vater seinen Kindern Geld gab, brachte er sie um das Abenteuer, die Herausforderung, der er sich selber gegenüberfand, als er ein Leben aufbaute, in dem für die radikalen Parolen finanziell gesicherter Bürger kein Platz war.

Er war viel zu beschäftigt, um sich in andere Abenteuer als das seiner Karriere einzulassen oder seinen Kindern neue Horizonte zu eröffnen. Der Erwerbszwang und der Kräfteverschleiß, den er bedingte, ließen dem Vater weder Zeit noch Energie für andere Dinge, sie »brachen ihm so sehr das Rückgrat« (so etwa würde sein Sohn es ausdrücken), daß er keine Zeit fand, sich zu langweilen, und kein Bedürfnis verspürte, vor der Langeweile im Radikalismus Zuflucht zu suchen. Dies ist vielmehr das Problem des Sohnes: für ihn ist es allein der Radikalismus, der seinem Leben Inhalt und Sinn verleiht.

Schopenhauer erkannte zwei Hauptquellen menschlichen Unglücks: materielle Not, die die Armen zermürbt, und Übersättigung, die die Reichen langweilt. Die Armen werden durch ihre Not angestachelt, sie sind unzufrieden[2]. Die Reichen sind zufrieden, doch unbefriedigt. Die Armen wollen Geld, um das Notwendigste zu erwerben, die Reichen ihr Leben mit einem Sinn erfüllen. Die Neureichen langweilen sich ganz besonders, und jene Neureichen, die einer Kultur angehören, die den Reichen kaum Sinnvolles zu tun übrigläßt, langweilen sich am allerstärksten, eben weil ihr Müßiggang an keine Tradition anknüpfen kann. Wenn also der Gelderwerb nicht mehr »relevant« ist, was kann man dann mit seinem Leben anfangen? Eine Revolution zu machen erscheint verlockend. Es ist gewissermaßen eine Beschäftigungstherapie, es hebt das Selbstbewußtsein und erscheint befriedigender, als sich in der Jugendkriminalität ein Ventil zu suchen. Man könnte auch sagen: revolutionäre Aktivität ist das jüdische Äquivalent der Jugendkriminalität.

Und indem er zum Radikalen wird, zeigt der Sohn dem Vater auch, was er hätte tun sollen: er hätte der Radikale bleiben sollen, der er einmal war. Er hätte weiterhin den Bart, die Brille, die europäische Kleidung des Großvaters tragen sollen. Nun ist es der Enkel, der die Illoyalität des Sohnes wettmacht. Er wird das System ändern. Er wird seine Zeit nicht einfach damit zubringen, Geld zu verdienen, und er wird sich nicht kaufen lassen.

Glauben die Söhne eigentlich, was sie proklamieren, oder wollen sie nur, daß andere es glauben? Sie sind vermutlich aufrichtig. Sie haben sich selber überzeugt, daß sie den »Widerstand« bilden. Sie werden die Revolution durchführen, indem sie die Universitäten besetzen, modisches Mao-Gerede von sich geben, Vorlesungen stören, marxistische Dialektik zu neuem Leben erwecken, die schmutzige Wäsche von Politikern und Geschäftsmagnaten waschen, gegen den »Imperialismus«, die »Ausbeutung« und anderes protestieren. Das Land ist wohlhabender als je zuvor, die Einkommen steigen und die Einkommensverteilung wird immer gerechter. Die »Arbeiterklasse« betrachtet sowohl die Republikaner wie die Demokraten als zu weit links stehend und haßt vor allen anderen den »Widerstand«. Doch die Revolution ist für die jungen Juden aus der Wohlstandsschicht zu einem emotionalen Bedürfnis geworden. Auch wenn sie für die meisten nicht mehr als eine Maskerade ist, die sich zu einem Psychodrama ausweitet und Wirklichkeitsanspruch erhebt. Sie ist eine psychische Realität - nicht mehr, nicht weniger.

Die widerstrebende Arbeiterklasse kann ersetzt werden. Sie ist austauschbar. Die Neger eignen sich für die Rolle der neuen »Proletarier«. Ihnen werden jetzt alle Attribute zugeschrieben, die den Proletariern in der Phantasie ihrer Möchtegern-Führer anhaften - nicht zuletzt das revolutionäre Element. Dabei wird einfach übersehen, daß die Neger, abgesehen von einigen wenigen Enthusiasten und Erpressern, die Rolle der Revolutionäre gar nicht übernehmen wollen, so wenig wie das die Proletarier seinerzeit wollten. Doch das hindert die Radikalen nicht daran, diese Rolle trotzdem mit ihnen zu besetzen, damit sie sich in ihren eigenen Rollen üben können. Die Vorkämpfer für die *underdogs* brauchen nun einmal *underdogs,* für die sie kämpfen können. Und sie haben hierfür die Neger gefunden, von denen einige bereit sind, sich an dem Spiel zu beteiligen, andere aber nicht. Doch alle sind als Statisten und, wie man hofft, als Rammböcke nützlich. Die Religion läßt sich heute schwer angreifen - sie spielt nur noch eine untergeordnete Rolle im Establishment, überdies spricht sie einen großen Teil der Jugend sogar wieder an. Nun, wenn die Religion nicht länger Opium für das Volk ist, kann vielleicht

Opium zu ihrer Religion werden. Unter Radikalen und Hippies zeichnet sich diese Entwicklung schon deutlich ab. Rauschmittel erfüllen einige der Funktionen, die Marx der Religion zuschrieb: sie können zur Beruhigung und zur Anregung dienen. Doch in beiden Fällen entfernt der Süchtige sich von der Realität, um in der Welt seiner Phantasie und Träume zu leben.

Doch was ist am Radikalismus so spezifisch jüdisch? Gibt es eigentlich überhaupt wirkliche Mißstände und realistische Gründe zur Entrüstung und Auflehnung? Es gibt sie. Doch werden sie nur zur Rechtfertigung eines tiefer liegenden Bedürfnisses herangezogen, nämlich die bestehenden Institutionen anzugreifen und ihre prominentesten Vertreter als einem Hitler oder Stalin ähnlich hinzustellen.

Die alten Familienerinnerungen an erlittene Unterdrückung verblassen nur langsam. Sie sitzen tief genug, um in jeder Generation wieder zu erwachen. So verkündet die radikale jüdische Jugend lautstark, daß sie das Recht der freien Rede nicht besitze - ohne sich des Paradoxons bewußt zu werden. Die Bühnenrequisiten sind vielleicht nicht gerade zur Hand, doch das Stück muß über die Bühne laufen. Die Schauspieler finden sich selber gut genug, um auch ohne Requisiten und in widersprüchlicher Szenerie zu spielen. Sie überzeugen sich selber. Und oft genug ist es ihnen gelungen, auch die College-Verwaltungen und Universitätsdekane zu überzeugen.

Was die jüdische Generation betrifft, die erst jüngst zu Wohlstand gelangt ist, zugleich aber zum Radikalismus gefunden hat, so lassen sich hier mehrere Gruppen unterscheiden. Zunächst die Jugendlichen, die getreulich in die Fußstapfen ihrer Väter treten, wie dies bei Bettina Aptheker, der Tochter des langjährigen Kommunistenführers Herbert Aptheker, der Fall ist. Töchtern fällt dies leichter als Söhnen, die oft mit dem Vater in Wettstreit treten und ihn herausfordern müssen, um ihre Unabhängigkeit zu gewinnen. War ein Vater bloß liberal, wird der Sohn oft radikal. War der Vater radikal, versucht der Sohn noch radikaler zu werden. Und was die Söhne konservativer Väter anbelangt, so trifft man sehr wenige, und sie sind selten konservativ.

Natürlich ist diese Darstellung zu schematisch. Es gibt gewiß auch Söhne, die sich am Vorbild ihrer Väter orientieren und auch im Beruflichen ihren Fußstapfen folgen. Aufkeimende Rebellion wird verdrängt oder äußert sich in anderer Form. Vielleicht versuchen sie auch nur, den Vater auszustechen und ihn auf der von ihm vorgezeichneten Bahn zu überrunden. Doch trifft dieses Schema, wenn nicht auf alle, so doch auf die meisten zu.

Den Söhnen toleranter, nachgiebiger, bedingungslos Unterstützung gewährender Väter muß Rebellion am schwersten fallen. Sie wissen sich jedoch durch zwei Auswege zu helfen. Entweder entscheiden sie sich dafür, den keinen Widerstand bietenden, den grundvernünftigen und so verständnisvollen Vater nicht herauszufordern. Statt dessen greifen sie einen Ersatzvater an, einen, der etwas tut, was der echte nie täte: der Gesetze, Regeln und Vorschriften erläßt und das Haschischrauchen verbietet. Oder aber sie hindern andere Jugendliche daran, sich für Zwecke, die sie selber ablehnen, einziehen zu lassen. Die Jungen lehnen sich gegen den Staat und die Universität *in loco parentis* auf. Ihr Zorn sucht - und findet - ein Ventil im Protest gegen die Mißhandlung von Farbigen und Vietnamesen. Nötigenfalls fordern sie das Establishment geradezu heraus, sich wie ein »schlechter Vater« zu verhalten, den die Söhne aus ganzem Herzen hassen dürfen. Es wird zunächst als autoritär verketzert und dann dazu gezwungen, seine repressiven Machtmittel einzusetzen, um so den Rebellen Gelegenheit zu geben, ihre Rolle weiter zu spielen. Sie provozieren also erst erfolgreich die Unterdrückung, die sie bekämpfen wollen und von der sie zu Hause nicht genügend zu spüren bekommen haben. Hierbei können sich die Jugendlichen mit dem eigenen guten Vater identifizieren und mit seiner Unterstützung rechnen. Er macht ihre Beschwerden zu den seinen, bezahlt den Rechtsanwalt, versucht, bei der Musterungskommission etwas zu erreichen, und ist noch stolz auf seinen rebellierenden Sohn.

Diejenigen, die ihre leiblichen Väter herausfordern wollen, stoßen dabei oft auf Schwierigkeiten. Wie soll man einem Mann trotzen, der gar nicht auf seine Autorität pocht, der zu jeder Unterstützung bereit und dabei so zugänglich ist, daß ein Protest gegenstandslos wird? Kann man ihn der Mißachtung von Negern beschuldigen? Und wie kann man ihn strafen? Was immer man tut, er wird es unterstützen. Diesen armen jungen Leuten steht wirklich nur ein Weg offen. Es nützt nichts, radikal zu sein. Der alte Herr wäre nur stolz auf sie. Also werden sie nichts. Denn ganz einfach gar nichts zu sein, ist das einzige, was er unmöglich unterstützen kann. Und somit haben wir die jüdischen Hippies, die, obwohl intelligent, nicht studieren, obgleich tüchtig, nicht arbeiten, und, obgleich zärtlich, niemanden lieben wollen. Diese Blumenkinder bringen es fertig, auch die nachsichtigsten Eltern zu bestrafen, indem sie aus Prinzip weiter nichts tun, als sich selber zu verdummen und zu zerstören. Ihre Rebellion richtet sich nicht gegen eine Autorität, sondern gegen den Mangel an sinnvoller Autorität.

Was soll man nun aber von den Eltern halten? Was haben sie falsch gemacht? Wodurch haben sie ihre Kinder zu derartigen Extremen getrieben? Haben sie sich nicht die besten und fortschrittlichsten Erziehungsmethoden zu eigen gemacht? Haben sie ihren Kindern nicht alles gegeben? Alles, was für Geld zu haben ist?

Nun hat aber gerade der Genuß des Besten, das für Geld zu haben ist, Hippies und Radikale gleichermaßen gelehrt, das Geld zu verabscheuen. Denn das Beste, was für Geld zu kaufen ist, ist nicht gut genug. Diese Jugendlichen hatten in ihrer Kindheit nämlich nicht nur ihre vielgerühmten jüdischen Mütter - zu oft in Liedern und Legenden gepriesen (und karikiert), um noch näher beschrieben werden zu müssen, sie hatten auch jüdische Väter. Väter, die ihren Kindern für gutes Geld alles kauften, gleichzeitig aber so beschäftigt damit waren, dieses Geld zu verdienen, daß die Kinder den Müttern überlassen blieben und schließlich versachlicht und selber zu bloßen Dingen wurden, die man für Geld kaufen kann. Dinge, die alles, was der Vater sich leisten konnte, zur Schau stellten, trugen und benutzten. Dies war zumindest der Eindruck, den die Kinder hatten. Sie kamen sich wie etwas vor, worauf man stolz war, das man unterstützte und womit man angab, das man jedoch weder formen noch erziehen konnte. Dies blieb der Mutter und den »Spezialisten« überlassen.

Die Kinder rächen sich jetzt - als Hippies direkt, als Radikale indirekt -, indem sie ihren Zorn auf öffentliche Institutionen übertragen. Sie wollen nicht das tun, was von ihnen erwartet wird, und sie weigern sich zu genießen, was ihre Eltern für sie vorbereitet haben. Im Gegenteil: sie spucken darauf. Die materiellen Güter, die sie in der Kindheit im Überfluß hatten, verachten sie jetzt. Sie wollen nur die Liebe, die ihnen fehlte. (Wahrscheinlich wurde sie ihnen entgegengebracht, aber sie merkten es nicht, weil sie die elterliche Nachgiebigkeit für Gleichgültigkeit hielten.) Jetzt fordern sie ihre Eltern mit dem Versuch heraus, das von ihnen errichtete System - das Establishment - zu stürzen oder sich daraus zurückzuziehen. Gleichzeitig aber tragen sie die Kleidung, die Barttracht, die Brille und den ungepflegten Aufzug, den der arrivierte Vater hinter sich ließ. Sie geben sich demonstrativ überdeutlich »jüdisch«: ein offener Vorwurf gegen ihre amerikanisierten Eltern.

Ist dieses Betragen ernstzunehmen? Wohl kaum. Dazu ist es zu simpel. Auch reduziert die amerikanische Situation es zu einer bloßen leidenschaftlich romantischen Geste. Indes weiß man von Romantikern, daß sie ihren Ansichten schon ihr Leben opferten. Manchmal haben sie auch Einfluß auf den Gang der Ereignisse gehabt - obgleich der Ausgang sie gewöhnlich selber überraschte. Gelegentlich haben sie notwendige Reformen herbeigeführt. Ihre Ansichten mögen wirrköpfig sein, doch ihre Unzufriedenheit mit der Ordnung der Dinge ist echt, und manche Ursachen ihres Mißbehagens könnten in der Tat beseitigt werden: es ist jedenfalls ihr Verdienst, die allgemeine

Aufmerksamkeit auf sie gelenkt zu haben.

Doch die Folgen könnten sich von ihren Träumen wesentlich unterscheiden. Die angegriffenen Institutionen könnten sich gegen ihre Angreifer richten, die dann entdecken müßten, daß sie ihren Selbstmord eingeleitet haben. Hitler und Stalin waren unerwünschte Folgen und Reaktionen auf idealistische, radikale Ideen. Aber es ist anzunehmen, daß die Reaktion in den USA gemäßigter sein wird. Hippies und Radikale werden sich langsam in den gesellschaftlichen Rahmen einfügen. Man wird sich an sie gewöhnen und sie in Kauf nehmen, wie man es mit holprigen, rutschigen oder überschwemmten Straßen tut.

[1] Die Präsidentschaftswahlen vom November 1972 haben wieder einmal gezeigt, wie sehr die Juden liberalen Ideen anhängen. Die höheren Einkommensstufen stimmten überwiegend für Nixon. Neger und Puertoricaner hingegen stimmten überwiegend für McGovern, ebenso die Juden. Obwohl sie der höchsten Einkommensstufe zuzuordnen sind und das höchste Bildungsniveau aufweisen, haben die Juden also wie die Gruppen mit dem niedrigsten Einkommen und der untersten Bildungsstufe gewählt. Im Vergleich zur Wahl von 1968 allerdings hat Nixon einen kleinen Teil der jüdischen Wählerschaft für sich gewinnen können - ein Ergebnis besonderer Sympathiewerbung.

[2] Es sei denn, sie wären durch die Gewöhnung an ihre Armut schon der Apathie verfallen.

# 8 Der jüdische Kulturbetrieb: Anatomie eines »Establishments«

Den nichtjüdischen Traditionen nicht länger als Außenseiter gegenüberstehend, tragen die Juden jetzt sogar zu ihrer Weiterführung und Bewahrung mit bei und dominieren sie in manchen Bereichen. Daraus ergibt sich eine Belebung dieser Traditionen, naturgemäß aber auch eine Veränderung.

Die Juden unterlagen wie alle anderen Gruppen, die über einen längeren Zeitraum hinweg dieselben Erfahrungen teilen, einer ihnen eigenen Prägung des Charakters und der Sensibilität, die zwangsläufig ihren Anschauungen eine gewisse Färbung verleiht, ihre Wahrnehmung auf bestimmte Dinge konzentriert, ihre Art des Ausdrucks mitbestimmt und ihren Stil formt. Man kann zwar nicht von einer deutlich erkennbaren Homogenität sprechen, doch kann eine Gemeinsamkeit des Empfindens nicht angezweifelt werden, trotz einiger ins Auge springender Verschiedenheiten, die von Goldwater[1] bis Javits, vom orthodoxen Glauben zum Atheismus und von der Pornografie zum Puritanismus reichen. Ähnliche Variationsbreiten kann man auch unter Deutschen oder Italienern feststellen. Trotzdem spricht man wohl zu Recht von den »teutonischen Sitten« oder der »italienischen Überschwenglichkeit«.

Bei den Juden jedoch assoziieren Freunde wie Feinde allmählich die von den Antisemiten immer wieder betonten negativen Eigenschaften, sowie von »Juden« oder »Jüdischsein« die Rede ist, so daß es jetzt tatsächlich Juden gibt, die bestreiten, jüdisch zu sein und - wie J. P. Sartre es fast tut - behaupten, daß das Judentum eine Erfindung der Antisemiten sei. »Sie wirken (handeln, denken) aber gar nicht jüdisch«, kann man immer wieder von gönnerhaften Nichtjuden hören, die einem jüdischen Freund schmeicheln möchten, indem sie ihm versichern, daß er keine der (unerfreulichen) Merkmale aufweise, die das Wort »jüdisch« sofort heraufbeschwört.

In der westlichen nichtjüdischen Tradition machen sich jüdische Einflüsse im Stil und in der Betonung oder Vernachlässigung bestimmter Themen bemerkbar - sie sind stets spürbar, doch sind daneben noch andere Einflüsse vorhanden. Angesichts der Tatsache jedoch, daß die Juden rein zahlenmäßig in einigen kulturellen Bereichen stark überwiegen und in anderen solche Positionen innehaben, die ihnen zu großem Einfluß verhalfen, muß man annehmen, daß einige Institutionen von den Juden dominiert werden. Und so ist es in der Tat.

Diesen Institutionen hätte gar nichts Besseres geschehen können. Natürlich muß für alles ein Preis gezahlt werden. So auch hier. Doch wäre das auch nicht anders bei einer Dominierung durch die Iren (die römisch-katholische Kirche in den USA veranschaulicht dies sehr deutlich), durch Kaufleute, Proletarier oder Presbyterianer.

Literarische und politische Zeitschriften mit einer vorwiegend intellektuellen Leserschaft sind das beste Beispiel für diesen starken jüdischen Einfluß. Hier werden Autoren, Themen und ihre Behandlung - merkwürdigerweise oft ganz unbewußt - in Hinblick auf eine jüdische Leserschaft ausgewählt; und man kann mit gutem Recht sagen, daß diese Zeitschriften von dem jüdischen kulturellen Establishment beherrscht werden.

Das Wort »Establishment« bezieht sich hier natürlich auf keine formale Organisation. Dieses Establishment wird von keiner anerkannten oder geheimen Hierarchie gelenkt. Es bestehen keine Vorschriften und Formalitäten, auch gibt es keine Bürokratie. Es ist kein Interessenverband; es wäre auch grundfalsch anzunehmen, daß es in seinen Handlungen von bewußter Feindseligkeit gegen Außenstehende gelenkt wird. Im Gegenteil: oft genug tragen die Mitglieder des Establishments bittere und heftige Wortfehden in der von ihnen beherrschten Presse untereinander aus.

Das Establishment ist auch in keine Verschwörung verstrickt, und von gemeinsam durchgeführten und gleich ausgerichteten Bemühungen kann keine Rede sein. Es werden keine bestimmten Zwecke verfolgt, nicht einmal der des Machtzuwachses. Trotzdem besteht das jüdische kulturelle Establishment als solches und macht sich deutlich spürbar. Die da wieder einmal eine Verschwörung argwöhnen, haben eine Halbwahrheit entdeckt, sie jedoch - wie so oft - mißverstanden. Allerdings: das jüdische Establishment lebt; ebensowenig wie die Juden selber kann man es als eine Erfindung der Antisemiten ansehen.

Jedes Unternehmen, jede Gruppe wird - offiziell oder inoffiziell - von einigen wenigen gelenkt. Diese sind einflußreicher als die anderen und damit im Besitz größerer Macht. Wenn nun diese führenden Mitglieder auf eine gemeinsame Vergangenheit zurückblicken können, wenn sich ihre Hoffnungen und Ängste auf dieselben Objekte richten und wenn sie dieselben Anschauungen teilen, ist es nur natürlich, daß sie auch auf Ereignisse auf dieselbe Weise reagieren, daß sie außerdem dieselben Personen bevorzugen oder ablehnen und dieselben Dinge für wichtig oder unwichtig halten. Affinität führt zum Verständnis und - auch ungewollt - zum unterschwelligen Ausschluß jener, die anders sind, die eine andere Sprache sprechen. Moralische, intellektuelle und ästhetische Fragen werden von diesen verwandt fühlenden Menschen ganz ähnlich beurteilt, und der sich daraus ergebende, eindeutige Stil wird durch die selektiven Wahrnehmungen und Betätigungen der Gruppe immer stärker ausgeprägt. Das also ist das Establishment: ein loser Zusammenschluß von teilweise sehr einflußreichen Leuten, die ähnliche Kriterien für die Beurteilung anderer und deren Leistungen anwenden. Dies ist die unvermeidliche Folge der unter ihnen herrschenden Anschauungen. Keine Organisation ist dafür erforderlich, kein ausdrückliches Übereinkommen und gewiß kein gemeinsames Ziel[2].

Leute, die sich nun in ihren Anschauungen stark von dem Establishment unterscheiden, haben die größten Schwierigkeiten, überhaupt von ihm zur Kenntnis genommen zu werden. Das liegt nicht daran, daß das Establishment sich ausdrücklich weigert, sie nach ihren Verdiensten zu beurteilen oder ihnen eine Chance zu geben. Es verschwört sich auch nicht gegen sie. Es fällt ihm nur einfach schwer, andere als die eigenen Kriterien an die Leistungen der Außenstehenden anzulegen. Deren Verdienste sollen nicht totgeschwiegen werden, sie werden nur einfach nicht erkannt, da sie sich zu weit außerhalb der im Establishment geltenden Normen befinden. Ein Mohammedaner kann auch nicht begreifen, daß wir es über uns bringen, Schweinefleisch zu essen.

Ich sah William F. Buckley einmal im Fernsehen ausgerechnet mit David Susskind über die auffallend starke Präsenz von Liberalen in den Massenmedien diskutieren (David Susskind gehört zweifellos zum jüdischen Medien-Establishment, doch meiner Ansicht nach nicht zu den tonangebenden kulturellen Kreisen). Susskind bestätigte dies, argumentierte jedoch, daß das Fernsehen intelligente Leute brauche - eine strittige Behauptung - und daß intelligente Leute nun einmal von Natur aus zum Liberalismus neigten. Demnach wären Nichtliberale dumm. (Ich fürchte, Susskind meinte es wirklich ernst. T. S. Eliot, Winston Churchill, Charles de Gaulle, William Faulkner und George Santayana sind seiner Ansicht nach nicht intelligent.) Abgesehen von der Einfalt dieser Behauptung ist auch ihre Logik mangelhaft. Susskind hätte genausogut sagen können, daß der Mangel an katholischen Gelehrten und Wissenschaftlern in den USA darauf zurückzuführen sei, daß intelligente Leute nicht katholisch seien oder daß es in New York so überaus viele Prostituierte unter den Negerinnen gebe, weil Negerinnen von Natur aus zur Prostitution neigten, oder aber daß Neger unter Fernsehproduzenten selten seien, weil Neger im allgemeinen zu dumm für das Fernsehen seien.

Angenommen, die Behauptung, daß intelligente Leute zum Liberalismus neigen, ist richtig, kann sie trotzdem nicht durch den Wert dieser Ideologie bewiesen werden, sondern nur durch die gesellschaftlichen oder sonstigen Umstände, aufgrund derer manche Leute - dumm oder klug - diese Ideologie bevorzugen. Persönliche Eigenschaften - etwa Intelligenz oder Dummheit - können bei der Hinwendung zu einer bestimmten Ideologie oder bei der Berufswahl eine gewisse Rolle spielen, können sie jedoch nicht ausschließlich begründen, da sie auch zu anderen Alternativen hätten führen können. Menschen mit ähnlichen Eigenschaften sind nämlich in den verschiedensten Bereichen zu finden.

Die Dominanz der Juden in der nordamerikanischen Nachrichten- und Meinungsmache - andererseits aber auch in der Bekleidungsindustrie - ist hauptsächlich auf historische und soziale Gründe zurückzuführen. Im besonderen muß man bezweifeln, daß es einen ursächlichen Zusammenhang zwischen Intelligenz und der Beschäftigung beim Fernsehen gibt. Und keineswegs wäre damit erklärt, warum Liberale so häufig im Fernsehbetrieb zu finden sind und Neger und Konservative zum Beispiel nicht. Dieser Ausleseprozeß ist durch den Geschmack der Auslesenden zu erklären - wie in anderen Branchen auch. Man kann daher wirklich sagen, daß es einem nicht schaden kann, Jude zu sein, wenn man beim Fernsehen ankommen will. Auch liberal zu sein, wird einem nützen: am besten, man ist ein jüdischer Liberaler. Und nun, *mirabile dictu,* sind es tatsächlich die jüdischen Liberalen, die hoch zu Roß auf den Medien reiten.

Das Establishment verwechselt gewöhnlich seinen eigenen spezifischen Geschmack mit allgemeiner Intelligenz und Eignung. Indes, ein Mißverständnis wie jenes, dem Susskind zum Opfer gefallen ist (gewiß ohne es zu analysieren oder auch nur zu verstehen), bedarf einer näheren Erklärung: weist es doch auf ein Problem hin und nicht auf seine Lösung. Man kann zum Beispiel auch nicht behaupten, die Tatsache, daß Iren in der katholischen Hierarchie in den USA dominieren, Italiener (oder Puertorikaner oder Polen) hingegen eine relativ untergeordnete Rolle spielen, sei darauf zurückzuführen, daß nur unter den Iren gute und intelligente Katholiken zu finden seien (oder daß alle guten Katholiken Iren wären). Hingegen kann man dieses Phänomen historisch erklären: die irische Hierarchie hat die Kriterien geschaffen und perpetuiert, auf Grund derer die Neuankömmlinge akzeptiert oder abgelehnt werden. Jedes Establishment reagiert ähnlich; das jüdische kulturelle Establishment unterscheidet sich hierin nicht vom irischen geistlichen Establishment.

Für Voltaire waren die gotischen Kathedralen Frankreichs Beispiele monumentaler Häßlichkeit und Dummheit - ja, das bloße Wort »gotisch« nahm im 18. Jahrhundert einen abwertenden Klang an. Es ist häufig genug der Fall, daß dem Geschmack einer bestimmten Periode oder eines Landes die Werte einer anderen Zeit oder eines anderen Ortes verschlossen bleiben. Den Franzosen des 18. Jahrhunderts galt Shakespeare als Barbar, während das Verständnis für Corneille und Racine fast ausschließlich auf Franzosen beschränkt zu sein scheint. Es erübrigt sich zu betonen, daß auch die sogenannte kritische Intelligenz durch den Kulturkreis und Bildungsgang, kurz, die weltanschauliche Prädisposition ihrer Träger bestimmt wird - wobei Erfahrung als zusätzlicher Faktor hinzutritt.

Wenn das kulturelle Leben von Leuten beherrscht wird, die sich in ihren Erfahrungen, Anschauungen und ihrem Geschmack ähneln, wenn also tatsächlich ein kulturelles Establishment besteht, engen sich die Bereiche des herrschenden Stils ziemlich stark ein; wenn nun dieses Establishment lange genug seinen Einfluß ausübt, werden sein Geschmack und seine Vorlieben Allgemeingut eines ganzen Landes. Einzelne wiederum, deren Begriffswelt und Sensibilität sich radikal von der allgemein akzeptierten unterscheiden, werden in der Regel vom Establishment kaum verstanden. Sie werden automatisch in Bezirke außerhalb der kulturellen Bannmeile relegiert. Sie haben es schwerer als andere, sich Gehör zu verschaffen, ihre Arbeiten veröffentlicht zu sehen, gelesen, verstanden oder ihren wahren Fähigkeiten gemäß eingeschätzt zu werden.

»Als ich Drehbuchautor in Hollywood war - ich arbeitete gerade für eines der großen Studios«, sagte ein inzwischen entlaufenes Schäfchen eines anderen jüdischen Establishments, »unterhielten wir uns einmal bei einer Drehbuchbesprechung darüber, wie eine Mutter, die eben erfahren hat, daß ihr Sohn in der Schule geschwindelt hat, reagieren würde. Als ich an der Reihe war, mein Sprüchlein zu sagen, machte ich es kurz und bündig. Der Boss blickte mich an und sagte: ›Mr. O'Connor, keine Mutter würde so reagieren.‹ Worauf ich ihm sagte, daß meine eigene Mutter sich gerade so verhalten habe. Einen Augenblick herrschte peinliches Schweigen. Dann fuhr der Boss in seiner Rede fort, als hätte ich kein Wort gesagt. Meine Mutter nämlich hatte mich zunächst geohrfeigt und mir dann befohlen, in die Kirche zu gehen und in der Beichte Gottes Vergebung zu erbitten. Im Studio hatte man hingegen angenommen, daß eine Mutter zunächst ein bißchen weinen und dann das verirrte Schaf an ihre Brust drücken würde. So wurde die Szene auch geschrieben - und einen Augenblick lang, als ich dasaß und von den anderen angestarrt wurde, kam es mir vor, als gehöre meine Mutter nicht der menschlichen Rasse an.«
Hier sollte nochmals betont werden, daß die Hindernisse auf dem Weg jener, die nicht zum Establishment gehören, keineswegs auf eine Verschwörung zurückzuführen sind. Es handelt sich in der Regel einfach um ein Mißverständnis, ja, gewissermaßen um die Unfähigkeit zu verstehen, daß im gegebenen Fall überhaupt etwas zu verstehen ist. Dem Außenstehenden ist eben das Mißgeschick widerfahren, sich außerhalb der Reichweite des vorherrschenden Geschmacks zu bewegen. Was er zu bieten hat, scheint nicht erwähnenswert. Ein Establishment reagiert ähnlich wie ein einzelner: was ihm vertraut ist, was er zu sehen erwartet, wird von ihm auch am ehesten bemerkt und ist seiner Bewertung zugänglich. Andererseits sind die Fähigkeiten Außenstehender, selbst wenn man sie vage erfaßt, in der Regel zu unbequem, um sich der begrifflichen Definition leicht zu eröffnen. Niemand läßt sich gern dazu zwingen, langgehegte Anschauungen zu überprüfen und Grundsät-

ze, die sein Verhalten und Denken ein Leben lang leiteten, zu ändern - am allerwenigsten, wenn das Artikulieren dieser Grundsätze und Verhaltensregeln sein Lebenswerk ausmachen und ihm intellektuelle und materielle Anerkennung gewonnen haben. Genau das ist es aber, was die Aufnahme eines Außenstehenden in das Establishment und die damit verbundene Anerkennung, Macht und Einflußnahme bedeuten würden, kurz, eine Bedrohung gewohnter Sicherheiten.

Es handelt sich also bei dem Ausschließungssyndrom um eine Form unbewußter psychologischer Ökonomie oder Defensive. Sie tritt in der Regel als eine Serie halbbewußter, geringfügiger, jedoch kumulativer Reaktionen in Erscheinung, die sich nie zu einer klaren Entscheidung verdeutlichen und daher keiner kritischen Durchleuchtung zu bedürfen scheinen. Trotzdem haben sie natürlich die Wirkung definitiver Entscheidungen. Jede solcher Reaktionen, die im Endeffekt auf die Ausschließung Außenstehender hinauslaufen, kann durch eine ganze Reihe erklärter Motive begründet werden. Doch die wahren Motive bleiben verborgen.

Wodurch kommt nun diese Gemeinsamkeit in Anschauungen und Verhaltensweisen zustande, die das jüdische kulturelle Establishment kennzeichnen?

Zunächst durch das, was wir die jüdischen Lebensumstände nennen könnten, den *background*. Nicht selten bestand die erste Generation der amerikanischen Juden aus armen Einwanderern, die sich in einem jüdischen Ghetto niederließen. In der zweiten Generation haben die Kinder dann das College besucht, sind Lehrer, Literaturkritiker, Redakteure, Professoren und Schriftsteller geworden. Während die Eltern oft noch orthodoxe Juden waren, haben die Kinder ihren Glauben säkularisiert. Sie sind nun orthodoxe Sozialisten - unter Beibehaltung der Formen und des Stils hat sich der intellektuelle Inhalt grundlegend verändert.

In manchen Fällen waren auch die Eltern schon Sozialisten; dann wurden die Kinder Liberale oder Kommunisten. In den wenigen Fällen, in denen es bereits den Eltern gelungen war, in die gehobene Mittelklasse aufzusteigen, begannen die Kinder als Liberale. Die ererbte und daher gewissermaßen traditionelle Weltanschauung des jüdischen kulturellen Establishments tendiert gewiß zur Linken. Viele seiner Mitglieder haben das sozialistische, kommunistische und trotzkistische Lager durchwandert; was dann bleibt, ist meist eine vage und allgemeine Linksorientierung. Manche sind noch sentimental genug, sich Sozialisten zu nennen, andere bezeichnen sich als Liberale. Alles in allem bedeutet dieses Erbe eine tiefe und echte Identifikation mit den Unterdrückten - besonders den aus rassischen Gründen Unterdrückten. Psychologisch und historisch gesehen, ist dies nur zu verständlich; ob es auch moralisch zu rechtfertigen ist, steht auf einem anderen Blatt.

Unterdrückung zu erleiden, ist eine Frage der Macht oder der Machtlosigkeit. Es ist keine moralische Frage. Es besteht daher kein Grund, weshalb die Schwachen immer im Recht sein sollten und die Starken - auch und sogar, wenn sie mit den Schwachen im Kampf liegen - im Unrecht. Schwäche an sich ist noch nicht mit moralischer Überlegenheit gleichzusetzen. Man hofft zum Beispiel, daß Verbrecher schwächer sind als die Polizei, und schließt daraus trotzdem nicht auf eine moralische Überlegenheit. Nur wenige würden so *denken*, doch viele, insbesondere viele Juden, *empfinden* so. Hier ist es wiederum die jüdische Vergangenheit, die die sofortige Parteinahme für die Unterdrückten - unabhängig von jeder moralischen Wertung - erklärt. Juden sympathisieren im allgemeinen mit dem Verhafteten, nicht mit dem Polizisten, der die Verhaftung vornimmt. Ihre besondere Sorge gilt den Rechten und Bedürfnissen des Angeklagten, nicht jenen der anklagenden Gesellschaft; denen des Revolutionärs, nicht aber dem Status quo und seinen Vertretern. Schließlich haben sie die Erfahrung des Verhafteten gewissermaßen im Blut, die Erfahrung des die Verhaftung vornehmenden Staatsorgans ist ihnen fremd. Es gab keinen jüdischen Polizisten im zaristischen Rußland, dafür um so mehr jüdische Opfer polizeilicher Willkür und Brutalität.

Diese Identifikation mit dem Angeklagten, dem Revolutionär, dem Unterdrückten herrscht auch über das intellektuelle Differenzierungsvermögen - ja, bis zu einem gewissen Grad sogar über die natürlichen Empfindungen, eben weil sie so tief verwurzelt ist. Manchmal scheint diese Identifikation eher topologisch als persönlich zu sein: Juden identifizieren sich nicht mit dem Angeklagten oder dem Neger als solchem, sondern mit der Situation des Angeklagten oder des Negers. Die Situationen und die durch sie geprägten Gruppenschicksale - nicht das Individuum - ist mit den Erinnerungen an die eigene Vergangenheit verknüpft.

Da die Juden so lange unter der Unterdrückung durch mächtigere Gruppen und deren Gesetze und Traditionen zu leiden hatten, ist ihre gefühlsmäßige Identifikation mit den Minderheiten, Unterdrückten und Armen, mit den Gemiedenen, Erniedrigten, Mißhandelten und Entrechteten verständlich. Jedoch ist nicht alles entschuldbar, was verständlich ist. Man kann auch nicht übersehen, daß die Juden ihre intellektuellen Gaben nicht darauf verwandt haben, utopische, reformistische und revolutionäre Theorien ebenso tiefschürfend zu analysieren wie die Traditionen und Ideologien, auf denen der Status quo sich gründet. Daher wird das »Jüdischsein«, das man gewissermaßen als Eintrittskarte in das jüdische kulturelle Establishment vorweisen kann, oft mit einer irgendwie linken Einstellung, mit einer allgemeinen Identifikation mit den Unterdrückten verbunden. Bloß Jude zu sein, genügt also nicht ganz; damit gelangt man nur in das Wartezimmer.

So wird zum Beispiel Dwight Macdonald akzeptiert, obwohl er nicht Jude ist, einfach weil er die typische Establishment-Laufbahn hinter sich gebracht hat und die Weltanschauung des Establishments teilt. Er war Trotzkist, Anarchist und ist ein unorganisierter - fast möchte man sagen: desorganisierter - Linker geblieben. Seine Interessen gehören der Literatur und Politik, seine Sympathien den Unterdrückten - wer immer sie auch sein mögen. Er hat einen klugen Kopf, ein gutes Herz, einen brillanten Stil und schlechte Manieren. Keines dieser

Attribute hat ihm geschadet.

Mary McCarthy ist schon seit längerer Zeit Mitglied des jüdischen kulturellen Establishments. Auch sie hat sich bestens empfohlen. Politisch links, aber auch antistalinistisch; ein brillantes literarisches Talent. Auch ihre Interessen und ihre Teilnahme gehören den Dingen, die das jüdische Establishment interessieren. Sie hat ihm eine bestimmte Aura gegeben - ebenso wie Edmund Wilson und Robert Lowell, beide durchaus arrivierte Nichtjuden, arriviert, eben weil die Ambiance des kulturellen Establishments auch die ihre ist, nicht weniger als dessen politische Ansichten und soziale Neigungen.

Es schadet Mary McCarthy durchaus nicht, eine jüdische Großmutter zu haben, doch war dies nicht ausschlaggebend; ebensowenig wie es Senator Goldwater nützte, jüdische Großeltern und einen jüdischen Namen zu haben. Juden wählten ihn nicht, weil er ihnen zu konservativ ist.

Affinität, nicht Rasse, entscheidet über die Aufnahme in das Establishment. Doch stellt sich diese Affinität innerhalb einer sozialen Schicht, einer Subkultur oder einer Rasse am ehesten ein, wenn diese jüdisch ist. Juden, die sie nicht aufweisen können, sind praktisch ausgeschlossen, während davon berührte Nichtjuden (wenn sie auch noch weitere Qualitäten haben) aufgenommen werden können. Allerdings läßt sich diese Affinität naturgemäß öfter unter Juden als unter Nichtjuden feststellen.

Die Bedeutung des Establishments - seine Macht, aufzunehmen oder auszuschließen - ist am größten, wo die anzulegenden Kriterien am wenigsten objektiv sein können und wo der Führerschaftsanspruch sich nicht so sehr auf objektive Leistungen gründet wie auf die Anziehung, die man auf die bereits tonangebenden Mitglieder des Establishments ausübt. In den Naturwissenschaften ist das Establishment daher kaum von Bedeutung. Es gibt zum Beispiel viele hervorragende jüdische Physiker: einige im rechten, andere im linken Lager, die meisten an Politik nicht sonderlich interessiert. Die Rechtsstehenden unter ihnen sind allerdings weniger beliebt als die Linken. Oppenheimers linke Verbindungen schadeten zwar seinem offiziellen Ansehen, doch nicht seiner Beliebtheit in der Öffentlichkeit, während Tellers rechte Freundschaften die seine beeinträchtigen. In der Physik, wie in allen Naturwissenschaften, bleiben aber Macht, Anerkennung und Weiterkommen unberührt davon, ob man jüdisch ist oder nicht.

In den Sozialwissenschaften beobachtet man immer wieder, daß es in den am wenigsten objektiven Wissenszweigen am ausschlaggebendsten ist, ob man Jude und - noch wichtiger - linksorientiert ist. Unter Volkswirtschaftlern also spielt die politische Neigung kaum eine Rolle. Ein weit rechts stehender Wissenschaftler - Milton Friedman -, der zufällig Jude ist, wurde kürzlich zum Präsidenten der »American Economic Association« gewählt. Ich bezweifele, daß ein gleichermaßen fähiger, gleichermaßen rechtsstehender Soziologe zum Präsidenten der »American Sociological Association« gewählt werden würde.

Doch werden auch befähigte Volkswirtschaftler, wenn sie nicht die richtige Mischung von Linksneigung und Jüdischsein aufweisen, vom jüdischen literarischen Establishment völlig ignoriert. Die *New York Times* nahm sich sehr viel Zeit, um die hervorragenden Volkswirtschaftler, die die USA aufzuweisen haben, zu erwähnen. Der *Commentary* und die *New York Review of Books* übersehen sie ständig zugunsten von weniger originellen, jedoch liberalen oder linksstehenden Opportunisten oder inkompetenten Journalisten und anderen Leuten, die sich wie gehabt über Kapitalismus und Imperialismus auslassen - über Dinge also, die inzwischen zur Genüge bekannt sind.

Das jüdische kulturelle Establishment reicht weit über das intellektuelle und akademische Milieu im engeren Sinn hinaus. Es erstreckt sich bis in die Kommunikationsmedien und ist dadurch praktisch in jedem amerikanischen Haushalt spürbar.

Hollywood ist schon immer eine vorwiegend jüdische und von Juden gegründete Institution gewesen. Doch war L. B. Mayer kaum als Revolutionär zu bezeichnen. Die Fernsehindustrie wurde dann von einer späteren Generation von Juden gegründet und geleitet. In ihren kulturellen und anderen Beiträgen ist sie deutlich liberal. David Susskind kann man als typisch für Niveau und Art des hier herrschenden Liberalismus bezeichnen. Doch zeigt sich die Macht des kulturellen Establishments in den Kommunikationsmedien nicht so sehr in dem, was gezeigt, als in dem, was nicht gezeigt wird. Hat man bisher je eine Diskussion über die Lage in Südafrika hören können, in der beide Seiten zu Wort kamen? Oder eine vernünftige Darstellung der von den »Falken« vertretenen Ansichten zum Vietnam-Krieg? Oder einen Bericht über den Polizeieinsatz bei chaotischen Volksversammlungen?

Es soll hier noch einmal betont werden: man wird kaum eine bewußte Verzerrung der Dinge unterstellen können. Es ist nur zu verständlich, daß die Fernsehredakteure Themen behandeln, die ihnen persönlich wichtig erscheinen und von denen sie sich betroffen fühlen. Wenn sie sich also für unschuldig erklären, sind sie aufrichtig - man kann ihnen keine böse Absicht vorwerfen, höchstens Fahrlässigkeit. Im großen ganzen fallen ihre Programme tendenziös aus, weil ihre Erfahrungen in der Vergangenheit sie einfach nicht gelehrt haben, daß alle Fragen von zwei Seiten betrachtet werden können. Alle Ansichten, die ihnen wesensfremd sind, schieben sie leichtfertig als nicht ernstzunehmend beiseite. Die von ihnen beherrschten Medien können gar nicht mehr unparteiisch sein, weil alle, die in ihnen zu Worte kommen, einem gleichen Milieu entstammen und dieselben Anschauungen teilen. (Natürlich stimmen sie nicht in allem überein. Doch Familienstreitigkeiten verstärken nur das Zugehörigkeitsgefühl. Man konkurriert miteinander - die verfolgten Ziele jedoch sind dieselben.)

In einigen Fällen allerdings - besonders im pädagogischen Programmbereich - kann man fast nicht glauben, daß diese Art der Auslese ganz unbewußt stattfindet. Auch gibt es Anzeichen dafür, daß dem nicht immer so ist. Wenn die Verantwortlichen beim Fernsehen dazu gezwungen werden, auch andere politische Richtungen zu Wort kommen zu lassen, konfrontieren sie oft intelligente und artikulierte Liberale mit den dümmsten und extremsten Rechten, die sie auftreiben können, oder aber mit netten, doch völlig kurzsichtigen Regierungsvertretern. Senator Dirksen ist zweifellos ein aufrechter Mann, doch ist es fair, ihn als Diskussionspartner für Arthur Schlesinger auszusuchen? Natürlich gibt es auch befähigtere Leute, zum Beispiel Sidney Hook, doch das pädagogische Fernsehen scheint ihn irgendwie nie rechtzeitig benachrichtigen zu können; weder ihn noch sonst irgend jemanden, der sich intelligent mit dem rituellen Liberalismus des jüdischen kulturellen Establishments auseinandersetzen und sich gegen ihn aussprechen könnte. Es nützt nichts, daß Hook Jude ist und seine eigene Linksrichtung vertritt. Er gehört ganz entschieden nicht zum Establishment. Dafür beurteilt er Kommunisten, revolutionäre Studenten und andere zu streng. Er unterstützte sogar zeitweilig die amerikanische Außenpolitik.

In einer so großen und vielgestaltigen Institution, wie es die *New York Times* ist, kann man Beispiele für Objektivität, ja, sogar Konservativismus entdecken. Doch die Berichterstattung, die Leitartikel und sogar die Buchbesprechungen der *Times* sind in ihrer Überbetonung der liberalen Ansichten unbestreitbar tendenziös. Das muß nicht immer bis zu solchen Extremen gehen wie in der anfänglichen Berichterstattung über die kubanische Revolution, in der die *Times* selbst dann noch darauf bestand, daß Castro kein Kommunist sei, als dieser selber schon sein Erstaunen über derartige Behauptungen ausgedrückt hatte. Von ihrem früheren konservativen, besonnenen Standpunkt aus ist die Schwenkung nach links in allen Bereichen deutlich sichtbar. Vielleicht war dies nicht anders zu erwarten, denn nicht nur viele ihrer Reporter sind Juden, sondern auch ihre Leser. Und diese Leser gehören jetzt einer jüngeren, weiter links stehenden Generation als früher an. Die *Times* hat das jüdische kulturelle Establishment zwar nicht angeführt, sich jedoch stark mit ihm angefreundet.

Ansichten über Krieg und Gewalttätigkeit sind der beste Prüfstein, um festzustellen, was vom Establishment ausgeht und was nicht. Das Establishment richtet sich nämlich entschieden gegen beides und spiegelt darin typisch jüdische Gefühle in intellektualisierter Form wider. Vollends entrüstet protestiert es gegen Gewaltmaßnahmen, wenn der bekämpfte Feind links zu stehen scheint oder zu den *underdogs* zählt. Wenn der Feind allerdings rechts zu stehen scheint, ein rechtsstehender Diktator oder Antisemit ist, dann denkt das Establishment plötzlich ganz anders über Gewalt. Dann sind Kriege gerecht und erforderlich, und alle, die gegen ihn stimmen, sind offensichtlich Faschisten, Antisemiten oder beides. Auch ist eine Diktatur, wenn sie nur links steht, nicht mehr verdammenswert. Sie ist dann nötig, um Reaktionäre zu unterdrücken, und ist vom Volk erwünscht. Natürlich kümmert sie sich auch immer vorbildlich um Schulen und Wohnungen für das Volk (Kuba, Nordvietnam und China, bevor es dort zu offensichtlich unerträglich wurde; und Ghana unter dem »Erlöser« Nkrumah). Im Gegensatz dazu sind rechte Diktaturen natürlich zu verdammen (Spanien, Portugal, Taiwan, Griechenland), auch wenn sie nicht einmal wirkliche Diktaturen sind (Rhodesien, Südafrika, Südvietnam). Nicht der Sachverhalt im gegebenen Fall entscheidet, sondern die emotionale Reaktion auf rechte oder linke Symbole, eine Reaktion, die durch die historische Erfahrung der Juden als Gruppe determiniert ist: die Rechte war meist konservativ, oft extrem antisemitisch; die Linke fortschrittlich und prosemitisch. Die mit den Symbolen assoziierten Gefühle verdecken jetzt die Realität und blockieren oft die einfachsten Wahrnehmungen.

Eine der vom jüdischen kulturellen Establishment dominierten Zeitschriften ist der von dem bekannten Schriftsteller Norman Podhoretz geleitete und vom »American Jewish Committee« unterstützte *Commentary*, der zu den wichtigsten intellektuellen Publikationen des Landes zählt. Keine andere konfessionell orientierte Zeitschrift kann einen so großen intellektuellen Einfluß ausüben. Die Beiträge werden meistens von Juden geschrieben. Sie beschränken sich jedoch nicht auf jüdische Themen und sind oft ausgezeichnet geschrieben. Der *Com-*

*mentary* verkörpert das Beste an jüdischem Intellekt und Geschmack - was auch sein erklärtes Ziel ist. Bemerkenswert daran ist, daß die von ihm vertretene Geschmacksrichtung sich nicht länger von anderen abhebt, sondern für Amerika typisch geworden ist.

Die *New York Review of Books*, die von Barbara Epstein und Robert Silvers geleitet wird, bevorzugt ganz offensichtlich jüdische Autoren, läßt jedoch auch englische zu Wort kommen, um so - nicht sehr erfolgreich - dem Vorwurf der Cliquenwirtschaft zu entgehen. Die wenigen jüdischen Konservativen, die es gibt, kommen nicht zu Wort, dafür werden aber nichtjüdische Linke aller Schattierungen veröffentlicht. Die häufig auffallend guten literarischen Artikel dienen seit geraumer Zeit der »neuen Linken« als politisches Feigenblatt[3].

Die *Partisan Review* leiten William Philips und Philip Rahv (wie die Redakteure der anderen Zeitschriften sind auch sie Juden). Zeitweilig das jüdische kulturelle Establishment dominierend, hat die Zeitschrift jetzt an Einfluß verloren. Nebenbei gesagt, war es diese Zeitschrift, die Susan Sontags Ruf begründen half: eine eifrig linke Dame, belesen, farblos und von gewalttätiger Originalität. Sie soll angeblich in eine allgemein bekannte Affäre mit dem *Zeitgeist* verstrickt sein.

Die *Village Voice* unter Dan Wolfs Leitung steht zwar auf einem niedrigeren intellektuellen Niveau als die drei vorhergenannten Zeitschriften, hat aber neue Autoren wie Jack Newfield und Richard Goldstein bekannt gemacht, die jetzt auch mehr und mehr in Zeitschriften mit höheren Auflagen gedruckt werden.

Die von diesen Zeitschriften am stärksten beachteten zeitgenössischen Autoren sind Norman Mailer, Saul Bellow, Bernard Malamud, Herbert Gold, Bruce Jay Friedman, Joseph Heller und Philip Roth.

Nichtjüdische und nicht minder talentierte Schriftsteller wie John Updike, John Cheever, Muriel Spark und Donald Barthelme, um nur einige zu nennen, erscheinen im *New Yorker*. Sie werden von einigen jüdischen Intellektuellen hoch geschätzt, gehören jedoch gemäß stillschweigendem Übereinkommen nicht zum Establishment.

Darüber hinaus gibt es noch viele Mitläufer des Establishments, die ihm dank gemeinsamer Ideen und Anschauungen zwar nahestehen, doch nicht ganz aufgenommen worden sind, meist, weil sie einfach nicht das nötige Format haben. Sie werden in der *New York Times Book Review*, in der Tagespresse und in einigen nicht ausgesprochen intellektuellen Zeitschriften gedruckt (*The New Republic* und *The Nation* sprechen in erster Linie Akademiker an).

Man könnte abschließend sagen, daß eine verhältnismäßig hohe Anzahl von Büchern von Juden gekauft wird, und das verhältnismäßig wenig Nichtjuden Bücher kaufen. Kein Wunder also, daß so viele Bücher von und über Juden geschrieben werden. Dies könnte die Dominanz - allerdings nicht die Natur - des jüdischen kulturellen Establishments im literarischen Bereich teilweise erklären.

Auch unter Musikern finden sich verhältnismäßig viele Juden. Doch läßt sich meinem Gehör nach hier kein spezifisch jüdischer Geschmack feststellen. Auch am Broadway (sowie off-Broadway) ebenso wie in Hollywood sind Juden äußerst zahlreich vertreten. Ihr Einfluß ist hier deutlicher spürbar als in der Musik, doch verstehe ich zu wenig vom Thema, um es ausführlicher zu behandeln. Ich gehe nicht oft ins Kino und bin schon seit Jahren nicht im Theater gewesen. Zu häufig mißfällt mir beides. Aus theoretischen Erwägungen bezweifle ich aber nicht, daß der jüdische Geschmack auch in diesen Gebieten seinen Ausdruck gefunden hat. Natürlich hätten Iren oder Chinesen einen ähnlichen Einfluß ausgeübt, wären sie zufällig in den genannten Bereichen überwiegend tätig[4].

¹ Der hauptsächlich (vielleicht ausschließlich) dem Namen nach jüdisch ist.

² Eine wirtschaftliche Parallele läßt sich vielleicht bei der Preisbildung in bestimmten Industrien feststellen. Die Preise vieler Unternehmen fallen oder steigen plötzlich in derselben Höhe, ohne daß die Unternehmer untereinander Absprachen getroffen hätten, sondern einfach weil sie auf Grund der Kostenlage und Marktbedingungen die gleichen Erwägungen angestellt haben.

³ Das jüdische kulturelle Establishment ist jetzt in zwei miteinander verfeindete Gruppen geteilt: die »alten« und die »neuen« Linken. Die alte Linke ist der Ansicht, daß die USA den totalitären Staaten immer noch vorzuziehen und auf demokratische Weise zu verbessern seien, daß sie außerdem ein unentbehrliches Bollwerk gegen den expandierenden Kommunismus darstellten. Die neue Linke, die sich vage mit revolutionären Studenten, Pazifisten, militanten Negern u. a. solidarisch erklärt, hält die USA für den größten Bösewicht der Welt, der nur durch eine gewaltsame Revolution bekehrt werden kann. Ihrer Ansicht nach sind totalitäre Systeme nie das wirkliche Problem gewesen und werden es auch nie sein. Innerhalb beider Gruppen bestehen noch unterschiedliche Auffassungen, und der Abgrund zwischen beiden vertieft sich ständig.

⁴ Platzmangel erlaubt mir nicht, noch über bildende Kunst zu sprechen, in der jüdischer Einfluß ebenfalls beträchtlich ist, man denke nur an Kritiker wie Clement Greenberg und Harold Rosenberg, an bekannte Kunsthändler und Sachverständige und schließlich an einige ausgezeichnete Maler und Bildhauer. Denn auch hier, wie in der Architektur, haben sich Juden hervorgetan, allerdings weniger als in der Literatur und in der Musik.

# 9 Juden und die Sexualität

Die Juden haben die griechische Tradition der körperlichen Anmut und Schönheit nie akzeptiert. Nicht nur, weil sie ihnen fremd war, sondern weil sie mit den jüdischen intellektuellen und moralischen Werten unvereinbar schien. Auch dem deutschen Kraftkult und der altrömischen Sexualität und Grausamkeit konnten die Juden nie folgen, da diese Ideale in zu großem Gegensatz zu ihrer fast ausschließlichen Beschäftigung mit moralischen Fragen standen. Zwar verschmolzen einige hellenistische Ideen wenigstens zeitweise mit jüdischen, sie wurden aber letztlich immer wieder zugunsten des jüdischen Intellekts und der jüdischen Ethik verworfen.

Doch verneinten die Juden auch die für das frühe Christentum so charakteristische Verachtung alles Körperlichen. *De contemptu mundi* könnte nicht von einem Juden geschrieben worden sein. Dieses Volk konnte sich keine Verachtung für eine Welt leisten, an der es mit aller Kraft festhalten mußte, um bestehen zu können, ebensowenig wie ein armer Mann es sich erlauben kann, Geld zu verachten.

Die Geringschätzung des Körpers ist wahrscheinlich eine Reaktion auf den Konflikt zwischen fleischlicher Versuchung und dem christlichen Gebot, ihr zu widerstehen. Juden halten ihren Körper für ein mehr oder weniger nützliches Werkzeug zur Erreichung geistiger und moralischer Ziele. Wie ein Pferd oder ein anderes Nutztier muß auch der eigene Körper genährt und am Leben erhalten werden. Er ist kein Selbstzweck, wird aber auch nicht als ständige Demütigung und Beleidigung empfunden. In gewisser Weise zeugt diese Einstellung von einer noch tieferen Verachtung für den Körper: er ist es gar nicht wert, beleidigt, gegeißelt oder gepriesen zu werden.

Eine Bestrafung des Körpers bedeutet schließlich, daß er großer Sünden fähig ist oder eine ernsthafte Versuchung darstellt. Für die Juden gehören der Körper und seine Bedürfnisse zu den unwichtigen Dingen, die den Frauen überlassen bleiben, damit die Männer sich um so vollständiger dem Studium des Gesetzes widmen können - der einzigen ernsthaften Beschäftigung im Leben.

Ihre pragmatische und rein zweckgerichtete Haltung hatte eine gewisse Freudlosigkeit zur Folge. Dem Körper wurde keinerlei Selbständigkeit zugestanden, er lag nicht wie bei den Christen im Widerstreit mit dem Geist, doch war er auch nicht in Harmonie mit dem Intellekt. Ihm wurde die Rolle eines Dieners zugedacht, dem man gibt, was er braucht, der jedoch nicht ganz zur Familie zählt und der keineswegs eine Bedrohung oder Lockung darstellt. Häufig führt diese Einstellung zu einer Polarisierung: der Körper wird als abstoßend betrachtet. Da er aber nun einmal vorhanden ist, müssen seine sexuellen Bedürfnisse befriedigt werden - am einfachsten durch die Ehe -, damit sie einen nicht von wichtigeren Dingen ablenken können, nicht aber, weil sie einem Erfüllung bringen oder die Sehnsucht nach einem anderen Menschen stillen könnten. Man heiratete, weil Brauch und Gesetz es so vorschrieben, ebenso aß oder kleidete man sich. Das Junggesellentum wurde mißbilligt und daher von den Juden - im Gegensatz zu den meisten anderen Gruppen - nie institutionalisiert. Sexueller Tätigkeit ging man in fast ritueller Weise und stets zu festgesetzten Zeiten nach, die zwar nicht der Talmud, doch fast ebenso alte und geheiligte Sitten vorschrieben.

Abgesehen von intellektueller Hochstimmung und der Freude an Witz, Argumentation, Belesenheit, Intelligenz, Weisheit und an der Befolgung der Gesetze gab es im Leben der Juden wenig Raum für das Vergnügen um seiner selbst willen.

Das körperliche und emotionale Leben war eher vom Geist der Pflicht als dem der Freude erfüllt. Im besten Fall erreichte man ein maßvolles Wohlgefühl. Das biblische Gebot, keinerlei Bildnisse zu schaffen, das sich in der Kunst in einer ästhetischen Geringschätzung des Körpers niederschlug, und die Ablehnung körperlicher Betätigungen, die über ein erforderliches Maß hinausgingen, mögen beide zu dieser körperfremden Haltung beigetragen haben. Möglicherweise hat der Körper für die Juden seine ästhetische Dimension verloren, weil er nicht im Bild wiedergegeben werden durfte[1].

Die Sexualität war nun einmal zur Fortpflanzung nötig und mußte zum anderen als Störfaktor ausgeschieden und daher befriedigt werden. Doch *eros*, Liebe als ästhetische Verzückung oder romantisches Gefühl hat nie die Haltung der Juden zum eigenen Körper und zum anderen Geschlecht geprägt. Liebe als »süßes Leid« schien zu irrational. Die Frau, die man wollte, suchte man zu bekommen. Sehnsucht um ihrer selbst willen wird bis auf den heutigen Tag als masochistisch abgelehnt: eine Haltung, die die meisten Amerikaner heute als gesund betrachten. Wie ein Fluß kanalisiert wird, um Überschwemmungen und Austrocknungen zu vermeiden, verlieren Liebe und Sexualität auch viel von ihrer wilden, spontanen, doch unbequemen Schönheit, wenn sie sorgfältig dosiert und reguliert werden, wobei jedoch ein Nützlichkeitsgewinn erzielt wird. Dieses Prinzip regelte unter den Juden das Verhalten der Geschlechter zueinander.

Der moralische Aspekt der Liebe - *agape* oder *caritas* - war dem jüdischen Geist nie fremd, ganz im Gegenteil, ebenso wie Gerechtigkeit und Rücksicht, Unparteilichkeit und Mitleid. Eine sexuelle Betätigung wurde unter legitimen Umständen als erlaubtes Vergnügen, viel seltener als Gefahr, und in erster Linie als Mittel für die Fortpflanzung der Familie und darüber hinaus des auserwählten Volkes angesehen. In diesem Sinn war sie sogar Pflicht. So konnte eine kinderlose Witwe von ihrem Schwager verlangen, von ihm geheiratet zu werden, um so »des Bruders Haus« fortzusetzen.

In Italien und Spanien lebende Juden übernahmen etwas von dem Individualismus der Renaissance, und mit fortschreitender Emanzipation gab es Männer wie den sehr romantischen Heinrich Heine. Doch nichtemanzipierte Juden kennzeichnen sich noch heute unabhängig von ihrer Religiosität durch ein ausgeprägtes Nützlichkeitsdenken ihrem Körper gegenüber, dem jede ästhetische Erwägung fremd ist.

Eine historische Entfremdung vom Körper und das Zurücktreten der Liebe hinter Nützlichkeitsdenken und legale Vorschriften sowie die herkömmliche Ritualisierung wird zum Beispiel in Alfred Kazins Buch *A Walker in the City* deutlich, in dem er aufrichtig, wenn auch etwas sentimental beschreibt, wie er im jüdischen Teil Brooklyns aufwächst. Hierbei stellt er fest, daß seine in die Staaten eingewanderten Eltern ihren Kindern und einander gegenüber zwar Pflichten, möglicherweise auch Zuneigung gefühlt, daß sie jedoch Liebe als eine gojische (d. h. nichtjüdische) Erfindung betrachtet hätten - einen amerikanischen Luxus, den sich ihre Kinder würden leisten können, solange er nicht die wirklich ernsten Dinge des Lebens, nämlich Ausbildung, Erfolg und Heirat, beeinträchtigte. Auf der bewußten Ebene lehnt die neue Generation diese Haltung entschieden ab. Ob sie ihr in ihren Gefühlen jedoch ganz entgehen können, ist fraglich. »Liebe ist süß«, sagt ein jiddisches Sprichwort, »aber noch süßer mit Brot.« Verfeinerte Erotik und ästhetische Sehnsüchte konnten sich arme Leute, die um ihre bloße Existenz zu kämpfen hatten und deren ganzes Bestreben sich auf die Erfüllung der göttlichen Gesetze richtete, nicht leisten.

Sex als technische Angelegenheit: ja. Liebe unter ihrem moralischen Aspekt: ja. Aber Leidenschaft? Nicht zufällig schrieb Spinoza, der jüdischste aller Philosophen und der philosophischste aller Juden, darüber unter dem Titel *De humana servitute* - von der menschlichen Knechtschaft. Er mißbilligte die erotische Liebe. Er betrachtete Liebe nämlich nicht als eine Form der Beziehung zwischen Menschen, sondern als die Beziehung eines Individuums zu jedem äußeren Anlaß, der als

Quelle genußreicher Empfindungen dienen kann: »quaedam laetitia concomitante causa externa.« Doch hier setzt er an Stelle der Ursache die Wirkung: erst durch Liebe vermag der äußere Anlaß - die Person - einem Vergnügen zu bereiten: sie besitzt diese Fähigkeit erst, weil man sie liebt. Und der Liebende erfährt nicht nur ein einfaches »Vergnügen«, nein, er fühlt Liebe, die sich nicht auf Vergnügen, Sex, Wertschätzung, Respekt oder irgend etwas anderes reduzieren läßt[2].

Die pragmatische Haltung zum eigenen Körper und dem des anderen blieb nicht ohne Folgen. Jüdische Frauen zum Beispiel, besonders die nichtemanzipierten, können sich kaum vorstellen, von Männern ihrer Schönheit wegen begehrt oder ihrer Persönlichkeit oder gar ihres Geistes wegen bewundert zu werden. Sie haben das Gefühl, daß Männer sie nur zur Befriedigung ihrer Bedürfnisse oder für Dienstleistungen gebrauchen (bei den modernen Frauen ist dieses Gefühl als Furcht immer gegenwärtig). In emanzipierteren Schichten neigen Jüdinnen dazu, ihren Körper als Werkzeug oder Lockmittel zu benutzen, um geheiratet zu werden. Bei vollkommen emanzipierten Jüdinnen ist er ein Mittel, sich angenehme Abwechslung, Seelenfrieden und körperliche Gesundheit zu verschaffen. Aber Liebe?

»Jüdinnen sind die langweiligsten Frauen der Welt«, bemerkte kürzlich einer meiner Freunde, der als Don Juan bekannt ist. »Sie können nicht aufhören, einem vorzuhalten, daß man sich nicht für ihren Verstand interessiere. Damit haben sie natürlich nicht ganz unrecht. Wenn ich ihnen dann sage, daß sie mich als Frauen interessieren, brechen sie in Tränen aus. Weshalb wollen sie denn keine Frauen sein? Weshalb wollen sie weniger als eine Frau sein? Denn ihr Verstand ist nun einmal nur ein Teil ihrer ganzen Person!«

Völlig emanzipierte Jüdinnen werden diese Gefühle weder sich selbst noch anderen eingestehen. Doch ist die Auffassung ihrer eigenen Person als eines Werkzeugs fast immer spürbar - wenn auch nur als Angst, in dieser Form benutzt zu werden. Und unter ungünstigen Umständen wird ihre Furcht bestätigt.

Jüdische Mädchen wollen, von ihren Müttern noch bestärkt, so schnell wie möglich heiraten. Alle Formen der Werbung, die nicht letztlich auf eine Heirat abzielen, werden nicht als solche genossen, sondern als Ausnutzung verstanden: »Sie nimmt Geld von ihm«, »er gebraucht sie nur«. Es ist gefährlich, sich Zeit zu lassen. Besser ist es, sich schnell jemanden zu sichern, einen Arzt oder Zahnarzt etwa in sicherer Position, der einem Ansehen verleihen und für die Kinder sorgen kann. Nur keine Spekulationen!

Nur in orthodoxen Familien werden Heiraten noch von einem *Schadchen* arrangiert, dem berufsmäßigen Heiratsvermittler, der jede menschliche Qualität preislich genau abschätzt und damit handelt, als sei sie eine Ware. Eine auf diese Weise arrangierte Heirat hing ehemals mehr von der Gesundheit und dem Vermögen der Braut und der Stellung und beruflichen Zukunft des Bräutigams ab - die von den betroffenen Familien genauestens abgeschätzt und veranschlagt wurden - als von der Zuneigung des Paares füreinander, geschweige denn der Liebe. Das Aussterben dieser hauptberuflichen Vermittler bedeutete nur, daß jüdische Mütter sich als Amateure betätigten. Und die Töchter wurden - und werden immer noch - auch gegen ihren Willen in diesen Tauschhandel hineingezogen.

»Mama«, sagt ein Mädchen in einem alten jüdischen Witz verärgert, weil es sich von seiner Mutter nicht genügend beachtet fühlt, »ich ziehe jetzt mein Stacheldrahtkleid an, mal mir das Gesicht blau und geh ins Kino.« »Sehr schön«, antwortet die Mutter abwesend. »Mach dich aber gut zurecht. Soviel ich weiß, ist der Kinobesitzer noch unverheiratet.«

Diese Darstellung wird heute nur noch wenigen gerecht. Nur die ältere Generation bekennt sich offen zu dieser Einstellung. Doch können sich die jungen Leute von der mütterlichen Sicht der Dinge nicht ganz freimachen, auch wenn sie dagegen rebellieren. Die Zeit der Werbung wird auch von ihnen unbewußt dazu benutzt, die Bedingungen für den zukünftigen Tauschhandel festzulegen. Der Mann »liefert« die Heirat oder, im Falle emanzipierterer Mädchen, verpflichtet sich zu einer Wertschätzung ihrer Persönlichkeit (die in Zeit- und Geldaufwand gemessen wird). Das Mädchen seinerseits sorgt für seine sexuelle Erleichterung, führt ihm den Haushalt und erfüllt die heilige Pflicht aller Jüdinnen, ihn immer wieder zum Essen aufzumuntern.

Die pragmatische, zweckorientierte jüdische Haltung allem Körperlichen gegenüber hat interessante Auswirkungen auch auf die Bekleidungsindustrie gehabt, die ja zum größten Teil in den USA in jüdischen Händen liegt. Seit undenklichen Zeiten versuchen die Frauen unter Mitwisserschaft der Männer, ihre Körper immer wieder neu zu verpacken, um so den männlichen Wunsch zu wecken, dieses Päckchen zu öffnen, um etwas überraschend Neues darin zu finden. Mode ist immer ambivalent. Sie scheint Teile des Körpers zu verdecken, auf die sie doch in Wirklichkeit erst die Aufmerksamkeit des Betrachters lenkt. Männer wollen sehen, was Frauen verstecken - wenn es auch nur versteckt wird, um ihre Neugierde zu wecken.
Doch sind manche Moden mehr als ambivalent. Sie verstecken und verformen den Körper unter dem Vorwand, ihn anziehender zu machen. Büstenhalter können zu diesem Zweck benutzt werden, und Miederhöschen dienen keinem anderen. Beide Wäschestücke werden vorwiegend von jüdischen Firmen hergestellt. Und beide werden, wie allgemein bekannt, von Jüdinnen gern getragen, auch wenn ihre Figuren das keineswegs erfordern. Doch fühlen sie sich nur ehrbar, wenn sie zusammengeschnürt, unbeweglich gemacht und künstlich geformt, das heißt verformt sind. Allerdings läßt sich heute unter den Jüngeren eine Gegenbewegung feststellen. Außer der Miederwarenindustrie wird das niemand bedauern.

Für die Juden selber wie für Außenstehende ist die Beschneidung eines der geheimnisumwobensten Dinge im jüdischen Leben. »Und also soll mein Bund an eurem Fleisch sein zum ewigen Bund«, sagt Gott in der Genesis zu Abraham. Und: »Jedes männliche Kind unter euch soll beschnitten werden.« Als

Belohnung für seinen Gehorsam wird Abraham prophezeit: »Ich will dich zum Vater vieler Völker machen.«

Bis auf den heutigen Tag lassen auch Juden, die sich von allen religiösen Bindungen und Gefühlen vollkommen frei glauben, ihre Söhne am achten Tag nach der Geburt beschneiden (am achten Tag, weil dies der erste Tag nach der rituellen Zahl sieben ist). Unbeschnitten wäre das Kind für immer vom auserwählten Volk abgeschnitten. Andere Juden würden es nicht als Sohn ihres Volkes anerkennen - ganz gleich, wie die restliche Welt darüber dächte. Selbst ein Jude, der sein Jüdischsein im großen ganzen als Last empfindet, zögert, seinem Sohn sein Geburtsrecht und seine Identität zu verweigern. »Er kann sich sein eigenes Urteil über religiöse Dinge bilden, wenn er älter ist. Aber laßt uns die Beschneidung erst einmal vornehmen.«

Die Vorstellung, daß liebevolle Eltern ihr Kind einer doch immerhin als Verstümmelung anzusehenden Handlung unterwerfen, scheint verwirrend. Doch handelt es sich hier um eine weitverbreitete Sitte, die nicht nur die Juden, sondern auch die Mohammedaner und viele afrikanische Stämme (die die Beschneidung erst während der Pubertät vornehmen) kennen. Auch unter den Ureinwohnern Australiens und Lateinamerikas ist die Beschneidung bekannt[3]. Man weiß von Juden und Mohammedanern, daß sie sehr stolz darauf sind, zu den Auserwählten zu gehören. »Unbeschnittener Hund« ist eine schwere Beleidigung in islamischen Ländern.

Zur Begründung dieses Brauchs sind viele Theorien aufgestellt worden. Maimonides, ein berühmter rabbinischer Gelehrter des 12. Jahrhunderts, glaubte, daß Gott die Beschneidung befohlen hatte, um körperliche Leidenschaften einzudämmen. »Einer der Gründe«, schrieb er, »besteht darin, den geschlechtlichen Verkehr einzuschränken und die Zeugungsorgane so weit wie möglich zu schwächen, damit sie nur maßvoll benutzt werden ... das Organ muß zwangsläufig geschwächt werden, wenn es Blut verliert und von Anfang an seiner schützenden Hülle beraubt ist.«

Herodot, der im 5. Jahrhundert vor Christus lebte, berichtet, daß die Ägypter Reinlichkeit über gutes Aussehen stellten und daher die Beschneidung vornähmen. Auch bei späteren jüdischen Autoren wird dieser hygienische Aspekt häufig erwähnt; sie glauben, daß das seltenere Auftreten von Karzinomen an der Eichel der Beschnittenen, von Karzinom im Gebärmutterhals bei den Ehefrauen und das Fehlen von Phimosen dem in der Bibel niedergelegten heiligen Wissen zu verdanken sei.

Doch ist es unwahrscheinlich, daß prophylaktische Maßnahmen des 20. Jahrhunderts (oder Schlußfolgerungen des 18. Jahrhunderts) bei archaischen Ritualen schon eine Rolle spielten. Es wäre ein Anachronismus zu glauben, daß einigen Wüstenstämmen die wissenschaftlichen Methoden unserer Zeit schon bekannt waren. Auch die jüdischen Nahrungsmitteltabus lassen sich auf diese Weise nicht erklären. Denn man würde in beiden Fällen die anthropologischen Zeugnisse übersehen, die auf magische und totemistische Beweggründe hinweisen.

Nach Freud hatte Moses, der seiner Ansicht nach kein Jude, sondern ein Ägypter war, die ägyptische Sitte der Beschneidung bei seinen isrealischen Anhängern eingeführt, vielleicht um wenigstens eine Verbindung zu der ägyptischen Kultur, die sie hinter sich ließen, aufrechtzuerhalten.

Ursprünglich könnte die Beschneidung sehr wohl Teil der *rites de passage* gewesen sein: Zeremonien zur Aufnahme der Jünglinge in die Gemeinschaft der erwachsenen Männer, während derer sie gezeichnet werden, um sich so von den Nichtinitiierten zu unterscheiden[4].

Die Zeremonie verleiht bestimmten universellen Ängsten und Befürchtungen einen symbolischen Ausdruck und beschwichtigt sie gleichzeitig. Bei den Juden beginnt die Beschneidung als Operation und endet als große Festlichkeit. Viele Völker der Erde kennen *rites de passage*, bei denen die Jugendlichen auf verschiedenste Weise gekennzeichnet werden. Oft weisen Narben, Tätowierungen und symbolische Bekleidung auf ein und dieselben Ängste hin, überdies sind sie Zeichen der Stammeszugehörigkeit.

Auch sexuelle Ängste klingen in der Sitte der Beschneidung an. (Das hebräische Wort für »Bräutigam« hat dieselbe Wurzel wie »beschneiden«.) Vielleicht gehorcht man dem Zauber, der gebietet, daß die ersten Früchte eines Feldes geopfert werden müssen, um die restliche Ernte vor dem neidischen Ärger der unversöhnten Götter zu schützen. (Vielleicht wird hier menschlicher Neid auf die Götter projiziert.) Ein Teil wird hier symbolisch für das Ganze geopfert, damit der Junge zu einem reifen Mann heranwachsen kann. »Die Verstümmelung der Genitalien«, schreibt G. R. Scott in *Phallic Worship*, »schien den Menschen ein äußerst befriedigendes Mittel, um einen Teil des Körpers zu opfern, den die Götter am höchsten schätzen würden.« Und Abraham, dessen Name »Vater vieler Völker« bedeutet, erhielt diesen Namen von Gott erst, nachdem der Bund der Beschneidung verkündet worden war.

Doch wenigstens ein Gott, der durch diese symbolische Kastration besänftigt werden soll, befindet sich in der Nähe des Kindes, nicht weit weg im Himmel: der leibliche Vater, der der Beschneidung beiwohnt.

Die Juden zählen zu den patriarchalischsten Völkern der Erde. Sie erfanden die Religion des Vatergottes und weigern sich seit nunmehr zwei Jahrtausenden, sie für die Religion des Sohnes aufzugeben. Eine Zeremonie, in der die Sexualität des Sohnes durch (und vielleicht für) den Vater geopfert wird, ist durchaus in Einklang mit ihrem Glauben.

Psychoanalytiker behaupten, daß die Geburt eines Sohnes im Vater nicht nur Stolz und Liebe, sondern auch Ärger und Furcht errege, tritt jetzt doch ein zweites männliches Wesen in seine Familie ein. Er muß jetzt seine Frau in gewisser Weise teilen und befürchtet, sie möglicherweise zu verlieren (Abraham, der den Bund und die damit verbundene Beschneidung einging, war nach einigem Zögern auch bereit, seinen Sohn Isaak zu opfern). Doch noch tiefer liegende Ängste werden geweckt. Die Geburt eines Sohnes ruft im Vater unterdrückte, halbbewußte Erinnerungen an seine eigene kindliche Rivalität mit seinem Vater wach. Diese Gefühle werden auf den Säugling projiziert, etwa als wolle der Vater sagen: »Ich weiß schon, woran du denkst. Mir ging es genauso.« Die Beschneidung könnte helfen, den unbewußten Ärger des Vaters zu besänftigen. Symbolisch drückt sie etwa aus: »Sei nicht ärgerlich mit ihm. Er ist klein. Er erkennt deine Stärke an, und er leidet Schmerzen. Hab Mitleid und liebe ihn.« Dies etwa deutet die Bibel an. Jehova traf Moses in einem Gasthaus und versuchte, ihn zu töten. Da nahm Moses' Frau einen scharfen Kiesel, schnitt die Vorhaut ihres Sohnes ab und warf sie Moses vor die Füße. Dabei sagte sie: »Sieh, welch blutiger Gatte du mir bist.« Und die Bibel fährt fort: »So ließ er ihn gehen[5].« Dies ist eine der unklaren Stellen in der Bibel; vielleicht fehlen Teile des Textes. Die Schriftgelehrten sind unterschiedlicher Meinung, doch eines scheint sicher zu sein. Jemand war verärgert und nur durch das »Blut der Beschneidung« zu besänftigen.

»Wenn man einen Feiertag nicht heiligt«, sagen Juden, »kann man ihn ein Jahr oder eine Woche später nachholen. Es ist nicht zu spät dafür. Dasselbe gilt bei einem Vergehen. Man kann dafür büßen oder es wiedergutmachen. Doch wenn man nicht am achten Tag beschnitten wird, ist es dafür bis ans Lebensende zu spät. Dieser Tag kehrt nie wieder. Und auch für die Kinder wird es dann diesen Tag nicht geben, da die Tradition durchbrochen worden ist, die alle Juden mit Abraham verbindet.«
Da der Jude auch Mitglied der religiösen Gemeinschaft ist, kann der Tradition nach jeder erwachsene Jude die Beschneidungszeremonie durchführen. Doch wurde meist der Vater dafür gewählt. In neueren Zeiten wird in der Regel ein geschulter Mann - der Mohel - beauftragt (in den USA zieht man oft einen Arzt vor). Das alte Kieselmesser der Bibel wird nicht mehr benutzt, statt dessen ein zweischneidiges Stahlmesser. (Es muß zweischneidig sein, da man dem Kind Schmerzen ersparen will, falls der Mohel einmal versehentlich die stumpfe Seite des Messers benutzt. Meistens hat auch der Mohel aus Sicherheitsgründen mehrere Messer bei sich.)

Die Zeremonie beginnt damit, daß der Taufpate das Kind für die Operation übergibt. In der jüdischen Tradition ist der Taufpate meist ein älterer Mann und der gelehrteste, den man kennt. Er reicht den kleinen Jungen dem sogenannten Sondek (vom griechischen syndikos = Vertreter), der ihn hält, während der Mohel die Operation vornimmt. Unbewußt scheint der Vater sich durch die Einschaltung zweier Männer gegen aufkommende Schuldgefühle zu schützen. Denn diese müßten ihn überkommen, wenn er sieht, was seinem Sohn angetan wird. Doch ist ebenso ein Schutz gegen die eigenen Aggressionen denkbar.

Durch die Jahrhunderte scheint die Beschneidungszeremonie widerstreitende und ambivalente Gefühle an die Oberfläche gebracht und sie schließlich geläutert zu haben. Die Rolle des Vaters kann nicht geleugnet werden: der Mohel muß ihn ausdrücklich auffordern, zu bestätigen, daß er, der Mohel, in seinem Auftrag handelt.

Dann treten alle Anwesenden hinzu, um die Schuld mit auf sich zu nehmen. »Wenn diese Handlung ängstlich oder mit verzagtem Herzen vorgenommen wird«, sagen sie gemeinsam laut auf, »ist sie null und nichtig.« Hier wird die Gemeinschaft durch die Bestätigung ihrer zwar geteilten, trotzdem noch tabuisierten Gefühle unter (gesellschaftlicher) Kontrolle gehalten. In den primitiven Riten, in denen sich die Feindseligkeit nicht gegen einen Säugling, sondern gegen einen Jüngling richtet, wird dieser oft geschlagen, muß Spießruten laufen oder wird tagelang allein im Dschungel gelassen, um sich der Aufnahme in die Gemeinschaft der Erwachsenen als würdig zu erweisen. Die Erwachsenen wiederum können in dieser Zeremonie ihre durch die jungen Rivalen erregte Feindschaft entladen.

Die Beschneidung an sich dauert nur wenige Sekunden. Die Vorhaut wird schnell angeschnitten und von der Eichel entfernt, während der Mohel den Satz spricht: »Oh, lebendiger Gott, gebiete, daß unser geliebtes Fleisch und Blut vor Zerstörung bewahrt werde.« Eine klare Feststellung, daß das geopferte tote Stück Fleisch der geforderte Preis für die Bewahrung des restlichen »geliebten Fleisches und Blutes« ist.

Schließlich wird das Blut in einer sehr symbolischen Weise gestillt. Ein ehrwürdiger Gast wird gebeten, seinen Mund an den Penis zu legen und den ersten Tropfen Blut aufzusaugen. Dies ist ein wesentlicher Vorgang. Doch wird er nicht immer ausführlich in den englischsprachigen Versionen des Urtextes beschrieben. »Der barmherzige einzige (Gott)«, heißt es im Original, »wird den segnen, der die Vorhaut beschneidet und den, der (die Eichel) bloßlegt, und den, der das Blut der Beschneidung aufsaugt.« In dem »Standard American Prayer Book« (dem gebräuchlichsten amerikanischen Gebetbuch) heißt es dagegen nur: » ... den, der alle Regeln getreulich befolgt.«

Hier ist der rationalistische, durch die Aufklärung gemilderte Geist des späteren Judentums am Werk. Er weigert sich, die Bedeutung der aus unbewußten Impulsen und Ängsten entstandenen symbolischen Handlung anzuerkennen. Dadurch wird diese Handlung dessen beraubt, was sie in emotionaler Hinsicht so bedeutsam macht. Sie wird als bloße Tradition weitergeführt, deren ursprünglicher Sinn mehr und mehr verschüttet wird. Oder es wird ihr eine dem modernen Menschen annehmbare Begründung, sei sie auch noch so anachronistisch, untergeschoben und die Zeremonie ihr angepaßt. Der ganze Vorgang der Beschneidung wird als hygienische Maßnahme dargestellt. Doch waren Nahrungsmitteltabus ebenso wie die Beschneidung ursprünglich ein symbolischer Ausdruck der herrschenden Weltanschauung - bei den frühen Juden nicht weniger als bei heutigen afrikanischen Stämmen.

Ursprünglich bedeutete die Beschneidung also, daß der verehrte und gefürchtete Vater das Blutopfer des Kindes und somit das Kind selber annahm und ihm sein Leben ließ. Gleichzeitig beinhaltete die Beschneidung aber auch eine rituelle Sühne des älteren Mannes (der den Vater vertritt) für die Blutvergießung und seinen Versuch, die Wunde zu heilen (indem er das Blut stillt). Das Blut ist für die Zeremonie wesentlich.

Denn wenn ein Kind aus irgendwelchen Gründen schon ohne Vorhaut zur Welt kommt, schneidet der Mohel trotzdem sein Fleisch ein, um es bluten zu lassen.

Schließlich wird das gerade beschnittene Kind gesegnet und die Beschneidung gefeiert. »So wie er in den Bund eintritt, trete er auch in den Bund der Ehe, unterwerfe sich dem Joch der Lehre und dem Gebot der Tugend[6].«

»Sich dem Joch der Lehre unterwerfen« bedeutet hier, für die Verantwortung eines erwachsenen Juden gerüstet zu sein, nämlich sich im Studium des Gesetzes weiterzubilden. »Die Tugenden« lassen an eine väterliche Ermahnung denken, die bösen Taten, die durch die Beschneidung gleichzeitig verhütet und bestraft werden sollen, zu vermeiden. Und die dem Jungen von den Älteren erteilte Erlaubnis, »den Bund der Ehe einzugehen«, zeigt die tiefere Bedeutung der Zeremonie. Nachdem der Körper und mit ihm die Sexualität symbolisch ausreichend verstümmelt worden sind, werden sie jetzt akzeptiert und erlaubt. Der Vater ist mit dem Sohn versöhnt. Der Sohn hat den für die Anerkennung seines Geschlechts nötigen Preis gezahlt und ist damit auch als Jude in die Gemeinschaft aufgenommen worden. Sein Fleisch versinnbildlicht nun den Bund.

[1] Dieses biblische Gebot könnte auch erklären, weshalb es unter den Juden zwar ausgezeichnete Handwerker, doch wenige Künstler gab - eine Sachlage, die sich seit der Emanzipation allerdings gründlich geändert hat.

[2] Vielleicht ist es kein Zufall, daß der jüdische Psychoanalytiker Erich Fromm Liebe hauptsächlich in rationalen, moralischen Begriffen definiert, während der ebenfalls jüdische Psychoanalytiker Wilhelm Reich sie fast als orgiastische Körpergymnastik betrachtet. Diese Polarisierung ist Teil der jüdischen Tradition; dem nichtjüdischen Verständnis der Liebe als einer ästhetischen Sehnsucht ist sie fremd. Amor verschießt seine Pfeile nicht nach rationalen Erwägungen.

[3] In Amerika wird die Beschneidung mittlerweile fast allgemein vorgenommen, natürlich nicht aus religiösen, sondern aus hygienischen Gründen.

[4] Bei den südafrikanischen Bantustämmen sagt man dem jungen Mann nach der Beschneidung: »Jetzt bist du ein Mann.«

[5] Exodus IV: 24–26.

[6] Übersetzung aus dem Hebräischen. Anm. d. Ü.

# 10 Sind Juden bessere Ärzte?

Spätestens seit dem Mittelalter sind die Juden in der westlichen Welt für ihre ausgezeichneten Ärzte bekannt. Wie kam es dazu? Und welche Folgen hatte es?

Die pragmatische Haltung der Juden dem menschlichen Körper gegenüber förderte ein distanziertes Beobachten seiner Funktionen. Weil der Körper weder ästhetisch verherrlicht, sinnlich ausgenutzt noch aus religiösen Gründen verachtet wurde, pflegte man ihn wie ein nützliches Instrument, das reibungslos funktionieren mußte, um bei der Verfolgung intellektueller Ziele, im Grunde dem einzigen Lebensinhalt der Juden, nicht zu stören.

Die Juden hielten nie etwas davon, ihren Körper zu züchtigen oder zu kasteien. Sie bewahrten ihn vor Schmerzen wie einen Diener, der bei guter Behandlung, doch ohne verwöhnt zu werden, am besten arbeitet.

Im Gegensatz dazu finden wir in der Tradition der mittelalterlichen christlichen Medizin zahlreiche metaphysische Implikationen der einzelnen körperlichen Funktionen, viel Aberglauben und irrationale Ängste. Hier war der Körper ein Werk des Teufels, die fleischgewordene Versuchung, und mußte deshalb gedemütigt und gepeinigt werden, bestenfalls verächtlich unbeachtet bleiben.

Die Abhängigkeit von einer dogmatischen, metaphysischen Auslegung der Körperfunktionen wirkte sich für die mittelalterliche Medizin tödlicher aus als einfache Ignoranz. Natürlich waren die Juden frei von dieser Haltung, außerdem hatten sie wie die Araber Reste des hellenischen medizinischen Wissens bewahrt, das durch den christlichen Haß auf alles Heidnische sonst fast überall in Vergessenheit geraten war.

Darüber hinaus hatte die jüdische religiöse Tradition ein ziemlich detailliertes Wissen vom menschlichen Körper und seinen Krankheiten entwickelt. Die fast besessene Sorge der Juden, nur »reine« Nahrung zu sich zu nehmen, und die rituelle Schlachtung von Tieren spielt hierin eine Rolle. Der Talmud enthält zahlreiche anatomische Einzelheiten zur Erkennung »reiner« und folglich eßbarer Tiere; auch enthält er Hinweise, woran versteckte Krankheiten anscheinend gesunder Tiere erkannt werden können. Von dieser sorgfältig erweiterten Kenntnis tierischer Krankheiten kann es zur Kenntnis menschlicher Krankheiten nur ein kleiner Schritt gewesen sein.

Das Vertrauen, das viele mittelalterliche Fürsten in ihre jüdischen Ärzte setzten, und ihre Bevorzugung vor den christlichen Kollegen erklärt sich also teilweise aus ihrem größeren Wissen, doch könnte es durch die den Juden manchmal entgegengebrachte abergläubische Ehrfurcht noch verstärkt worden sein. Juden erschienen den Christen merkwürdig und unheimlich. Die Beschäftigungen, denen sie nachgingen, wie die mit dem Bankwesen zusammenhängenden, schienen vielen Leuten (und tun es auch heute noch) unverständlich und geheimnisvoll. Die Nahrung, die Juden aßen, unterschied sich von der anderer Leute. Vielleicht hatten sie einen Bund mit übernatürlichen Kräften geschlossen, wenn auch eher mit dämonischen als engelhaften, da sie ja auch an einen anderen als den christlichen Gott glaubten. Vielleicht besaßen sie ein geheimes Wissen, das ihnen half, alles zu überleben, was Christen ihnen in dem Versuch, sie auszutilgen, antaten. Wußten sie nicht vielleicht mehr, als gute Christen wissen konnten oder durften über die verbotenen und dämonischen Kräfte, die sich so leicht des Körpers bemächtigen konnten?

Ein Jude konnte sich mit dem Teufel verbünden, da er ja ohnehin nicht wie die Christen an die Erlösung glaubte. Weshalb sollte man also keinen Nutzen aus seiner dämonischen Macht ziehen, die er sicherlich mit dem Verlust seiner ewigen Seele bezahlt hatte, wenn man dabei als Christ seine eigene Seele nicht aufs Spiel zu setzen brauchte? Die christlichen Patienten jüdischer Ärzte mögen sehr wohl solche Hintergedanken gehabt haben. Und die aus ganz anderen, nämlich weltlichen Quellen stammenden Fähigkeiten der jüdischen Ärzte führten natürlich zu Heilergebnissen, die die abergläubische Ehrfurcht der Christen vor jüdischen Ärzten noch vertiefte.

Wenn christliche Kranke sich zu jüdischen Ärzten hingezogen fühlten, so hatten die Juden noch mehr Grund, sich der ärztlichen Laufbahn zuzuwenden. Zum ersten war medizinisches Wissen etwas, was man ihnen nicht nehmen konnte wie etwa Vermögen oder Besitz. Die Verfolgung durch die Nazis hat gezeigt, daß dies bißchen mittelalterliche Volksweisheit immer noch gilt. Deutschjüdische Rechtsanwälte mußten sich nach ihrer Auswanderung in die USA umstellen und Neues hinzulernen; deutschjüdische Ärzte nicht. Die Gesetzgebung unterscheidet sich in allen Ländern, der menschliche Körper aber reagiert überall auf die gleichen Heilmittel. Der Beruf des Arztes ist im Gegensatz zu den meisten anderen unersetzlich und überall ausübbar. Auch verlieh medizinisches Wissen seinen Trägern hohes Ansehen - selbst wenn es sich um Juden handelte. Aus eben diesem Grund respektieren auch die Juden selber ihre Ärzte, ehren sie doch Gelehrsamkeit, sei sie religiöser oder weltlicher Natur, immer. Das Ansehen der Ärzte ist überall hoch. Arm oder reich, Kommunisten oder Kapitalisten, Protestanten oder Katholiken - alle brauchen und respektieren Ärzte. Im tiefsten Teil von Afrika werden Medizinmänner genauso verehrt wie die Psychoanalytiker in New York.
In der Medizin hängt der Erfolg nicht wie in vielen anderen akademischen Berufen von der Zustimmung übergeordneter Stellen ab, sondern hauptsächlich davon, daß man seine Fähigkeiten unter Beweis stellt. Für die Arbeit des Arztes wie für die der Bankleute gilt dieses: sie ist universal, rational,

unabhängig von (meist antisemitischen) Bräuchen, überall nützlich und nicht konfiszierbar. Sie bietet ein sicheres Einkommen und verschafft dem Arzt darüber hinaus hohes Ansehen.

Deshalb ist der Traum jeder jüdischen Mutter, von »meinem Sohn, dem Doktor«, sprechen zu können, und »mein Schwiegersohn, der Doktor«, ist ihr ehrgeizigster Wunsch für ihre Tochter. Arzt zu werden, bedeutet in der säkularen jüdischen Gesellschaft die Erlangung einer höheren gesellschaftlichen Stellung, die sich überdies in den Rahmen traditioneller Werte einfügt. Somit ist »mein Sohn, der Doktor« ein Schritt in die säkulare, nichtjüdische Gesellschaft, doch zugleich einer, der den langgeschätzten jüdischen Werten entspricht. Der Arzt ist Akademiker, ein gelehrter Mann, fast so etwas wie ein Rabbi - doch im Gegensatz zu dem Rabbi unserer Tage hat er ein gesichertes Einkommen und das Bewußtsein, von Juden und Nichtjuden gleichermaßen gesucht zu werden. Er hat mit der »Wissenschaft« (oder wenigstens »Fakten«) zu tun, die für den Menschen von heute den ehemals von der Religion eingenommenen Platz ausfüllt. Ehestreitigkeiten, sexuelle Ängste, Probleme mit den Kindern, Verwandten und Mitmenschen, die man ehemals mit einem Rabbi oder Priester besprochen hätte, werden heute dem Arzt vorgetragen.

Doch auch die vielen berühmten jüdischen Ärzte konnten das Bild des Juden, wie ihn der Nichtjude sieht, nicht ändern. Sie konnten deshalb nichts dazu beitragen, den weitverbreiteten Glauben, daß Juden ungern mit ihren Händen arbeiteten und parasitär und unproduktiv seien, abzubauen.

Bis zum 19. Jahrhundert erlaubte man den Juden in vielen Ländern überhaupt nicht, manuelle Arbeiten zu verrichten, ganz gleich, ob sie es gern getan hätten oder nicht. Zum Beispiel verordnete Friedrich der Große im Jahre 1756: »Hiermit ... befehlen wir ausdrücklich, daß in Zukunft kein Jude es sich anmaßen möge, irgendeiner manuellen Beschäftigung nachzugehen.« (Juden durften nur im kaufmännischen oder finanziellen Bereich tätig sein.) Doch ist ein großer Teil der

Arbeit eines Arztes manueller Natur. Man denke nur an die Chirurgie oder an die Geburtshilfe. Trotzdem blieb dies Bild bestehen, da es sich nicht auf Logik oder Tatsachen, sondern auch Befürchtungen und Wunschdenken gründete.

Von Ärzten wie von Rechtsanwälten hat man den unklaren Eindruck, sie versuchten mit fairen oder faulen Mitteln, uns eine kleine Frist bei den strengen Mächten, von denen unser Schicksal abhängt - nämlich natürlichen und gesellschaftlichen Gesetzen - zu erwirken. Sie haben Umgang mit den geheimnisvollen Stellen über uns, und nur sie wissen, wie man mit ihnen umgeht, mit ihnen verhandelt, ja sie vielleicht besticht und unseren Wünschen zugänglich macht. Wir sind abhängig von diesen Mächten, die den Ärzten und Juristen vertraut, uns hingegen undurchschaubar sind. Sie könnten unerbittlich sein, doch vielleicht gelingt es unserem Rechtsanwalt oder unserem Arzt dieses eine Mal, sie zu besänftigen. Nur sie können uns vor der Bestrafung bewahren, die unsere Missetaten und Kränkungen auf uns herablenken. Auch in diesem Sinn haben die Rechtsanwälte und Ärzte unter sich die Funktionen aufgeteilt, die in der Vergangenheit der Juden von den Rabbinern wahrgenommen wurden. Sie übernahmen damit teilweise das Ansehen des Rabbiners - und den größten Teil seines Einkommens.

Die Ambivalenz, die Patienten ihren Ärzten gegenüber empfinden, gleicht der den Juden allgemein entgegengebrachten. Der Arzt verkörpert Drohung und Hoffnung zugleich. Das eigene Leben kann von ihm abhängen: seine Fähigkeit und sein Wohlwollen können es retten, doch kann er ebenso der Vertreter oder Abgesandte des Todes sein. Er hat die Macht, verbotene Dinge zu tun und Teile des Körpers und des Geistes zu durchforschen, die schmutzig, gefährlich, verlockend und tabuisiert sind. Für ihn gibt es keine Geheimnisse, vor ihm kann nichts verborgen bleiben: »Nihil inultum remanebit.« Er kann einen Menschen aufschneiden, und wer weiß . . . Ganz sicher spiegelt das Bild des Arztes Reste einer sado-masochistischen Haltung in uns allen wider. Gleichzeitig ist der Arzt für uns eine Quelle der Beruhigung. Er weiß, wie wir vor Schmerz und Leid zu bewahren sind und dem Tode entrissen werden können. Er ist der Herr über Kraft und Leben. Das Image des Arztes spiegelt sich in seiner Ambivalenz in zwei Gruppen von Leuten: die eine braucht die ständige Versicherung ihres Arztes, die andere vermeidet ein Zusammentreffen mit ihm um jeden Preis.

Für den Laien wird der Arzt oft zur Vaterfigur. Er mag allmächtig, drohend oder beruhigend wirken - immer sind wir von seiner Macht abhängig und fürchten sie. Manchmal erweist er sich als der schlechte Vater, der uns für unsere Sünden straft, obgleich wir natürlich immer hoffen, daß er in Wirklichkeit der gute Vater ist, der uns schützt. Wie schon gesagt, ist es den Juden auferlegt, die Väter einer Zivilisation zu sein, die unseren widerstrebenden Impulsen ihre moralischen Werte aufzwang. Der jüdische Arzt wird somit seinem Ursprung und seinem Beruf nach zur Vaterfigur, die wie der leibliche Vater negative und ängstliche neben positiven und hoffnungsvollen Gefühlen weckt.

Kann man jemals nichtambivalente Gefühle denen gegenüber haben, denen man sein Leben anvertraut und - schlimmer noch - schuldet: also Vätern und Ärzten?

# 11 Oder tüchtigere Rechtsanwälte?

Der Bibel zufolge war Abraham bereit, seinen Sohn Isaak zu
opfern, als Gott es ihm befahl. Gott, dem Schöpfer des Gesetzes, muß gehorcht werden, wie sehr dies auch manchmal
dem natürlichen Gefühl widerstreben mag. Das Gesetz und
der Gehorsam gegenüber dem göttlichen Herrscher haben Vor-
rang vor dem Gefühl, aber auch vor individuellen Wünschen,
Leidenschaften, Angst oder Kritik. Abraham gehorchte Gott -
nicht den Einwendungen seines Gewissens. Juden brauchten
Jahrtausende, um das Joch des Gesetzes abzuschütteln und
Abrahams Bereitwilligkeit, seinen Sohn zu opfern, durch Ungehorsam zu kompensieren. Jetzt gehören die Juden oft zu
den ersten, die Autorität des Staates oder öffentlicher Institutionen herauszufordern. Bis zu diesem Zeitpunkt bewahrte ihr
traditioneller, durch ihre Geschichte nur verstärkter Gehorsam
vor dem Gesetz ihre ethnische Einheit.
Gott aber gebot Abraham Einhalt, nachdem er ihn geprüft
hatte (diese Stelle weist wahrscheinlich auf das Ende menschlicher Opferungen als Teil des dem ursprünglichen Stammesgott geweihten Dienstes hin). Seither haben die Juden immer
fanatisch auf dem Gesetz bestanden, doch darauf geachtet,
daß es nicht unmenschlich wurde. Sie wissen, was es heißt, sowohl unter dem Gesetz wie auch unter Gesetzlosigkeit zu leiden.
Als die Juden in ihren eigenen kleinen Gemeinden in den
Städten Osteuropas lebten, verkörperte der Rabbi auch in

nichtreligiösen Dingen die höchste Autorität. In dieser Funktion bat man einmal einen Rabbi, einen Mann von seinem Posten abzusetzen, weil man ihn für zu faul und nachlässig hielt. Der Rabbi berief Zeugen. Die meisten sprachen sich gegen den Mann aus, nur einer war für ihn. Der Rabbi legte die Anklage gegen den Mann nieder und bestimmte, daß er in seiner Stellung verbleibe. Die Leute waren mit dieser Entscheidung unzufrieden. Weshalb schenkte der Rabbi nur dem einen Zeugen Gehör, während alle anderen doch gegen den Beschuldigten ausgesagt hatten? Der Rabbi antwortete hierauf mit einer Geschichte:

»Als Isaak schon auf dem Altar lag und Abraham das Messer in der Hand hielt, hörte er da nicht auf den Engel, der ihm Einhalt gebot? Und Gott war es zufrieden, obwohl Abraham hiermit Seinem ersten Gebot zuwiderhandelte. Die Lehre hieraus ist einfach. Um einem Menschen Böses anzutun, muß man die Entscheidung höchster Stellen und Mächte abwarten. Um ihn vor Schaden zu bewahren, sollte auch das Wort eines unbedeutendsten Mannes genügen.« (Dieses Prinzip findet sich in der amerikanischen Rechtsprechung wieder, wo die Stimme eines einzigen Geschworenen einen Schuldspruch verhindern kann.)

Im Gegensatz zum Rabbi kann ich diese Auslegung des Bibeltextes nicht bestätigen. Doch waren die Juden schon immer bei Mehrheitsentscheidungen vorsichtig, wenn sie über die Schuld eines Menschen zu bestimmen hatten. Sie wußten sehr wohl, gegen wen sich diese Entscheidung immer wieder richtete und wer nur auf sehr wenige Stimmen zu seiner Verteidigung hoffen durfte.

Die jüdische Gesetzestreue entspringt zwei historischen Quellen. Einmal war es durch den Gehorsam ihrem eigenen Gesetz gegenüber, daß sie sich ihre jüdische Identität erhalten konnten: das Gesetz schrieb ihnen ja bis ins kleinste ihr Verhalten vor, wodurch es alle Aspekte des Lebens beherrschte. Zum anderen war es das christliche Gesetz, das ihnen den größten Schutz vor gewalttätigen Übergriffen einer feindseligen und abergläubischen Umgebung bot. Die regierenden Fürsten und Prinzen brauchten die Juden, sie erkannten, wenn auch nur vage, die Nützlichkeit der Juden für sie selber, die Herrschenden, und für die Gesellschaft. Sie schützten sie also durch das Gesetz. Und dieses christliche Gesetz war der Strohhalm, an den jüdisches Leben sich klammerte; das jüdische Gesetz schützte ihr geistiges Judentum. Kein Wunder also, daß Gesetze in den Augen der Juden eine besondere Bedeutung haben.

Ihre Gesetze mußten sie von der restlichen Welt trennen, wenn es sie als Gruppe identisch erhalten sollte. Es mußte ihnen schwere Pflichten auferlegen: nichts schafft und erhält die Solidarität innerhalb einer Gemeinschaft stärker als sinnvolle gemeinsame Pflichten. Es befahl ihnen, einander weit mehr zu helfen, als dies bei Mitgliedern anderer Gruppen nötig war. Andernfalls wäre es ihnen unmöglich gewesen, in einer feindseligen Umgebung als Juden zu arbeiten und zu leben. Das Ghetto (ein italienisches Wort unbekannter Herkunft, wahrscheinlich von larghetto = kleiner Ort) war ursprünglich eine jüdische Einrichtung, ein Versuch jüdischer Selbstisolierung, der, wie viele andere, später von den Christen nicht nur gebilligt, sondern sogar vorgeschrieben wurde. In diesen Ghettos konnten die Juden ein gemeinsames Leben führen und ihren Gesetzen gehorchen. Doch konnte die Isolierung nie vollständig sein. Deshalb mußte das Gesetz zwar befolgt, doch auch gemildert und den jeweiligen Umständen angepaßt werden. Da es göttlichen Ursprungs ist, ist das jüdische Gesetz unveränderbar. Doch konnte es in einer Weise ausgelegt werden, die ein jüdisches Überleben möglich machte. Denn oft hing das Überleben davon ab, daß ehrwürdige Gesetze neu interpretiert oder irgendwie umgangen wurden. Die jüdischen Führer mußten sich hierin üben. So war die Kasuistik schon in der talmudischen Tradition ausgeprägt, bevor sie Eingang in die christliche Scholastik fand.

Die christlichen Gesetze schützten die Juden. Das ist wahr. Doch oft gaben sie mit der einen Hand, was sie mit der anderen nahmen, indem sie den jüdischen Bezirken Abgaben und Steuern auferlegten und sie ungerechter Behandlung und Beschränkungen unterwarfen. Sogar England, das keine Inquisition kannte, erklärte jüdische Ehen sowie Vermächtnisse für hebräische Lehranstalten noch in Pitts Tagen für nichtig. Es ist also gar nicht verwunderlich, daß die jüdische Haltung dem christlichen Gesetz gegenüber ambivalent war: sie brauchten dieses Gesetz, da es sie schützte. Gleichzeitig aber war es ein sehr unsicherer Schutz, der mit Unterdrückung und Diskriminierung verbunden war. Obgleich es ihnen also nützte, können die Juden nicht vergessen, wie sehr sie auch darunter zu leiden hatten. So kommt es, daß sie seit ihrer Emanzipation zu Bewahrern, Schöpfern und Zerstörern des Gesetzes wurden. Sie sind auf seiten des Gesetzes, gleichzeitig treten sie für den Gesetzesübertreter ein. Ein ambivalenter Radikalismus gegenüber dem Gesetz ist immer spürbar.

Diese Haltung ähnelt in gewisser Weise der, die Juden angesichts ökonomischer Ungleichheit einnehmen. Reiche Juden tun ihr Bestes, um noch reicher zu werden, und arme Juden versuchen alles, um reich zu werden. Denn beide wissen, daß Geld sie noch besser schützt als das Gesetz, und für beide ist Geld ein Zeichen des errungenen Erfolgs - oft sogar seine Verkörperung. Doch ist es von wohlhabenden Juden bekannt, daß sie Sozialisten unterstützen und daß sich ihre Kinder wegen des Reichtums ihrer Eltern schuldig fühlen. Natürlich kann dies auch in nichtjüdischen Familien vorkommen. Es ist eine sehr menschliche Reaktion. Doch sind Juden immer auf radikalere Weise menschlich als andere. Die Kluft zwischen Ideal und Wirklichkeit hat bisher alle Propheten bestürzt und niemals aufgehört, ihre Nachfolger - von Karl Marx bis Erich Fromm und Paul Goodman - zu empören.

Diese Ambivalenz reicht bis in die Zeit der Bibelentstehung und erwachte wieder zu Beginn der Industrialisierung. Zum Beispiel waren Emile und Isaac Pereira und Olinde Rodrigues (ebenso wie andere Juden, wie Léon Halévy und Félicien David) bekannte Förderer der frühen von Saint-Simon geführten französischen Sozialistenbewegung. Rodrigues und die Brüder Pereira wurden extrem reich und übten einen starken Einfluß auf das französische Wirtschaftsleben aus. Einerseits stachelte die Rolle, die sie in der Bewegung Saint-Simons spielten, den Antisemitismus von Fourier - Saint-Simons Rivale - und seinen Anhängern auf, ganz zu schweigen von der französischen Aristokratie und Bourgeoisie. Andererseits gab sie dem Glauben an eine jüdische Verschwörung neue Nahrung, eine Verschwörung, die durchaus erklärte, weshalb Juden sowohl unter führenden Kapitalisten wie unter führenden Antikapitalisten zu finden waren: zielten doch schließlich beide Gruppen auf eine Zerstörung der nichtjüdischen, im wesentlichen vorindustriellen Welt und damit auf jene, die sich darin gut eingerichtet hatten.

Natürlich ist die richtige Erklärung einfacher. Ihr Rationalismus nicht weniger als ihr Gerechtigkeitssinn und ihre Identifikation mit den Unterdrückten (zu denen sie sich so lange hatten zählen müssen), mehr noch ihre Abneigung gegen den *Status quo ante*, die vorindustrielle Ära also, die sie so schlecht behandelt hatte, bewirkten, daß sie sich durch Traditionen viel weniger eingeengt fühlten als Nichtjuden und Neuerungen gegenüber aufgeschlossener waren. Daher finden sich ja auch so viele Juden unter den Begründern neuer Industrien - die dabei reich wurden - und neuer Ideologien, die den Zorn derer erregten, die keine Veränderungen wollten. Es kommt dabei vor, daß dieselben Juden eine neue Gesellschaftsordnung verfechten und durch Manipulierung der alten zu Reichtum gelangen - allerdings meist nicht zur selben Zeit. Reich geworden, fühlen sie sich dann oft dazu getrieben, ihrer eigenen radikalen Jugend einen Tribut zu zollen, indem sie sozialistische Bewegungen unterstützen.

Es gehört zur jüdischen Tradition, daß reiche Männer große Summen für wohltätige, menschenfreundliche oder pädagogische Zwecke stiften. 1967 führte diese Großzügigkeit zu einem großen Skandal. Ein Mitglied der Schulkommission einer Schule in New Jersey riet davon ab, weitere Juden in die Kommission zu wählen, da dies eine Erhöhung der zur Verfügung stehenden Mittel und damit erhöhte Steuern zur Folge haben würde. Man beschuldigte den Mann des Antisemitismus - und wählte ihn wieder. Ich nehme an, daß er und seine Wähler in erster Linie daran interessiert waren, die Steuern niedrig zu halten. Es ist richtig - und überhaupt nicht antisemitisch - zu behaupten, daß Juden weit großzügiger als andere Gruppen für pädagogische Zwecke stiften.

Ob dies ein Grund für oder gegen die Wahl eines Juden in eine Schulkommission ist, hängt davon ab, ob man mehr oder weniger Geld für die Erziehung verwendet sehen möchte. Hier eine Verbindung mit Antisemitismus herstellen zu wollen, scheint nur auf den ersten Blick einleuchtend.

Juden reagieren mit einer an Verfolgungswahn grenzenden Überempfindlichkeit auf den bloßen Anschein der Verfolgung, und manchmal, wie in Deutschland geschehen, leugnen sie (oder ihre wahren Ausmaße) sich selbst gegenüber gerade dann, wenn sie nur allzu wirklich ist. Wann immer ein Mann, der zufällig Jude ist, sich zurückgesetzt fühlt, argwöhnt er antisemitische Motive. Und dieser Verdacht wird auch manchmal von selbstsüchtigen Nichtjuden für politische Zwecke ausgenutzt.

Ein solches Mißtrauen ist nicht auf Juden beschränkt. Wäre Justice Fortas[1] ein Neger gewesen, hätten sicher viele Leute gleicher Hautfarbe seinen Rücktritt vom Obersten Gerichtshof der Vereinigten Staaten auf eine gegen Farbige gerichtete Intrige zurückgeführt. Natürlich ist die Rassenzugehörigkeit oft ein zusätzliches Moment bei Feindseligkeiten, doch wenn es sich um Juden handelt, mögen sehr wohl eher politische als rassische Gründe mit im Spiel sein. Jüdische Liberale gelten als liberaler als ihre christlichen Gesinnungsgenossen, was sich durch den innerhalb der artikulierten jüdischen Gemeinschaft herrschenden Liberalismus erklärt. Und das Übergewicht der liberalen Anschauungen über andere politische Richtungen ist eine Tatsache: 1972 stimmten nur rund 20 Prozent der Juden für Nixon.

Juden wollen reich werden, doch vergessen sie darüber nicht, wie lange sie arm waren. Auch wenn sie zu Wohlstand gekommen sind, identifizieren sie sich mit den Armen, auch wenn sie mächtig sind, identifizieren sie sich mit den Unterdrückten. Sie beschwichtigen damit ihre Schuldgefühle. Bis zur Emanzipation galt es für reiche Familien als sehr verdienstvoll, jenseitig orientierte Theologiestudenten, die ihr Leben dem Studium weihen wollten, finanziell zu unterstützen. So pflegten wohlhabende Familien an einem bestimmten Tag in der Woche bedürftige Studenten an ihren Tisch zu laden. Überdies verheirateten sie gern ihre Töchter mit den erfolgreichsten und intelligentesten unter diesen jungen Theologen. Heute wünschen sich reiche Väter für ihre Töchter keine Ehe mit einem Rabbinatsschüler mehr - haben sie sich doch selber weltlicheren Beschäftigungen zugewandt. Statt dessen unterstützen sie jetzt die Universitäten und sind immer bereit, für Bildungszwecke eine hohe Besteuerung in Kauf zu nehmen. Natürlich mag es andererseits nicht überraschen, daß die Mehrheit der Bevölkerung, an höherer Erziehung nicht gleichermaßen wie die Juden interessiert, sich gegen eine derartige Besteuerung wehrt, und zwar nicht zuletzt deshalb, weil sie mit Recht den Verdacht hegt, daß ihre eigenen Kinder in geringerem Maß davon profitieren würden.

Traditionelle Bindungen sind stärker als die gegenwartsbezogenen und wurzeln tief im Emotionalen. Obwohl die amerikanischen Juden heute in einer Gesellschaft leben, die sie nicht unterdrückt, haben sie nicht aufgehört, sich mit den tatsächlich oder vermeintlich Unterdrückten zu identifizieren. Diese Identifikation fragt nicht nach Verdiensten; die Sache des Unterdrückten ist a priori gerecht. Die Vergangenheit lebt in der Gegenwart weiter - oder die aus der Vergangenheit überkommenen Gefühlswerte bestimmen das Verhältnis zur Gegenwart. Obwohl Juden in der westlichen Welt erst kürzlich zur Ausübung juristischer Berufe zugelassen wurden, haben sie sich schon immer zu den Gesetzeswissenschaften hingezogen gefühlt. Seit biblischen Zeiten gilt ihre besondere Wertschätzung dem legalistischen Denken und der richterlichen Weisheit. Jahrhundertelang - auch durch das Mittelalter hindurch - war die Kenntnis der Gesetze die Voraussetzung für einen Führungsanspruch in jüdischen Gemeinden. Das legalistische Denken, die legalistische Schulung wurden durch eine historische Erfahrung intensiviert, die die Juden lehrte, ihre Wohnstatt im Gesetz und den Schutz dieser Wohnstatt ebenfalls im Gesetz zu suchen. Es ist daher nicht verwunderlich, daß das Gesetz seine besondere Anziehungskraft auf die Juden hat, ebensowenig verwunderlich ist es, daß sie sich auf diesem Gebiet häufig ausgezeichnet haben und das Gesetz zur Verteidigung der Unterdrückten oder vermeintlich Unterdrückten zu nutzen verstanden.

[1] Ein in den USA zum Bundesrichter ernannter Jurist, der wegen des Verdachts dunkler Machenschaften von seinem Amt zurücktrat.

Anm. d. Ü.

# 12 Man muß kein Jude sein, um Zinsen zu erheben

Jahrhundertelang waren die Juden durch Gesetze von allen Berufen ausgeschlossen, die ihren Wirtsvölkern begehrenswert erschienen. Sie wurden gezwungen, sich in wenigen erlaubten Berufen zu spezialisieren - und diese wurden dann »typisch« für die Juden. Das erklärt auch die traditionelle jüdische Vorherrschaft unter den Geldverleihern. Nicht erklärlich hingegen wird hierdurch die jüdische Konzentration in der Textilindustrie in den USA oder aber in der Filmindustrie, die wahrscheinlich auf spätere historische Zusammenhänge zurückzuführen ist. (Man weiß auch nicht genau, weshalb es in den Staaten so viele chinesische Wäschereien gibt oder so viele Italiener im Baugewerbe oder aber weshalb Griechen sich ausgerechnet auf Blumen verlegt haben.) Jedenfalls erwiesen sich die Beschäftigungen, die man den Juden ursprünglich aufgezwungen hatte, letztlich als wichtiger als jene, von denen man sie auszuschließen trachtete. Das Finanzwesen umfaßt zum Beispiel einige dieser Beschäftigungen.

Allerdings war die Ausschließung der Juden von bestimmten Berufen, die vor allem das europäische Mittelalter charakterisiert und sich größtenteils auf die primären Erwerbszweige, wie etwa die Landwirtschaft, erstreckte, nicht der einzige Grund für die jüdische Vorliebe für Handel, Finanzwesen und ähnliche Berufszweige. Es gibt drei weitere Gründe, die hierfür entscheidend waren.

1. Zum Unterschied von den Christen hinderten religiöse Be-

denken die Juden keineswegs daran, Geld gegen Zinsen zu verleihen.

2. Die Juden waren ein heimatloses Volk und durch jahrhundertealte Traditionen mit dem Umgang mit abstrakten Gedanken vertraut. Ihr Gott war ein abstrakter Gott, der sich durch Bildwerke nicht darstellen ließ, früheren oder späteren Gottheiten - sein Sohn mit eingeschlossen - völlig unähnlich war und sich weder in der Zeit noch in der Geschichte fixieren ließ. Er war die Nichtverkörperung einer reinen, universalen Idee. Geld ist eine heimatlose, abstrakte Ware ohne Kennzeichen, eine Ansammlung oder ein Maßstab von Werten, ein Tauschmittel und ein Berechnungsbehelf, eine abstrakte, formlose und schwer bestimmbare Begriffseinheit. Es ist daher kein Wunder, daß Juden vom Geld mehr verstehen, daß es ihnen besser »liegt« als anderen Leuten.

In der Vergangenheit hatten die meisten Leute nur gelegentlich mit Geld zu tun. Banken waren geheimnisvolle Einrichtungen. Kein Mensch verstand, warum Preise plötzlich stiegen oder fielen. Der Klerus sprach von Geld und Preisen in moralischen (pretium justum) Begriffen[1]. Die Spekulation wurde mit Abscheu betrachtet, das Kreditwesen als eine Verschwörung, dazu angetan, den Schuldner zu ruinieren. Doch Geld hat niemals Traditionen respektiert und sich niemals an moralischen Maßstäben messen lassen. Es folgte immer seinen eigenen Gesetzen, war niemandem verpflichtet, kannte keine Loyalitäten, mit Ausnahme der ihm innewohnenden unergründlichen und abstrakten Regelmäßigkeit. Es ist daher kein Wunder, daß Geld einem so großen Teil der Bevölkerung fremd und unheimlich blieb. Doch dieses dem Gemeinwesen periphere Phänomen besaß für die Juden eine zentrale Bedeutung - waren sie es doch vor allem, die als Händler (und damit als Spekulanten) und Geldverleiher ihren Lebensunterhalt verdienten.

3. Jahrhundertelang war Geld die einzige meßbare Form von Macht und Ansehen, die diesem zerstreuten und verachteten Splitter vom Stamm der Menschheit zugänglich war und ihm

zumindest ein gewisses Maß an Schutz vor einer feindlichen Umwelt gewährte.

Jeder dieser drei Gründe bestärkt die beiden anderen. Zusammen bilden sie eine hinreichende Erklärung für das Verhältnis der Juden zum Geld - sogar unter den heutigen Umständen. Andererseits läßt sich daraus auch ein guter Teil der den Juden gegenüber gehegten Vorurteile erklären.

Um in einer feindlichen Umwelt überleben zu können, mußten sich die Juden zumindest den Machthabern oder doch einigen unter ihnen als nützlich erweisen, um so Schutz vor Gewalt und Vernichtung zu erlangen. Mit Waffengewalt vermochten sie sich nicht zu wehren; wo immer sie lebten, waren sie nur eine zahlenmäßig schwache Minderheit. Um überleben zu können, bedurften sie offizieller Unterstützung, zumindest aber offizieller Neutralität, war doch die Gefahr nie allzu fern, daß die sie umgebende Feindseligkeit in Mord und Totschlag umschlug. Durch ihre Fähigkeit, mit Geld umzugehen, machten sie sich dem Adel unentbehrlich: weder die Fürsten noch die allheilige und allgewaltige Kirche vermochten ohne sie auszukommen. So wurden sie der institutionell verankerten Führungsschicht dieser feindseligen Massen gerade aus dem Grund nützlich, der die Feindschaft dieser Massen weckte; weil sie nämlich deutlich erkennbar Juden blieben.

Als Juden befanden sie sich außerhalb der religiösen und sozialen Strukturen des Feudalismus, der Europa durch tausend Jahre hindurch und länger beherrschte. Und ebenso wie ein religiöser Jude, dem sein Glauben verbietet, am Sabbat auch nur die einfachsten Verrichtungen vorzunehmen, einen Nichtjuden anstellen würde, damit er ihm das Feuer anzündet, so wurden umgekehrt die Juden von ihrer Umwelt dazu benutzt, verbotene oder verachtete, jedoch unumgängliche finanzielle Transaktionen vorzunehmen. Was den Christen sündhaft erschien, war es für die Juden nicht.

Damals ebenso wie heute brauchten die Leute jemanden, der ihnen Geld lieh - und je mächtiger, desto bedürftiger waren sie auch in dieser Hinsicht, sei es nun, um Kriege zu führen, Güter zu verwalten oder Paläste zu errichten. Fürsten mußten sich Geld leihen, um im Krieg und in der Politik bestehen zu können. Adel wie Kirche bedurften des Geldes, um ihren Machtanspruch durch Bauten und den Erwerb von Kunstwerken zu symbolisieren. Aber wer würde ihnen dieses Geld leihen, die hohen Risiken tragen, während das Geld ausstand, und selber auf den Genuß des Geldes verzichten? Gewiß niemand - es sei denn, er könnte sich für den vorübergehenden Verzicht, wie auch für das Risiko, das er einzugehen hatte, entschädigen lassen.

Dennoch hat es die Kirche den Christen jahrhundertelang verboten, sich für den Geldverleih entschädigen zu lassen - also Zinsen zu berechnen. Daher blieb es allein den Juden überlassen, Geld zu verleihen. Ihnen allein war es gestattet, Zinsen zu berechnen. (Es mag paradox erscheinen, daß heute in den USA einer der wenigen verbliebenen Wirtschaftszweige, in denen Juden angeblich diskriminiert werden, die Großbanken sind. Historisch gesehen war es den Nichtjuden schwer genug gefallen, gerade auf diesem Gebiet mit den Juden zu konkurrieren, als es ihnen endlich selber gestattet war, sich mit der Materie zu befassen. Als sie dann die Juden verdrängt hatten, blieben sie ihnen gegenüber auf der Hut.)

Auch heute noch ist Wucher in den meisten Ländern strafbar, und es gibt Gesetze gegen »übertrieben« hohe Zinsen. Der Gedanke, daß der Preis des Geldes (also der Zinsfuß) moralischer Bewertungen unterliegen sollte und nicht, wie andere Ware, dem Gesetz von Angebot und Nachfrage, ist langlebig - obwohl es heute niemandem mehr einfallen würde, etwa den Preis von Kohlköpfen und Automobilen moralisch zu messen. »Übertriebene Zinsen« werden in der Regel von Leuten gezahlt, die nicht in der Lage sind, sich Geld zu normalen Bedingungen zu borgen, weil sie nur geringe Sicherheiten zu bieten haben. »Überhöhte« Zinsen zu verbieten, hieße nun lediglich, daß Wucherer mit diesen geldsuchenden Leuten ihr Spiel treiben könnten. Natürlich würden sie noch höhere Zinsen ver-

langen, um das erhöhte Risiko ihrer illegalen Tätigkeit zu dek-
ken (schließlich kann ein Wucherer nicht zum Gericht gehen, um
die Eintreibung seiner Wucherzinsen durchzusetzen). Die gegen Wucher gerichteten Gesetze dienen im Grunde bloß dazu,
Gangster und Polizisten auf Kosten der Kreditsuchenden zu er-
nähren, denen doch eigentlich geholfen werden sollte. In der
Vergangenheit allerdings haben die Gesetze dazu gedient, vielen Juden den Lebensunterhalt zu ermöglichen.

Es hat viele Jahrhunderte gedauert, bis die Kirche sich zu der
Erkenntnis durchringen konnte, daß man nicht Jude sein muß,
um Geld gegen Zinsen zu verleihen. Bis dahin waren die Juden unersetzlich - vor allem für jene, die zugleich die Macht
besaßen, sie zu protegieren, und die die Kredite am nötigsten
hatten. Dieser gewissermaßen sekundäre Nutzen, daß man
nämlich durch Geldverleihen noch zusätzlichen Schutz genoß,
machte den Beruf für die Juden natürlich noch attraktiver.
Andererseits lenkte dies die Feindseligkeit der unterprivilegierten Massen von den Machthabern auf die Juden, die als
die Protegés der Herrschenden galten. Auch heute sind Bankiers, mögen sie auch noch so hilfsbereit erscheinen, kaum beliebt.

Juden hatten auch geringere Schwierigkeiten beim Aufbau
einer auf dem Geldaustausch basierenden Interessengemein-
schaft als die Christen, weil das Gesetz des Talmud, anders als
das mittelalterliche christliche Gesetz, es ihnen schon frühzei-
tig nicht verbot, Schuldverschreibungen ohne Ansehen der Person des Schuldners zu transferieren. Das christliche Gesetz betrachtete die Verpflichtung des Schuldners dem Kreditgeber
gegenüber in der Regel als einen persönlichen Kontrakt, der
Dritte nicht mit einbeziehen konnte. Der Schuldner hatte allein dem Gläubiger gegenüber eine bindende Verpflichtung.
Daher konnte der Geldverleiher eine Schuldverschreibung
nicht abtreten und durfte sie nicht als Sicherheit anbieten, falls
er selber Kredit suchte oder seine Gläubiger zufriedenstellen
wollte.

Den Juden andererseits galt eine Geldschuld als unpersönlich und transferierbar. Eine gültige Schuldverschreibung war gewissermaßen bares Geld. (Die Italiener waren die ersten, die diesen Grundsatz von den Juden übernahmen und im übrigen die Technik des Bankwesens noch weiter verfeinerten.) Zunächst jedenfalls hatte dieser gewissermaßen weltanschauliche Unterschied zur Folge, daß ein Jude Geld verleihen und den Schuldschein zugleich verwenden konnte, um seinerseits Geld von einem anderen Juden zu leihen, der Kapital zur Verfügung hatte. Dadurch wurden die Juden in die Lage versetzt, einen internationalen Kapitalmarkt zu bilden. Im weiteren wurde dies noch durch die internationalen Kontakte, die sie zueinander unterhielten, erleichtert. Diese Kontakte beruhten nicht zuletzt auch auf ihrem gemeinsamen religiösen Erbe, der Ähnlichkeit ihrer sozialen Lage innerhalb der christlichen Welt und ihrer gemeinsamen Kultur. Und schließlich wurde die Bildung eines internationalen jüdischen Kapitalmarkts dadurch begünstigt, daß die Juden auch als Händler durch ihren internationalen Warenaustausch gewissermaßen primäre Kontakte unterhielten, die weit verzweigter und intensiver als die der Feudalherren in den verschiedenen Ländern untereinander waren.

Ein Bemühen, das jüdische Leben im Mittelalter zu »normalisieren«, wurde vielleicht am tiefgreifendsten durch das Verbot, Land zu erwerben, vereitelt. In einer Welt, in der Reichtum, Ansehen und soziale Position unauflöslich mit dem Landbesitz verknüpft waren, verurteilte dieses Verbot die Juden a priori zu gesellschaftlicher Inferiorität. Außerdem war es den Juden verboten, Mitglieder von Zünften und Gilden zu werden, die zu jener Zeit straff organisiert und eifersüchtig auf ihre Privilegien bedacht waren. Das Resultat dieser Verbote bedingte die zwangsläufige Spezialisierung in jenen Berufen, die, obwohl im Grunde für das Funktionieren der mittelalterlichen Gesellschaft unerläßlich, aus verschiedenen Gründen als verächtlich oder ungesetzlich angesehen wurden. Diese Berufe wurden daher fast ausschließlich von Juden ausgeübt. Es sollte sich aber herausstellen, daß gerade sie den Juden nach Ausgang des Mittelalters überaus wichtige Ausgangspositionen vermittelten. So waren die Juden, die man im Mittelalter förmlich gezwungen hatte, ihren Lebensunterhalt mit Geldangelegenheiten zu fristen, besser als andere auf die Wirtschaftsbedingungen vorbereitet, die den Feudalismus ablösten. Viele also, die die Juden auszuschließen versucht hatten, mußten nun erkennen, daß sie sich selber von einer Wirtschaftsstruktur abgeschnitten hatten, die auf dem Geldverkehr basierte.

Die Fügung, daß die Juden auf Grund ihrer Kultur - die sowohl aus dem mosaischen Gesetz wie aus jahrhundertealten sozialen Bedingungen resultierte - gerade für jene Berufe prädestiniert erschienen, die ihnen aufgezwungen wurden, ermöglichte es ihnen zu überdauern.

Der unsichtbare Gott, den die Juden anbeteten, symbolisierte bestimmte universale Prinzipien, wie auch die Verheißung einer Erlösung - allerdings nur für den Fall, daß dem Gesetz Genüge getan wurde. Auch das Geld ist gewissermaßen ein universales Prinzip, ein Versprechen - wenn auch von dieser Welt -, das die Zukunft einlösen wird und das stellvertretend für reale Güter steht. Ob nun das im Geld enthaltene Versprechen eingehalten wird, hängt ebenfalls vom Gesetz ab. Wer aber konnte heimatloser oder, um diesen Begriff ins Positive zu kehren, universaler in jener mittelalterlichen Welt sein als die Juden? Wer, wenn nicht die Juden, lebte allein auf der Grundlage eines Gesetzes, das wiederum von einer unsichtbaren Macht abgeleitet wurde? Niemand war besser geeignet für den abstrakten Umgang mit juristischen und moralischen Konzepten als die Juden. Daher war auch niemand besser geeignet, jene abstrakten Kalkulationen vorzunehmen, auf denen Handel und Finanzwesen basieren.

Schließlich gibt es eine Anzahl psychologischer Gründe, weshalb die Juden von jeher zum Geld und dem Finanzwesen eine besondere Beziehung hatten. Geld ist eine Form von Macht. Unter anderem ist es die Macht zu kaufen, was verkauft wird. Und es gibt nur wenige Dinge, die nicht von irgend jemandem zum Verkauf angeboten werden. Darüber hinaus war Geld lange Zeit hindurch die einzige Macht, die den in ihrer nicht-jüdischen Umgebung zur politischen Ohnmacht verurteilten Juden erreichbar war. Einzig durch Geld konnten sie sich gegen ihre Feinde schützen und Prestige zu erlangen hoffen. Denn Geld kennt keine Diskriminierung. Es spricht, unabhängig von Traditionen, Nationalitäten und Glaubensbekenntnissen, eine universale Sprache. Es ist eine berechenbare, meßbare, internationale Macht, gleichgültig gegenüber Traditionen - von jeher die schlimmsten Feinde der Juden - und unabhängig von den feindseligen Emotionen einer Umwelt, die sich so oft gegen die Juden kehrte.

Und schließlich ist Geld, das einem Nahrung, Sicherheit, Zuflucht, Schutz und sogar Respekt kaufen kann, auch eine Macht, die kein Feind ohne weiteres an sich reißen könnte. Im Gegensatz zu Grundbesitz oder Sachwerten kann es leicht überwiesen, bewegt oder abgetreten werden. Damit entgeht es dem Zugriff Mißgünstiger und schützt den Besitzenden. Geld war die einzige den Juden erreichbare Macht und die sicherste. Nur Geld war ihnen in ihrer historischen Situation, nämlich der eines ewig flüchtenden Volkes, nützlich.

Obgleich all dies wenigstens teilweise verstanden wird, stößt man immer noch bei Nichtjuden wie bei Juden auf eine gewisse Unsicherheit angesichts der jüdischen Fähigkeit, Geld zu manipulieren. Auch wenn hinreichend bekannt ist, daß die Juden in Finanzberufe gestoßen und getrieben wurden, ersparte man ihnen dennoch nicht den Vorwurf, daß sie eine parasitäre Existenz führten. Sie aßen, wurde gesagt (und nicht nur von bigotten Leuten), kultivierten aber nicht das Land. Sie besaßen Dinge, produzierten sie aber nicht. Sie waren aktiv, doch war ihre Aktivität dem Durchschnittschristen unverständlich und hatte überdies das Odium einer Ausbeutung der Unwissenden und Unglücklichen. Bis auf den heutigen Tag werden viele Romantiker noch unsicher bei dem Gedanken, daß Juden nicht »produktiv« oder direkt »kreativ« sind, sondern meist die Rolle von Mittelsmännern übernehmen.

Karl Marx hielt die Juden für bösartige Parasiten. Er machte sich kaum die Mühe auszuführen, daß sie ohne eigene Schuld zu Pionieren des Kapitalismus geworden waren. Die Ansicht, daß Juden parasitär, weil Mittelsmänner, seien, beruht jedoch auf einem Mißverständnis, das nicht die Juden, sondern den Begriff »Produktion« im Gegensatz zu »Handel«, »Spekulation« und »anderen vermittelnden Tätigkeiten« betrifft. Diesem Mißverständnis fielen auch schon Nationalökonomen vor Marx zum Opfer. Quesnay, der Begründer der französischen physiokratischen Schule, hielt nur die landwirtschaftliche Produktion für »eigentlich«. Nicht in der Landwirtschaft Tätige »produzierten« keinen Wert, ganz gleich, wie nützlich sie auch sein mochten. Marx' Vorstellung von der Schaffung von Wert ist analog, wenn auch für ihn die Proletarier die »wirklichen« Produzenten von Wert waren, der ihnen jedoch vorenthalten wurde (da ihre Arbeitgeber sie ausbeuteten): sie erhielten nicht den Mehrwert. Für Quesnay und Marx bedeutete »Wert« das von Arbeitern - in der Landwirtschaft oder Industrie - geschaffene Produkt. Alle andersartig Tätigen wurden als mehr oder minder nützliche Mittelsmänner betrachtet.

Im Grund sind aber alle arbeitenden Menschen Mittelsmänner. Daß jemand etwas »produziert«, ist eine romantische Vorstellung. Der Bauer produziert keine Milch - die Kühe tun dies. Er legt auch keine Eier - Hühner tun dies. Der Landwirt ist daher bloß der Mittelsmann, einerseits zwischen der Kuh und ihrem Futter, andererseits zwischen der Kuh und dem Milchkonsumenten, zwischen dem Huhn und dem Hühnerfutter, zwischen dem Ei und der Familie am Frühstückstisch.

Auch Industriearbeiter tun weiter nichts, als Dinge im Raum zu bewegen und zu verteilen, zu trennen und wieder zusammenzusetzen. Sie setzen Automobile oder bloß Räder zusammen, vermengen Chemikalien miteinander, erhitzen, kühlen oder graben sie aus der Erde - sie »schaffen« nicht; sie fügen zusammen, sie trennen und vermengen.

Und was tun nun Kaufleute und Händler, wenn nicht Dinge über Räume verteilen, sie auseinandernehmen und wieder zu-

194

sammensetzen, oder aber Dinge verfügbar machen, die wieder auseinandergenommen und zusammengesetzt werden, bis sie schließlich beim Konsumenten landen? Ja, sogar Spekulanten, die dem Markt Dinge entziehen, solange sie in großen Mengen vorhanden und dafür billig sind, und ihm wieder zuführen, wenn Mangel daran herrscht und sie folglich wieder teurer geworden sind - kurz, die Waren gleichmäßiger über bestimmte Zeiträume verteilen, erfüllen eine nützliche Aufgabe. Der Joseph der Bibel, der erste Spekulant, von dem die Überlieferung berichtet, diente dem Pharao, der ihm dafür zu danken wußte. Die Bibel lobt ihn. Die mittelalterlichen Scholastiker aber verdammten das Spekulieren als sündhaft - und überließen es den Juden, ohne sie dafür zu ehren, wie Pharao den Joseph geehrt hatte.

Die Betätigung des Spekulanten, des Händlers oder Finanziers ist natürlich nicht manueller Art. Doch macht erst diese geistige Arbeit manuelle Arbeit sinnvoll. Sie lenkt diese, wie etwa der Ingenieur oder Manager es tut.

Milch ist unbrauchbar, wenn sie nicht in verschiedenen Formen, Qualitäten und Mengen auf den Markt kommt. Automobile mußten erst erfunden werden. Jegliches Produkt mußte erst finanziert werden - wie übrigens auch jeglicher Einkauf. Es wäre sinnlos, die Reihe fortzusetzen. Wer mit den Grundgesetzen der Wirtschaftsprozesse vertraut ist - sei es nun im Sozialismus oder Kapitalismus -, weiß, daß der Mittelsmann ebenso unersetzlich und produktiv wie der manuelle Arbeiter ist. Die Tatsache, daß das Mißtrauen gegenüber indirekter, nichtmanueller Arbeit sich so lange erhalten konnte, beweist bloß, wie schwer es für die meisten Menschen ist, die Gesetze der Produktion zu durchschauen, die sich nicht allein in der sichtbaren, manuellen, physischen Arbeit manifestieren. Daher ist es auch sehr schwer, den Juden und seine »unsichtbare« Arbeit zu verstehen.

Juden standen immer in dem Ruf, besonders wohlhabend zu sein - meist zu Unrecht. Einige außerordentlich reiche und exponierte Juden waren die Ursache dieses Glaubens oder Aberglaubens. Die meisten europäischen Juden aber waren elendig arm, was einer der Gründe für ihre Auswanderung in die USA war. Wo sonst konnten sie so rasch, wenn nicht reich, so doch wohlhabend werden? Und sie wurden es in der Tat und übertrafen darin jede andere Gruppe von Einwanderern.

Obwohl die Juden 1955 nur 3,5 Prozent der nordamerikanischen Bevölkerung ausmachten, konnte William Atwood berichten, daß 10 Prozent des Gesamteinkommens der Bevölkerung auf sie entfielen. Noch auffallender war der jüdische Prozentsatz in den höheren Einkommensstufen: ungefähr 20 Prozent der amerikanischen Millionäre waren Juden. Und obwohl die meisten Juden natürlich weit davon entfernt sind, Millionen zu besitzen, waren sie doch im großen ganzen wohlhabender als ihre nichtjüdischen Mitbürger. Und während weniger als 40 Prozent der Gesamtbevölkerung unter die Kategorie »Manager, Akademiker, Beamte oder Selbständige« fielen, waren es bei den Juden 75-90 Prozent. Davon waren beinahe 15 Prozent Akademiker.

In diesem Zusammenhang ist festzustellen, daß Juden sich in gewissen Industriezweigen oder Berufssparten konzentrieren - doch trifft dies natürlich auch auf andere Gruppen zu. Im Bankwesen - wo es relativ wenige Juden gibt, wie übrigens auch in der Schwerindustrie und den Versorgungsbetrieben - sind Juden in den sogenannten »jüdischen« Häusern konzentriert. Dies trifft auch auf Handel und Gewerbe zu (wo Juden besonders häufig anzutreffen sind).

Es wäre falsch anzunehmen, daß dies auf absichtsvoller Diskriminierung oder Begünstigung beruht. Es ist vielmehr wahrscheinlich das Ergebnis historischer Prozesse und Prioritäten auf seiten der Arbeitgeber wie der Arbeitnehmer. So sind auch Juden beim Militär dünner gesät als etwa unter den Gewerkschaftsfunktionären, wo sie durch ihre große Zahl auffallen.

Der relativ hohe Bildungsstand der meisten Juden hat zweifellos dazu beigetragen, das statistische jüdische Durchschnittseinkommen zu erhöhen, und damit wieder rückwirkend das jüdische Bildungsniveau weiter angehoben: so studierten 1955 in den entsprechenden Altersgruppen 62 Prozent der jüdischen, doch nur 26 Prozent der nichtjüdischen Jugendlichen an einem College. Während die Gesamtbevölkerung in den USA offensichtlich noch einen weiten Weg bis dahin zurückzulegen hat, wird die jüdische Jugend bald zu annähernd 100 Prozent an den Colleges und Universitäten studieren: sie werden also das mögliche Maximum erreicht haben.

Man kann annehmen, daß die ungleichmäßige Verteilung der Juden in den verschiedenen Berufsgruppen sich nach und nach ausgleichen wird. Man muß nicht mehr in der Textilbranche arbeiten, bloß weil Vetter Lenny einem dort einen Job verschaffen kann. Andere Arbeiten stehen den Juden offen. Und überdies haben sie ein Studium an einem College vorzuweisen. In jedem Fall dürfte die relative Häufigkeit der Juden unter den höheren Einkommensgruppen auch in Zukunft konstant bleiben. Das nordamerikanische Pro-Kopf-Einkommen wird wahrscheinlich weiterhin ansteigen - doch ist es ebenso wahrscheinlich, daß die Juden ihre relative Position unter den Einkommensgruppen halten werden: nämlich die der statistisch wohlhabendsten ethnischen Gruppe.

[1] Das ist auch heute noch der Fall. Institutionell gesehen, zeigt sich die Kirche bis auf den heutigen Tag eher geneigt, die Sexualität psychologisch (wie natürlich auch moralisch) zu betrachten, als im Geld ein Wirtschaftsmedium zu erkennen (neben seinen moralischen Implikationen) - und dies trotz so bedeutender Nationalökonomen unter den Klerikern wie Galiani oder Malthus. Bis auf den heutigen Tag führen die Kirchen niedrige Löhne auf böswillige Arbeitgeber und überhöhte Preise auf geldgierige Kaufleute zurück.

# 13 Die Hackordnung unter den amerikanischen Juden, einst und heute

In den USA wie überall ändern sich die Statussymbole. Das gleiche läßt sich von der Gliederung der Hierarchien sagen. In einer irischen Familie verleiht der Kardinalshut seinem Träger nicht mehr das gleiche Prestige wie ehedem, und in den jüdischen Familien ist der Name des College, zu dem die Kinder zugelassen werden, nicht mehr so wichtig. Merkwürdigerweise ist man zu den früheren Statusstrukturen der jüdischen Gemeinschaft zurückgekehrt - wenn auch auf indirekte Weise. Herkunft, Karriere und Geld allein verleihen weniger Prestige als früher, intellektuelle und moralische Qualitäten eher mehr. Die Jungen haben ihre eigenen Hierarchien gebildet. Sie sind anders, wenn auch nicht schlechter als die früheren. Sie umfassen ausschließlich die Altersgruppen der studierenden Jugend; die Älteren hängen immer noch am Herkömmlichen.

Der lange Marsch aus den Slums in die wohlhabenden Vororte oder sogar in die exklusiven Viertel im Stadtkern, der sich in den meisten amerikanischen Städten vollzogen hat, war ein Marsch nach oben. Ganz gewiß hat er auch Geld gekostet. Das Resultat war ein »amerikanischerer« Lebensstil. Gewiß, die Umwelt blieb im großen ganzen jüdisch - teils weil die Juden es so wollten, teils weil die Nichtjuden es die Juden wollen ließen. Doch die Ambiance war jüdisch-amerikanisch, nicht jüdisch-europäisch. Am Ziel, wie unterwegs, war man unter sich geblieben.

Die junge Generation ist nun im Begriff, die Vergangenheit

zurückzuerobern. Die *Lower East Side* in New York zum Beispiel, einst ein berüchtigtes jüdisches Armutsviertel, ist heute zum Zentrum der jüdischen Boheme geworden. Es mag sich dabei bloß um eine kurzlebige Mode handeln, doch sicher nicht um einen bloßen Zufall. Andererseits ist das Leben in den Vororten, in der großen amerikanischen *Suburbia,* so unzertrennlich mit dem amerikanischen Lebensstil verwoben, daß sich daran auf längere Sicht nichts ändern wird. Man sollte jedoch die symbolische Bedeutung von Randphänomenen nicht unterschätzen. Die Jungen lehnen den jüdisch-amerikanischen Lebensstil der Eltern ab und ziehen ihm das europäisch-jüdische Milieu der Großeltern vor - oder aber den Ersatz, den sie dafür halten. Sie wollen sich die Wärme der Gemeinschaft, die Kompaktheit der Kommune zurückerobern, die die Großeltern besaßen - oder von der sie glauben, daß sie sie besessen hätten, und die in der Verquollenheit der *Suburbia* verlorengegangen ist. So ist es schick geworden, altmodisch zu sein. Opas miese alte Wohnung und sein Stil, sich zu kleiden, sind beliebt. Die Ideen von anno 1900 werden so hitzig von den Jungen diskutiert, als seien sie eben erst erdacht worden.

Natürlich werden sie erkennen, daß man die Vergangenheit nicht zurückholen kann, inzwischen aber versuchen sie es. Die neuen Hierarchien sind romantisch gefärbt, sie betonen Revolte, Provokation, Verachtung des Geldes und Verneinung der etablierten Ordnung und ihres Wertsystems. *Epater le bourgeois* ist wieder modern - und niemand ist darüber entzückter als der junge Bourgeois selber: es steht zu befürchten, daß »Hair« das erfolgreichste Musical der New Yorker Theatergeschichte werden wird. Nichts verleiht den Jungen größeres Selbstbewußtsein als die Gewißheit, ihre Eltern schockieren zu können. Den Älteren aber wird das willkommene Gefühl, mit dem Strom der Zeit zu schwimmen, noch dabeizusein, dadurch vermittelt, daß ihnen Gelegenheit gegeben wird zu sagen, sie seien nicht schockiert. Nein, nicht wirklich.

Auch dies ist bloß eine vorübergehende Phase im wechselhaften Leben der jüdischen Subkultur. Es ist dennoch ein wichtiger

Zeitabschnitt. Das »Unter-sich-Sein« gehört nun der Vergangenheit an. Die Jungen könnten einmal die Zukunft repräsentieren - falls sie jemals gezähmt werden, auch wenn sie jetzt noch nicht einmal stubenrein sind.

Was die alten Hierarchien betrifft, so ist zu sagen, daß die Ehre, das antisemitische Schimpfwort *Kike* erfunden zu haben, den aus Deutschland stammenden Juden gebührt. Um die Jahrhundertwende begann die Masseneinwanderung osteuropäischer Juden, die der Armut, den Pogromen und den Verfolgungen zu entfliehen hofften. Die deutschen Juden, die bereits gewissermaßen amerikanisiert waren, legten größten Wert darauf, sich von dem Pack zu unterscheiden, das nun die Küste des gelobten Landes zu überfluten drohte. Kurz, sie wollten sich von »diesen Ausländern« unterscheiden, von »diesen Russen« . . ., deren Namen immer auf »ki« endeten: daher kikes.

So plausibel dies auch klingen mag, der bekannte Autor Leo Rosten, der unter anderem ein Buch über »die Freuden der jiddischen Sprache« geschrieben hat, bietet eine andere Erklärung; die mir überzeugender erscheint. Rosten sagt, daß die osteuropäischen Juden, die wohl Hebräisch lesen konnten und im allgemeinen auch mit dem kyrillischen Alphabet vertraut waren, häufig ihre Namen nicht in lateinischen Lettern schreiben konnten. Daher unterzeichneten sie ihre Einwanderungspapiere mit einem Kreis - das Kreuz der nichtjüdischen Analphabeten verpönten sie. Das jiddische Wort für Kugel ist *kigel*, daher *kike*. Wie gesagt, eine sehr plausible Erklärung, die dennoch nicht ausschließt, daß das Schimpfwort doch auf die deutschen Juden zurückzuführen ist.

Ja, die deutschen Juden gingen sogar so weit, eine Abordnung nach Washington zu entsenden, um gegen die Masseneinwanderung ihrer Glaubensbrüder zu protestieren. Sie bezweifelten auch nicht, daß die osteuropäischen Juden »Orientalen« waren, gewissermaßen »Andersfarbige«. Die Dichterin Emma Lazarus, obwohl selber sephardischer Abstammung, drückte die Gefühle der deutschen Juden folgendermaßen aus: »Für die Massen der Halborientalen, Kabbalisten und Chassidim, die die große Mehrheit der osteuropäischen Israeliten ausmachen, müssen praktischere Maßnahmen ... gefunden werden als deren Transplantation in ein Gesellschaftssystem (in den USA), das in so krassem Gegensatz ... zu ihren Gebräuchen ... und ... Lebensanschauungen steht.« Die Tatsache, daß man dies zu einer anderen Zeit auch über die jüdische Gruppe, der sie selber angehörte, hätte sagen können, schien die Dichterin kaum zu bekümmern.

Die Zeitschrift *Hebrew Standard*, das Sprachrohr der deutschjüdischen Gemeinde, zu deren Zierden die großen Bankiersfamilien Seligman, Loeb, Schiff und andere gehörten, schrieb, daß die deutschen Juden »keinerlei religiöse, soziale oder intellektuelle Sympathien mit den osteuropäischen Juden besäßen; das ›christliche Lebensgefühl‹ sei ihnen näher als das Judentum dieser elenden, verfinsterten Hebräer«. Wem diese Sprache bekannt vorkommt, der möge daran erinnert werden, daß die Juden, so sehr sie sich auch in manchem von anderen unterscheiden, doch auch wieder nicht so anders sind: unter gewissen Umständen können sie genauso engstirnig, statusversessen, intolerant und unbarmherzig sein wie irgendeine andere Volksgruppe.

Vor ihrem eigenen kometenhaften Aufstieg waren sogar die »Deutschen« unter den Juden gezwungen, die Überlegenheit einer anderen Gruppe von Juden, wenn auch zögernd, anzuerkennen: die der Sephardim, die schon vor ihnen in die USA eingewandert waren.

1492, als Kolumbus Amerika entdeckte, wurde auch die Bannbulle Ferdinands und Isabellas in Kraft gesetzt, die die endgültige Vertreibung der Juden aus Spanien verfügte. Während der darauffolgenden Periode grausamer Unterdrückung wurden viele Juden zum Christentum bekehrt. Manche wurden dazu gezwungen, andere gaben vor den Drohungen ihrer Verfolger nach (mehrere dieser jüdischen Konvertiten segelten mit Kolumbus nach Amerika). Die Nichtkonvertierten begaben sich wieder auf die Suche nach einem Ort, wo man sie als Juden leben lassen würde. Eine große spanische und portugiesische jüdische Kolonie ließ sich in Holland nieder. Andere gingen nach Italien und sogar nach Brasilien. Es waren Mitglieder dieser brasilianisch-jüdischen Gemeinde, genauer gesagt: 23 Abkömmlinge spanischer Juden, die schließlich nach New York segelten oder Neu-Amsterdam, wie es damals hieß. Diese 23 Männer formten den Kern der sephardischen jüdischen Gemeinde in Nordamerika.

Da sie nicht nur Juden waren, sondern auch keinen Groschen besaßen, wollte der Gouverneur Peter Stuyvesant sie so rasch wie möglich wieder loswerden. Doch die *West India Company* in Amsterdam, der die nordamerikanische Kolonie de facto gehörte, hatte wichtige jüdische Teilhaber, die den Gouverneur unter Druck setzten und schließlich erreichten, daß sich die Neuankömmlinge in Neu-Amsterdam ansiedeln durften.

Die Sephardim, die auf diese Weise zur ersten jüdischen Gemeinde auf dem nordamerikanischen Kontinent wurden, galten und betrachteten sich selber als die Aristokraten unter den Juden. Zumindest gilt dies für die Sephardim, die unmittelbar von der Iberischen Halbinsel nach Amerika kamen. Jene, die sich längere Zeit in Afrika, im Mittleren Osten und in Asien niedergelassen hatten - besonders aber jene, die dort mehrere Jahrhunderte hindurch gelebt und sich dem Kulturkreis des Mittelmeerraums angepaßt hatten - werden kaum jemals als Aristokraten betrachtet. Ihr kulturelles Niveau war oft niedrig, sie waren rückständig, ungebildet und in ihren Herkunftsländern in der Regel unterprivilegiert. Während andere jüdische Gruppen versuchten, Eingang in die amerikanische Gesellschaft zu finden, und sich von ihrer Religion zu lösen begannen, organisierten die Sephardim unmittelbar nach ihrer Ankunft eine klassische jüdische Gemeinde mit einer Synagoge, mit Gebeten und Ritualen, wie sie ihrer Überlieferung entsprachen. Bis zu ihrer Vertreibung aus Spanien konnten diese Sephardim auf eine von Unterdrückung meist freie und durch Fortschritte gekennzeichnete Geschichte zurückblicken.

Die amerikanischen Sephardims wurden von Nichtjuden ebenso respektiert wie von den Juden, die nach ihnen in Nordamerika eintrafen. Moses Lazarus, ein sephardischer Jude, war arriviert genug, um Mitglied des *Knickerbocker Club* werden zu können. Seine Tochter Emma schrieb übrigens das in den Sockel der Freiheitsstatue gemeißelte Gedicht. Dieses Gedicht, in dem Amerika Europa auffordert, seinen »müden . . . armen . . . elenden Auswurf« nach Amerika zu senden, verursachte etwas Kopfschütteln im Kreis der deutschen Juden, von denen manche den »elenden Auswurf« auf sich bezogen. Auf jeden Fall empfanden sie diese Formulierung den Neueinwanderern gegenüber als unerträglich gönnerhaft. Was Emma selbst betraf, so lag es offenbar nicht in ihrer Absicht, auch »halborientalische . . . Chassidim« in der neuen Welt willkommen zu heißen. Das wäre entschieden zu weit gegangen.

Als die »Deutschen« in den USA einzutreffen begannen, gesellten sie sich zunächst zu den Sephardim. Später aber gründeten die Aschkenasim, wie die Deutschjuden genannt wurden, ihre eigenen religiösen Gemeinden - vielleicht auch, weil sie sich von den Sephardim von oben herab behandelt fühlten. Überdies unterscheidet sich das Ritual der Aschkenasim etwas von dem der Sephardim, und Sitten und Gebräuche der beiden unterscheiden sich in vielen Punkten. Nach und nach hatten sich die Sephardim in Amerika so sehr etabliert und assimiliert, daß sie etwa um 1800 herum begannen, den Gottesdienst in englischer Sprache abzuhalten. Der Chasann, der Vorsänger, wurde mit *Reverend* angesprochen.

Bald fand die Überlegenheit, mit der die Sephardim die »Deutschen« behandelten, ihre Entsprechung in den Gefühlen der Aschkenasim gegenüber den Einwanderern aus Osteuropa, die allerdings ebenfalls Aschkenasim waren. Die ersteren fühlten sich überlegen, weil sie schon länger in Amerika saßen und entsprechend wohlhabender waren, vor allem aber, weil sie in der Gemeindschaft bereits einen festen Platz einnahmen. Die deutschen Juden waren - nicht anders als die Sephardim vor ihnen - arm und unwissend angekommen, doch während die Sephardim Neuland betraten, fanden die später eintreffenden Aschkenasim bereits arrivierte Glaubensbrüder vor, die sie mit einem lachenden und einem weinenden Auge in die Arme schlossen. Die Sephardim benahmen sich, wie gewisse Leute sich armen Verwandten gegenüber zu benehmen pflegen: man hilft, aber man achtet auf Distanz. Später reproduzierten die deutschen Juden diese Einstellung gegenüber den später eintreffenden osteuropäischen Juden.

Diese Verhaltensweise beschränkt sich nicht auf Amerika: ähnlich verhielten sich die deutschen Juden in Deutschland, als ihre osteuropäischen Glaubensbrüder nach dem Separatfrieden von Brest-Litowsk einzuwandern begannen. So lange, bis Hitler erklärte, daß *alle* Juden ohne Unterschied Untermenschen seien. Natürlich beschränkt sich diese Verhaltensweise auch nicht auf Juden. Die 1920 in den USA eintreffenden Puertorikaner sahen voll Verachtung auf ihre später kommenden Landsleute herab und scheuten sich nicht, sie auszubeuten.

Einmal in Amerika, verloren viele Juden ihren Glauben. Sie warfen das Joch der vielfachen und vielfältigen religiösen Vorschriften ab, die ihr Leben bis ins kleinste Detail des täglichen Lebens reguliert hatten. In ihren Herkunftsländern hatten sie alle religiösen Unterricht genossen, waren sie sozusagen praktizierende Juden gewesen, ohne jedoch notwendigerweise mit den Doktrinen des Judentums vertraut zu sein. Nun waren es aber gerade die Ärmsten und Unwissendsten, die als erste in den Strom der Emigration gerissen wurden. Wie alle anderen Glaubensbrüder in Europa hatten sie die religiösen Riten getreulich befolgt. In Amerika aber gab es keine jüdische Gemeinde mehr, die ihren gesamten Lebensbereich umfaßt und rituell geordnet hätte, daher paßten sich viele, wenn auch nur allmählich, den Sitten und Gebräuchen ihrer Umwelt an - obwohl sie in der Regel nicht ihre spezifisch jüdische Bewußtseinshaltung verloren. Das Gefühl, als Jude irgendwie anders zu sein, blieb. Soweit sie sich auch vom Glauben der Väter entfernten, bestimmte traditionsgebundene Verhaltensweisen blieben an ihnen haften. Als schließlich die ersten Einwanderungswellen zur Sturmflut anschwollen, erwachte auch die jüdische Religiosität - oder doch ein Gemeinschaftsgefühl - zu neuem Leben, obwohl es in vielen Fällen säkulare Formen annahm. So wurden etwa die Synagogen zu Versammlungsorten für Damenkränzchen und Wohltätigkeitsvereine oder auch zu Zentren weitreichender humanitärer Bestrebungen. Damit verloren sie ihren ursprünglichen Charakter - nämlich Stätten des Unterrichts und eines religiösen, weltabgekehrten Lebens zu sein.

Auch wenn sie als Neuankömmlinge »müde ... arm ... elend« gewesen waren, machten viele deutsche Juden in Amerika Karriere. Joseph Seligman, der es bis zum ersten Vertrauten und Bankier von Ned Harriman, dem Eisenbahnmagnaten, brachte, hatte als Hausierer angefangen; wie übrigens viele deutschjüdische Einwanderer. Er war 1837 im Zwischendeck in New York angekommen. Sein gesamtes Vermögen von 100 Dollar war in seine Hosen eingenäht. Obwohl Seligman seinem religiösen Vater versprochen hatte, die Speisegesetze zu befolgen, wurde er gezwungen, sie zu verletzen, sowie er sich auf die Reise begeben hatte. Alle Mahlzeiten an Bord enthielten Schweinefleisch. Auf diese Weise lernte er rasch, daß er viele der alten Bräuche hinter sich lassen müsse, wenn er erfolgreich sein oder überhaupt überleben wollte.

Seligmans Karriere wurde zu einem symbolischen Wendepunkt in der Geschichte der Juden in den USA. Als er und seine Freunde wohlhabend und später sogar reich wurden, wollten sie auch größere soziale Räume erobern als jene der deutschjüdischen Gemeinde, aus der sie hervorgegangen waren. Jetzt erst, auf gesellschaftlicher Ebene, wurden sie mit einem unnachgiebigen Antisemitismus konfrontiert. Als Seligman etwa versuchte, in den *Union League Club* einzutreten, wurde er von den Mitgliedern nicht akzeptiert. Als Begründung wurde angegeben, daß man zwar persönlich überhaupt nichts gegen ihn habe, ihn aber dennoch auf Grund »ausschließlich rassischer« Beweggründe nicht zulassen könnte. Dies verursachte einen Skandal. Der (nichtjüdische) Bürgermeister von New York bezeichnete die Zurückweisung als empörend. Um seiner Sympathie für Seligman demonstrativen Ausdruck zu verleihen, lieh sich Bürgermeister Gilroy dessen prächtige Karosse samt Pferden und Lakaien aus, um einen spanischen Herzog abzuholen und zum Rathaus zu fahren. Allerdings wurde Seligman selber zum festlichen Ereignis nicht geladen.

Die Reaktion der deutschen Juden überraschte nicht. Sie gründeten ihre eigene Gesellschaft. Der »Harmonie Club«, den es heute noch gibt (wenn auch in jüngster Zeit osteuropäische Juden Einlaß finden), war einer der Zentren für diese Gesellschaft. Die Mitglieder begriffen sich als Deutsche jüdischer Religion und Abstammung, mehr unter der Exklusivität der anderen leidend, als sie im eigenen Bereich ausübend. Sie sprachen zunächst mehr Deutsch als Englisch und pflegten ihr deutsches Erbe. Beethoven und Goethe (vor allem der letztere) standen ihrem Geist näher als der Talmud. Schließlich waren sie keine Chassidim und schon gar keine Kabbalisten, und sie legten Wert darauf, dies zu betonen.

Ebenso wie die Sephardim nach und nach die engen Fesseln ihrer religiösen Überlieferung abwarfen, wurden auch die Aschkenasim immer amerikanischer. Einige der großen deutschjüdischen Bankiersfamilien entfernten sich so sehr von ihrer jüdischen Tradition, daß ihre Kinder bis zur Einschulung nicht einmal wußten, daß sie Juden waren. Diese Erkenntnis wurde ihnen auf fast zeremonielle Weise vermittelt, als wäre sie ein etwas schmerzlicher *rite de passage,* der, einmal vollzogen, keiner weiteren Erwähnung mehr wert war. Es wird erzählt, daß in einer bekannten Familie die Kinder in Tränen ausbrachen, als ein unvorsichtiges Zimmermädchen versehentlich erwähnte, daß sie Juden seien.

Von allen Assimilationsbeflissenen war Seligman vielleicht der leidenschaftlichste. In seinen Amerikanisierungsbestrebungen ging er so weit, seinen Söhnen Vornamen wie DeWitt und George Washington zu geben. Oder aber noch exotischere, wie Alfred Lincoln Seligman. Wahrscheinlich befürchtete er - eine

Befürchtung, die Lincolns Vater nicht teilte - daß »Abraham«
ein zu hebräischer Name sei.

Es war auch Seligman, der auf den Gedanken verfiel, den berühmten Autor der amerikanischen *success stories,* Horatio
Alger, zum Hauslehrer seiner Kinder zu bestellen. War er nicht
der ideale Mentor, um seinen Kindern die amerikanische Le-
bensauffassung einzuprägen? (Übrigens gelang es Alger auf
Grund der guten geschäftlichen Ratschläge von Seligman, selber ein amerikanischer Erfolgsmensch zu werden.) Und doch
hat Seligman, der keinem geringeren als J. P. Morgan in dem
berühmten Eisenbahnkrieg um die *Union Pacific* erfolgreich
die Stirn bot, seine Amerikanisierung nicht ohne Einschränkungen betrieben. Als ein Verwandter mit dem Vorschlag an
ihn herantrat, dem Namen Seligman einen angelsächsischeren
Klang zu geben, antwortete der große Joseph, daß er mit seinem Namen ganz zufrieden sei. Seinem Verwandten schlug er
vor, seinen Namen, wenn er ihn schon unbedingt loswerden
wolle, in »Schlemiel« (jiddisch etwa »Depp«) zu ändern. Sich
zu amerikanisieren, war eins, seine jüdische Identität aufzugeben, etwas anderes. Nicht nur, daß Seligman nicht bereit
war, dies zu tun, er betonte sogar sein Judentum, wenn er sich
herausgefordert fühlte.

Als die osteuropäischen Juden gegen Ende des 19. Jahrhunderts in großen Massen in Amerika einzutreffen begannen, betraten sie ein Land, dessen Grenzen sich zu verengen begannen: der große Drang nach dem Westen war im Abklingen.
Die Neueinwanderer konzentrierten sich daher in den Städten,
wo sie Arbeit zu finden hofften. Die Deutschjuden gründeten
auf der Stelle einen Fonds, dessen erklärter Zweck es war, den
Ostjuden die Ansiedlung außerhalb New Yorks zu ermöglichen - je weiter weg, desto besser. Ihre Anstrengungen waren
jedoch vergebens.

Den deutschen Juden erschienen ihre osteuropäischen Glaubensbrüder . . . nun sagen wir, komisch. Sie waren Sozialisten,
Anarchisten, Zionisten, Radikale. Alle Ismen waren unter

ihnen zu finden, von denen die Deutschjuden als wohl etablierte Mitglieder der oberen Mittelschicht nur das Schlimmste erwarten konnten. Und wenn sie nicht irgendeiner radikalen Ideologie anhingen, waren sie doch religiös orthodox und irgendwie seltsam gekleidet - was fast genauso schlimm war. Das größte Übel aber war, daß viele der Ostjuden auch Gewerkschaftler waren. Denn wenn sie auch wie ihre deutschen Glaubensbrüder früher Ladenbesitzer, Händler oder sonst Mitglieder der Mittelschicht gewesen waren, so hatte sie der große Umbruch in Europa deklassiert und proletarisiert (die Verfolgungen des russischen Zarismus waren besonders spürbar). Für die wohlhabenden Deutschen war dieses Echo aus einer Vergangenheit, die sie überwunden wähnten, vielleicht die schwerste Belastung, der ihre Glaubensbrüder aus dem Osten sie aussetzten.

Trotzdem versuchten die Deutschjuden jene aus dem Osten auf ihre Weise zu erziehen. Wenn es sich dabei auch um ein gönnerhaftes *noblesse oblige* handelte, war doch der Kern echten Zusammengehörigkeitsgefühls da, eine, wenn auch entfernte, Schicksalsgemeinschaft mit den armen und unerwünschten Verwandten.

Auch die Osteuropäer ihrerseits etablierten sich im Lauf der Zeit, wurden wohlhabend, reich und bauten sich die ihnen gemäßen sozialen und karitativen Einrichtungen auf. Trotzdem hörten sie nicht auf, die Deutschjuden mit Bewunderung und Groll zu betrachten. Empfangene Wohltaten sind schwer zu vergessen und manchmal noch schwerer zu verzeihen.

In den Jahren nach dem Zweiten Weltkrieg begannen sich die Grenzlinien zwischen den einzelnen jüdischen Gemeinden in den USA zu verwischen. Auch noch 1950, als Robert Sarnoff, Sohn des Brigadegenerals David Sarnoff und Vorstandsvorsitzender der RCA, die Bankierstochter Felicia Warbug heiratete, erschien es einigen alteingesessenen jüdischen Familien, als wäre die Tochter ihrer Freunde eine Mesalliance eingegangen. Man kann nicht behaupten, daß Robert Sarnoff »arm und elend« war. Aber war er nicht ein »Russe«?

Im großen ganzen hat der Snobismus der amerikanischen Juden höchst komische Seiten. Manchmal allerdings hat er auch ernste Folgen gehabt.

So haben einige Juden in ihren gesellschaftlichen Snobismus auch antisemitische Tendenzen einfließen lassen. Sie indentifizierten sich mit der aggressiven Haltung der antisemitischen Umwelt und kehrten sie gegen sich selber. Psychologisch gesehen, war dies ein Schutzmechanismus, der dazu diente, die betreffenden Personen vor der unerfreulichen Erkenntnis abzuschirmen, daß sie selber Gegenstand dieser Aggressionen der Umwelt waren. Die Identifikation mit dem antisemitischen Aggressor enthob sie auch der Notwendigkeit, sich ihm zu stellen - was ja ohnehin angesichts des extrem ungleichen Kräfteverhältnisses nicht ratsam gewesen wäre. Diese Fehlidentifikation ermöglichte es, die eigenen Aggressionen auf einen noch Schwächeren zu richten, eben auf jene Juden, die symbolisierten, was man an und in sich selber zu hassen gelernt hatte: sein Jüdischsein, seine jüdische Herkunft, die man, da man sich die Ansicht der Umwelt zu eigen machte, mit Inferiorität gleichsetzte.

Daher betrachteten die assimilierten Deutschjuden - die am wenigsten jüdisch waren - die nichtassimilierten »jüdischeren« Neuankömmlinge aus Osteuropa, die sie auf so peinliche Weise an ihre eigene Herkunft erinnerten, mit Mißtrauen. Die amerikanischen Juden behandelten alle nach ihnen kommenden Einwanderer mit gönnerhafter Herablassung oder mit Ressentiments.

Dieser Snobismus ist aber keineswegs auf Amerika beschränkt. Israelische Juden europäischer Herkunft betrachten die orientalischen Juden mit ähnlicher Gönnerhaftigkeit. Kurzum, die »emanzipierten«, assimilierten, verwestlichten Juden nehmen es sehr übel, an Entwicklungsstadien erinnert zu werden, die sie bei sich selber als überwunden ansehen. Während die Blickrichtung und die Aggressionsziele sich von Fall zu Fall unterscheiden, ist der Schutzmechanismus der Identifikation mit dem

Aggressor, den anzugreifen man sich scheut, derselbe. Das gleiche gilt für den Schutzmechanismus, der darauf beruht, die eigenen Minderwertigkeitsgefühle zu kompensieren, indem man seine Aggressionen auf jene lenkt, die diese Minderwertigkeit zu versinnbildlichen scheinen. Der jüdische Antisemitismus ist somit nichts weiter als ein Beispiel eines universalen psychologischen Mechanismus.

Obwohl Überbleibsel dieses jüdischen Antisemitismus in Amerika auch heute noch festzustellen sind, kann man doch erkennen, daß sich die Grundeinstellung gewandelt hat. Der Untergang des europäischen Judentums infolge der Naziverfolgungen hat auch die assimiliertesten amerikanischen Juden daran erinnert, daß in den Augen der Nichtjuden alle Juden immer noch gleich und möglicherweise für die Rolle des Opfers geeignet sind. Doch auch die nichtjüdische Umwelt hat sich in mehreren westlichen Ländern, vor allem aber in den USA, gewandelt: man steht den Juden heute schon wesentlich freundlicher gegenüber. Irgendwie ist es sogar »schick« geworden, Jude zu sein. So sehr hat sich die Mode geändert, daß manche assimilierte Juden sich nun nach ihrem Judentum zurücksehnen, verborgene Quellen des Stolzes wiederentdecken, zumindest aber ambivalent empfinden, wo sie früher bloß negativ fühlten. Psychologisch gesehen, können sie sich dies nun auch erlauben. Jüdischsein gehört einer entfernten Vergangenheit an. Es ist jetzt eine romantische Erinnerung, keine schmerzende offene Wunde mehr. Somit ist auch die Bejahung des Judentums mehr rhetorisch als aufrichtig empfunden - läßt sich eben deshalb auch leichter verbalisieren. Im Endeffekt hat sie die orthodoxe, nichtassimilierte jüdische Minorität von der Verachtung der assimilierten Juden befreit - in manchen Fällen hat sie sie sogar auf durchaus ungewohnte Weise zum Gegenstand des Respekts werden lassen.

Nur sehr wenige amerikanische Juden würden heute Neueinwanderer als *Kikes* bezeichnen. Hitler hätte sich rühmen dürfen, daran einen Anteil zu haben. Man darf jedoch nicht vergessen, daß dieses Phänomen - eine nostalgische Umkehr zu den Quellen des Ursprungs - in Amerika weite Kreise gezogen hat, wenn es sich auch in den einzelnen ethnischen Gruppen unterschiedlich ausdrückt. Die Schwarzen beginnen, sich für ihr afrikanisches Erbe zu interessieren, und die Iren wie auch die Italiener rühmen sich schon lange ihrer vergangenen Größe. Indes zeitigt auch dieses Phänomen die extremsten Erscheinungsformen bei den Juden.

# 14 Im finstersten Suburbia

Lassen wir einen jungen Juden, der kürzlich wegen Besitzes von Marihuana verhaftet wurde, sprechen: (Ein jüdischer Junge verhaftet? Das wäre früher nie vorgekommen!) »Meine Mutter ist ganz in Ordnung. Aber sie redet ständig über die PTA und neue Tapeten fürs Wohnzimmer. Das kann mich natürlich nicht interessieren. Mein Vater ist auch in Ordnung. Ich sehe ja, daß er versucht, sich für mich zu interessieren. Er möchte zum Beispiel, daß ich gute Zeugnisse nach Hause bringe. Aber meist ist er abends zu müde, um sich noch mit mir zu unterhalten oder irgend etwas zu unternehmen. Oft kommt er erst nach Hause, nachdem wir schon alle zu Abend gegessen haben. Dann ißt er, sieht eine Weile fern und schläft schließlich ein. Vielen der Kinder hier draußen geht es mit ihren Eltern genauso wie mir. Tagsüber sind wir die einzigen Männer hier! Es ist niemand da, der uns ... nun, der uns leitet. Wir könnten alles mögliche tun. Niemand bemerkt es überhaupt. Deshalb denken wir uns Spiele aus, ziemlich gefährliche Spiele. Man beweist damit den anderen, daß man ein Mann ist. Und eine Art, seinen Mut zu beweisen, ist, die Polizei herauszufordern. Wenn man etwa Gras oder Hasch raucht. Mein Pech war es eben, daß ich geschnappt wurde.«

Der Vater war nicht zu Hause, als die Polizei die Familie des Jungen benachrichtigen wollte. So mußte die Mutter auf die Wache gehen und eine Kaution für den Jungen stellen.

In den Vororten macht sich die herrschende Stellung der Frau innerhalb der Familie noch stärker bemerkbar als in der Innenstadt. Die Mütter spielen hier sogar eine entscheidende Rolle in Fragen der Religion, diesem ureigensten Gebiet Abrahams, Moses, Davids, der Propheten, der Gesetzgeber und schließlich des alten Herrn - wenn auch früher niemand gewagt hätte, ihn so zu nennen.

»Solange wir in der Stadt lebten, war ich nicht religiös«, sagte mir ein jüdischer Anwalt. »Um ehrlich zu sein, ich bin es immer noch nicht. Aber als wir hierherzogen, sagte meine Frau, wir müßten uns irgendeinem Tempel anschließen - schon um die Kinder in die Sonntagsschule schicken zu können, wenn alle ihre Freunde zu einer gehen. Hier draußen bedeutet der Eintritt in eine Synagoge auch gleichzeitig gesellschaftlichen Anschluß. Man fühlt sich zugehörig.«

»Und wer hat die Synagoge für Sie ausgesucht?«

»Meine Frau. Sie freundete sich gleich mit einer Nachbarin an und fragte sie, zu welcher Synagoge sie gehe. Meiner Frau gefällt die Synagoge besonders, weil dort nur Englisch gesprochen wird. ›Ich bin Jüdin‹, sagt sie, ›aber das heißt nicht, daß ich Ausländerin bin. Weshalb sollte ich einem Gottesdienst beiwohnen, wenn ich den Rabbi nicht verstehen kann?‹«

»Gehen Sie oft in die Synagoge?«

»Nein, selten. Ich bringe mir meist aus dem Geschäft unerledigte Arbeit mit, die ich übers Wochenende zu Hause mache.«

Eine jüdische Mutter äußerte sich in einem Interview wie folgt: »Ich wuchs in einer orthodoxen Familie auf und wußte während der ersten Jahre meines Lebens nicht einmal, daß es neben der Religion auch noch andere Dinge gibt. Aber ich änderte mich mit der Zeit, ebenso wie mein Mann, der ebenfalls orthodox aufwuchs. Während ich das College besuchte, machte ich mir keine großen Gedanken über Religion. Erst als ich einen Kursus über vergleichende Religionskunde belegte, erwachte mein Interesse wieder. Jetzt bin ich verheiratet. Ich möchte meine Kinder aber nicht mit diesen orthodoxen, unerbittlichen Regeln belasten. Schließlich sind wir hier in den

USA, nicht in Polen. Trotzdem möchte ich, daß meine Familie nicht vergißt, daß sie jüdisch ist. Deshalb bat ich meinen Mann, einige der einfachen Gebete auf hebräisch zu lernen. Nur ein paar Worte, die man vor den Mahlzeiten sagt. Mein Mann war einverstanden, und der Rabbi half uns dabei. Ich selber habe wieder angefangen, zum Sabbat eine Kerze anzuzünden - es dauert ja nur ein paar Sekunden. Es ist zwar nicht viel, aber es macht uns zu dem, was ich mir für meine Familie wünsche: es macht uns zu einer jüdischen Familie.«

Einige Kommentatoren haben sich besorgt darüber geäußert, daß die religiöse Autorität im jüdischen Leben auf die Frau übergegangen sei. Die jüdische Religion erfordert die genaueste Kenntnis zahlloser Einzelheiten. Sie hat so viele Jahrhunderte zum Teil deshalb überstanden, weil sie fast besessen auf bestimmten Ritualen, Studien und Zeremonien bestanden hat. Doch nur sehr wenigen Frauen sagt heute das Leben zu, daß die getreue Befolgung der religiösen Gebote mit sich bringt. Und ihre religiöse Erziehung ist meist nicht gründlich genug gewesen, um ihnen die Wichtigkeit auch des geringsten Details klarzumachen. Das Ergebnis ist eine gewisse Verflachung der Religion - ein oder zwei Gebete über der Sabbatkerze genügen, um »in der jüdischen Tradition zu leben«. Doch ist dies keine Fortführung der Tradition. Erinnerungen werden hier voller Heimweh nach der Vergangenheit gefeiert. Man erinnert sich an etwas, doch hält man es nicht lebendig, noch viel weniger lebt man es.

Andererseits jedoch muß die Ehefrau ihr ganzes Leben in den Vororten zubringen, während ihr Mann hier nur schläft und in der Stadt in der Firma »lebt«. Sie ist mit den Lebensbedingungen in Suburbia viel vertrauter als er. Sie kennt zum Beispiel die Schwächen des Schulsystems und andere Mängel. Damit ist sie in der Lage, bei Entscheidungen der Synagoge oder der Gemeinschaft im größeren Rahmen mitzusprechen. Und da sie fast den ganzen Tag über allein ist, während die Kinder in der Schule sind, hat sie ungeheure Energien, die sie in den Dienst des Hadassah stellt, des Frauenklubs, der ihrer Synagoge angeschlossen ist. Ihre Religion mag gesellschaftlich ausgerichtet sein, doch darf ihre Hingabe und Aufrichtigkeit nicht bezweifelt werden. Leider sind die gesellschaftlichen Auswirkungen zum Endzweck, die Religion zum Mittel geworden. In den Vororten ist die Religion bloßes Instrument, ebenso wie Gott selber, der als himmlischer Psychiater für den Seelenfrieden sorgt.

Man könnte wahllos irgendeinen der vielen Pendler zwischen der Innenstadt und einem vorwiegend jüdischen Vorort fragen, weshalb er sich aus dem Büro Arbeit über das Wochenende mit nach Hause nimmt, statt Golf zu spielen. Man kann seine Frau fragen, weshalb sie sich so hektisch für die Arbeit der PTA, der zionistischen Frauenbewegung, des Verbandes weiblicher Wähler und anderer Organisationen einsetzt. Immer wird man die Antwort erhalten: »Für die Kinder natürlich.«

»Nichts ist zu gut für meine Kinder«, sagte mir ein jüdischer Vater. »Ich will nicht, daß sie einmal durch all das gehen müssen, was ich ertragen mußte, bis ich es zu meiner heutigen Stellung gebracht hatte. Sicher arbeite ich hart. Aber wenn ich daran denke, wie ich ihnen damit helfen kann, tu ich es gern.«

»Ich möchte eine bessere Welt für meine Kinder«, wird einem die Frau entgegnen, die man fragt, weshalb sie Stimmen für einen »idealistischen« (d. h. links-liberalen) Kandidaten sammelt. (Die Bewohner der nichtjüdischen Vororte werden oft ähnliche Ansichten äußern, doch sind die Juden wie immer extremer.)

Nur zu oft bewirken diese lobenswerten Ansichten, daß die Kinder in einer Atmosphäre aufwachsen, in der ihr Glück (und das aller anderen) von der Höhe der Summe abzuhängen scheint, die ausgegeben wird, um die unnötigen Dinge zu kaufen, die für die Eltern ein glückliches Leben symbolisieren. Außerdem haben die Kinder sehr zu Recht den Verdacht, daß diese Dinge der elterlichen Vorstellung von Erfolg entsprechen. Sie fürchten, selber Bestandteil dieses Erfolgs zu werden, da die Eltern sie oft als dessen Verkörperung und Beweis betrachten - bis die Kinder rebellieren.

»Als wir uns hier niederlassen wollten, wurden uns zwei Häuser angeboten«, erzählte mir ein Börsenmakler, der jetzt in einem Vorort lebt. »Das eine sollte 50 000, das andere 72 500 Dollar kosten. Wir hätten uns das größere eigentlich nicht leisten können. Aber ich merkte, daß es meine Frau glücklich machen würde, also nahm ich es. Schließlich lebt man nur einmal.«

Es ist kaum verwunderlich, daß die Kinder bald die Ansicht ihrer Eltern übernehmen: je teurer, desto besser. Und von da ist es nur ein kleiner Schritt zu der Überzeugung, daß ein großer Haufen Geld am allerbesten sei. »Sie erzählen einem immer wieder, daß man Glück nicht für Geld kaufen kann«, klagte ein jüdischer Gymnasiast. »Sie haben sogar Lieder darüber, ich meine die ältere Generation. ›The best things in life are free‹, singt Bing Crosby. Doch weder meine Eltern noch deren Freunde handeln danach. Und auch bei den Kindern in den Slums der City hat man kaum den Eindruck, daß es ihnen gefällt, ›Plenty o'nuthin‹ zu haben. Wer macht wem was vor?«

Eine weitere Folge ist, daß die Kinder in einer Atmosphäre völliger Nachgiebigkeit und mangelnder Autorität aufwachsen. »Mein Mann und ich haben uns lange den Kopf darüber zerbrochen, wann unsere Tochter alt genug für ihr erstes Rendezvous sein würde«, konnte man eine junge Frau sagen hören, die einem Hadassah angehört. »Und dann kommt sie eines Tages und erzählt uns, daß die Hälfte der Mädchen in ihrer Klasse schon mit Jungen ausgingen. Wir möchten nicht altmodisch erscheinen, auch vor uns selber nicht. Und ihr irgend etwas vorzuenthalten, könnte Minderwertigkeitsgefühle in ihr wecken.«

Die Eltern hätten ruhig hinzufügen können, daß ihnen auch daran lag, so schnell wie möglich die Beliebtheit ihrer Tochter unter Beweis zu stellen. Denn der Beliebtheitsgrad würde Rückschlüsse auf ihre »Anpassung« und damit auf die pädagogische Fähigkeit und den Erfolg ihrer Eltern zulassen. In allen außer den geschäftlichen Belangen fühlen die Eltern sich einfach zu unsicher, um Autorität auszuüben oder auf gewissen Grenzen zu bestehen. Sie finden sich ja selber im Leben der Vororte noch nicht zurecht. Sie wissen nur, daß die Grenzen nicht mehr dort sein können, wo sie einmal waren. Oft rebellieren die Kinder gegen diesen Mangel an Autorität, ohne sich dessen bewußt zu werden. Vor allem aber nehmen sie - ebenfalls unbewußt - die völlige Nachgiebigkeit ihrer Eltern übel, die sie als mangelndes Interesse auslegen.

Ein wichtiger Augenblick ist herangekommen, wenn der Sohn oder die Tochter alt genug ist, um selber einen Wagen zu fahren. Dies wird im Leben vieler junger Leute in den Vororten zu einem einschneidenden Erlebnis. Zum erstenmal in ihrem Leben sind sie unabhängig von der Mutter, die sie bisher herumchauffierte. Besonders für die Jungen bedeutet dieser Augenblick, daß sie nun ein Mädchen ohne Einmischung der Eltern treffen und sich als Männer fühlen können.

»Die Statistiken über Autounfälle Jugendlicher haben mich und meine Frau zu Tode erschreckt«, gestand ein besorgter Vater. »Wenn es nach mir ginge, dürfte mein Sohn nicht vor seinem 21. Lebensjahr ein Auto fahren. Aber was soll ich denn machen? Ich möchte der gesellschaftlichen Entwicklung meines Jungen nicht im Weg stehen. Alle seine gleichaltrigen Freunde fahren Autos. Sie lernen es ja sogar auf der High School, damit sie ihren Führerschein machen können, sowie sie die gesetzliche Altersgrenze erreicht haben[1]. Was soll ich also tun? Mein Nachbar hat seinem Sohn einen Wagen zum Geburtstag geschenkt, und meine Frau liegt mir in den Ohren, daß ich unserem auch einen schenken soll. Wahrscheinlich tu ich es sogar. Wenn die jungen Leute doch alle einen Wagen bekommen, kann mein Sohn auch unter den ersten sein, die einen fahren. Außerdem widerspricht er mir dann vielleicht nicht, wenn ich ihm verbiete, Alkohol zu trinken, wenn er noch fahren muß, oder zu schnell zu fahren und alles andere, worüber meine

Frau und ich uns Sorgen machen. Wenn ein Junge gesellschaftlich führend und gut »angepaßt« ist und seinem Vater vertraut, ist es doch wahrscheinlich, daß er vernünftigen Argumenten zugänglich ist. Nicht wahr?« (Nein, überhaupt nicht. Aber so zu denken beruhigt den Papa anscheinend.)

Einige Eltern verstehen, was vor sich geht. »Ich kann diese Kinder nicht wiedererkennen«, sagte eine Bewohnerin des Vororts Mizrachi, die einer älteren Generation angehört. »Alles wird für sie getan. Alles wird ihnen auf einem Silbertablett serviert. Sie bekommen nur das Allerbeste. Aber sie kommen mir nicht wie jüdische Kinder vor, obgleich viele von ihnen zu einer Art jüdischer ›Sonntagsschule‹ gehen. Sie respektieren niemanden, nicht einmal ihre Eltern. Mir kommen sie wie gutgekleidete Lümmel vor. Und nicht einmal immer gut angezogen. Die Eltern sind schuld. Sie geben den Kindern alles - manchmal ist das geradezu peinlich. Früher warf man einem Mann Prahlsucht vor, wenn er seiner Frau einen Pelzmantel schenkte. Jetzt werden für achtjährige Kinder Parties mit Musikern und Zauberkünstlern arrangiert, wie neulich in meiner Nachbarschaft.«

Die jüngste Entwicklung in einer typisch jüdischen Familie in einem der wohlhabenden Vororte sind die Hippies. Im Gegensatz zu den jüdischen Kindern vergangener Zeiten, die meist ruhig, wißbegierig und gesetzesgläubig waren, legen es die Hippies darauf an, die Gesetze zu übertreten oder sie doch zumindest nicht zu respektieren. Merkwürdigerweise ist eine große Anzahl von jüdischen Jugendlichen unter ihnen zu finden. Und diese Mittelschichtflüchtlinge machen sich sofort zu Wortführern der Hippies. Es ist unvermeidlich, daß sie die Rolle der Wortführer übernehmen, da sie unter allen ethnischen Gruppen die artikulierteste ist.

Weshalb aber werden sie Hippies? Einer der Gründe ist vielleicht darin zu sehen, daß dies für ein jüdisches Kind aus der Mittelschicht der einzige Weg ist, gegen die Auffassung seiner Eltern von amerikanischen Werten und Wünschen zu prote-

stieren - eben gegen die typisch jüdisch-amerikanische Lebens-
auffassung in Suburbia.

Jüdische Kinder dieser Schicht taten sich auch in anderen Pro-
testbewegungen hervor. Sie sangen Folklore und demonstrier-
ten für die Bürgerrechte. Doch ihr Singen bewirkte nur, daß
ihre Eltern sich neutral oder sogar wehmütig verhielten. Die
Bürgerrechtsbewegung unterstützten sie sogar begeistert, obwohl sie für Kompromisse eintraten, wie das nun einmal bei
Erwachsenen, die ihren Lebensunterhalt verdienen müssen,
nicht anders zu erwarten ist.

Ein Hippie zu sein gibt allerdings die Gewähr, daß man seine
Eltern verwirrt, beunruhigt und verärgert. Wenn jeder Ehrgeiz von den Eltern moralisch und finanziell unterstützt wird,
bleibt nur ein völliger Mangel an Ehrgeiz, um die Eltern auf-
zubringen. Diese Haltung nämlich können die Eltern kaum
mit Geld unterstützen, denn die Hippies lehnen es nicht nur
ab, Geld zu verdienen, sie wollen es auch nicht ausgeben oder
überhaupt besitzen. Und die elterliche Unterstützung, selbst
wenn sie ausdrücklich gefordert wird, macht natürlich jede re-
bellische Geste zunichte.

Es scheint fast so, als hätten sich die Eltern und Schulen in den
Vororten verbündet, um die Kinder in das Hippietum zu treiben. Auf welche Weise auch immer die Jugendlichen zu rebellieren versuchen, die Eltern und die Schulen absorbieren den
Schock durch ihre Nachgiebigkeit. Es ist nicht leicht, sich der
elterlichen Autorität entgegenzustemmen, wenn die Elternor-
ganisationen der Suburbia fordern, »die richtige und falsche
Art, sich elterlicher Autorität zu widersetzen« und ähnliche
Themen in den Unterrichtsplan aufzunehmen. Dies geschieht
dann sogar und wird von Schulpsychologen lang und breit
erläutert. Es läßt sich nicht rebellieren, wenn man der Unterstützung der Autorität, gegen die man kämpfen will, sicher
ist. Die Jungen können kein Ziel für ihre Auflehnung finden,
weil sie auf keinen Widerstand stoßen. Im Gegenteil, man unterstützt sie. Sie müssen sich daher gegen alles auflehnen und
das ganze System in Bausch und Bogen verdammen. Als Hip-

pie zum Beispiel kann man diesen Weg beschreiten.

Es gibt auch andere Gründe dafür, weshalb das Hippie-Syndrom (oder welchen Namen man ihm auch immer geben mag) der Rebellion ein Ventil bietet. Vielleicht sogar das einzige. Es stellt gewissermaßen eine Antwort dar. Man könnte dies folgendermaßen paraphrasieren: Man hat mir alles gegeben, bis auf eines - und gerade das war das Wichtigste. Man hat mir alles gegeben, was für Geld zu kaufen ist - jedoch keine Zeit, keine Aufmerksamkeit, keine Liebe. Man hat sich nicht für mich als Persönlichkeit interessiert, irgendwie dachte man, mich kaufen zu können. (Dabei müssen die Eltern nicht immer wirklich gleichgültig gewesen sein. Sie erwecken jedoch diesen Eindruck bei ihren Kindern, wenn sie sich ihrer eigenen Individualität entfremden und somit die Fähigkeiten verlieren, in ihren Kindern Individuen zu erkennen.)

Jetzt seid ihr mir gleichgültig. Und ihr sollt sehen, daß ich euer Geld gar nicht brauche. Ihr möchtet mich ordentlich gekleidet sehen? Nun, ich werde mich so schlampig wie möglich anziehen. Ihr wollt, daß ich meine Intelligenz einsetze, um erfolgreich zu sein? Ich werde sie gebrauchen, um neue Wege des Versagens zu finden, besser noch, ich werde sie mit Drogen einschläfern. Ihr setzt euren Stolz darein, vernünftige Wesen zu sein, im Lebenskampf bestehen zu können? Dann werde ich mich einem Kult des Irrationalen und des Altruismus anschließen. Ihr wollt mir Sicherheit geben und jedes Risiko aus dem Weg räumen? Dann lebe ich in den Tag hinein. Ich weigere mich, euer amerikanisches Ideal zu personifizieren. Ich werde kein sauberer College Boy mit kurzgeschnittenem Haar - im Gegenteil, dreckig, langhaarig, schlampig, weichlich, unappetitlich werde ich sein. Auch eurem jüdischen Ideal werde ich nicht ähnlich: ich werde nicht studieren, ich werde auch dem Dollar nicht nachjagen. Ich werde ein ambitionsloses Nichts sein: nicht einmal ein Versager, denn der hat es immerhin einmal versucht. Würde ich es bloß versuchen, würdet ihr schon Mittel und Wege finden, mich am Versagen zu hindern.

Der ödipale Gegensatz zur Welt der Eltern kann kaum zu

größeren Extremen getrieben werden. Und doch mußte er so extrem werden, weil die fortschrittlichen Eltern es an jenem Widerstand fehlen ließen, der gewissermaßen ein Bildungselement ist. Sie boten der Opposition kein Ziel, sie räumten sich selber aus dem Weg. Die Gesellschaft als Ganzes mußte an ihre Stelle treten.

Die elterliche Toleranz, von den Kindern als Gleichgültigkeit mißverstanden, führt bei ihnen zu Formen der Auflehnung, deren Grundtendenz ebenfalls die Gleichgültigkeit ist. Eine andere Form der Ablehnung kann es gar nicht geben. Dadurch also, durch das Fehlen äußerer Aggressionsziele in der nächsten Umgebung des Heranwachsenden wurde die kindliche Aggression invertiert - allein dadurch konnte man auch die Eltern angreifen. Möglich, daß es keinen anderen Weg gibt.

Um ihre Kinder unter Kontrolle zu bringen, versuchen die meisten Eltern, Schuldgefühle in ihnen zu wecken (eine grundfalsche Haltung: »Dein Vater rackert sich für dich ab, und du...«). Nun haben die Kinder endlich zurückgeschlagen; sie haben einen Weg gefunden, die Schuldgefühle der Eltern zu wecken.

---

[1] Die einzig bekannte Wirkung dieser Kurse ist übrigens eine gewisse Beruhigung der Eltern. Es gibt keine Angaben darüber, daß die Unfallquote durch diesen Unterricht gefallen ist. Das ist verständlich, denn er hat kaum Einfluß auf jene Empfindungen, die die Heranwachsenden dazu verleiten, riskant zu fahren.

# 15 Die sexuelle Anziehungskraft des Fremden

Die jüdische Religion - zumindest ihre Auslegung durch die Rabbiner - ließ nichtjüdische Mädchen immer als verbotene Frucht erscheinen. Kein Wunder also, daß sie dadurch die Begehrlichkeit weckten. Für die meisten jüdischen jungen Männer ist das so oft von Mama gehörte Urteil »ein nettes jüdisches Mädchen« im Grunde überflüssig, denn alle jüdischen Mädchen sind »nett« und daher uninteressant. Irgendwie hoffen die jüdischen Männer, daß nichtjüdische Mädchen nicht ganz so »nett« und daher aufregender sind.

Was das Sexuelle anbelangt, neigen Juden außerdem zu dem Glauben, daß nichtjüdische Mädchen zugänglicher, besser und vor allem erreichbarer sind. Natürlich sind sie auch ganz anders als Jüdinnen, weniger gefühlsbetont vielleicht und gerade deshalb befreiender - mehr sexy mit anderen Worten. Und weil es sich eben um nichtjüdische Mädchen handelt, kann man Sex als rein körperliches Vergnügen um seiner selbst willen mit ihnen treiben. Sie sind die heidnischen Göttinnen, die goldenen Kälber, die man gern mit Schritten umtanzt, die schon Urvater Moses erbitterten. Und sie sind um so vergnüglicher, je unwirklicher sie sind. Man kann sie zum Idol machen, weil sie ja nicht zur Familie gehören, und von der Verachtung, die sich mit der Familiarität einstellt, bleiben sie unberührt. (Wenn Verachtung vielleicht ein zu starkes Wort ist, müßte man doch zumindest sagen: Langeweile.)

Philip Roth, der Autor von »Portnoys Beschwerden«, schil-

dert die Gefühle eines jüdischen Jugendlichen, seines Helden
(oder Antihelden): »Schicksen ... ja, die Schicksen sind doch
etwas ganz anderes ... Der Anblick ihres frischen, kühlen
Haars, das aus ihren Kopftüchern und Mützen herausquillt...
welche Ekstase. Wie können sie bloß so wundervoll sein, so
gesund, so blond!«
Roths Charakterisierung der Reaktionen Portnoys auf die
Schicksen, die nichtjüdischen Mädchen, macht deutlich, daß deren Anziehungskraft auf seinen Helden auf ihrer Fremdheit beruht - Fremdheit sowohl im physischen wie auch im psychologischen und sozialen Sinn. Roths Held sehnt sich nach dem
Andersartigen, dem Unverständlichen, das ihm eben deshalb
so frei und gesund erscheint. Der Fremde kommt uns immer
freier und ungebundener vor, weil er dem Joch der eigenen
Stammesgebote nicht unterworfen ist, weil er frei von den be-
sitzergreifenden Liebesansprüchen der Stammesmitglieder ist,
weil er nicht in die allzu beengende Intimität der Stammesgemeinschaft einbezogen ist.
Nichtjuden haben von den Juden ähnliche Vorstellungen. Jeder glaubt vom anderen, daß er freier sei, tun dürfe, was zu
Hause verboten ist, und daß die einem im eigenen Milieu auferlegten Forderungen und Einschränkungen ihn nicht binden.
Kurzum, er kommt einem frei und unbelastet wie ein Tier vor.
Eben deshalb wird er auch als nicht ganz menschlich angesehen, etwas verachtet, aber trotzdem oder gerade deshalb be-
neidet. Je entfernter die fremde Gruppe vom eigenen Lebensbereich ist, desto mehr wird sie zu einem Rorschach-Klecks, in
den man die eigenen Wunschgedanken und Ängste projizieren
kann.
Das ist aber noch nicht alles. Anthropologen unterscheiden unter den Primitiven exogame Stämme, deren Mitglieder nur Andersstämmige heiraten dürfen, und endogame Stämme, die
innerhalb der Stammesgemeinschaft heiraten. Exogamie wird
gewöhnlich als das Resultat eines überbetonten Inzesttabus betrachtet. Der Stamm empfindet sich als eine Familie im biolo-
gischen Sinn; Heirat innerhalb des Stammes würde dadurch

zum Inzest, Endogamie wiederum entsteht aus dem Wunsch nach dem Inzest, nach der Reinhaltung der Stammesidentität, die durch die Beimischung fremden Blutes nicht gefährdet werden darf.

Alles in allem könnte man sagen, daß die Juden beide Tendenzen in sich vereinen. Während eine Heirat zwischen Vettern ungern gesehen wird, betrachtet man in den traditionsgebundenen Familien die Heirat eines jüdischen Mannes mit einem nichtjüdischen Mädchen als einen Todesfall: der Mann scheidet damit aus der Gemeinschaft aus. Diese starke Tabuisierung der nichtjüdischen Mädchen bedingt natürlich ihre besondere Anziehungskraft: da sie aus normativen, moralischen und religiösen Gründen abgelehnt werden, werden sie psychologisch um so interessanter - zugleich zählen sie nicht wirklich. Sexuelle Beziehungen zwischen Juden und Nichtjuden sind häufig auf beiden Seiten durch Spuren von Ambivalenz gekennzeichnet. Den nichtjüdischen Mädchen erscheinen die Juden als mächtige, bedrohliche, aber auch liebende, sorgende und gefühlsbeständige Vaterfiguren. (Wenn sie auch manchmal den »waschechten Vater« verkörpern.) Die besondere Anziehungskraft dieser Identifikation könnte etwa bei einem vaterlosen Mädchen wie Marilyn Monroe, die zum Judentum konvertierte, als sie Arthur Miller heiratete, entscheidend gewesen sein.

Jüdische Familienbande sind im allgemeinen sehr eng, und das Bewußtsein des - bejahten oder verneinten - Judentums ist sehr intensiv. Für den jüdischen Mann besitzt das nichtjüdische Mädchen daher nicht nur die aus dem Verbot erwachsende Anziehungskraft, sie bietet darüber hinaus auch den Vorteil, ihn nicht mit der Intensität, den Forderungen und Verpflichtungen zu belasten, die eine Beziehung zu einem jüdischen Mädchen zwangsläufig mit sich bringen würde.

»Wenn ich zu einer Party gehe«, erzählte mir ein jüdischer Freund, »sehe ich mir die jüdischen Mädchen nicht einmal an. Die wollen ja doch nur geheiratet werden. Deshalb fühle ich mich ihnen gegenüber schuldig, wenn ich ihnen keinen Ehering anbieten kann. Wenn ich aber einmal heirate, wird es sehr wahrscheinlich ein jüdisches Mädchen sein - was erklärt, weshalb ich mich jetzt noch von ihnen fernhalte. Jüdische Mädchen wollen einem gleich ein Nest bauen. Ich will aber noch kein Nest . . . nur ein Bett.«

Bis zu einem gewissen Grad handelt es sich hier um ein allgemeines Phänomen. Die sexuelle Anziehungskraft des Fremden beruht auf dem Anschein der Freiheit, der ihn umgibt, auf seiner Zugänglichkeit, seiner »Schwerelosigkeit«, die daraus resultiert, daß er frei von den Hemmnissen, Beziehungen und Forderungen der eigenen Gemeinschaft ist. Weil sie (oder er) dem Stamm nicht angehört, ist sie (oder er) verboten. Aber die verbotene Person ist sexuell erreichbarer, weil sie nicht mit den Verpflichtungen zu assoziieren ist, die familiäre Bindungen innerhalb des eigenen Stammes bedingen. Auch braucht man ihr weniger Respekt zu zollen als einem Stammesmitglied und kann daher - zumindest in der Phantasie - Dinge mit ihr tun, die sich bei einer anderen Person verbieten würden. (In »Portnoys Beschwerden« ist eben dies die Rolle der nichtjüdischen Mädchen im Leben des Helden.)

Auch ist die Identifikation mit dem Fremden geringer und läßt daher mehr Raum für die Phantasie. Tatsächlich verlieren viele Leute niemals ganz das Gefühl, daß Sex (besonders jene Varianten, die innerhalb der Gruppe als »anormal« angesehen werden) zwar etwas Vergnügliches, doch auch Schmutziges ist - irgendwie unanständig, schief, pervers, unehrenhaft und strafwürdig. Für die meisten Leute (wenn auch keineswegs für alle) werden nun die in der Stammesgemeinschaft bestehenden Verbote unter bestimmten, gesellschaftlich anerkannten Bedingungen - dem Stand der Ehe etwa - aufgehoben. Aber die Aufhebung des Verbots ist begrenzt; und die erlaubte sexuelle Tätigkeit mit dem erlaubten Partner kann auf die Dauer langweilig werden. Für manche bleibt der sexuelle Lustgewinn mit dem Begriff des Unanständigen oder auch Abwegigen unlöslich verknüpft, das heißt also, daß Sex ihnen nur Lust bereitet, wenn der Partner ein Fremder ist oder jemand, den man zumindest temporär als Objekt behandeln kann.

»Als ich beim Militär war«, erzählte mir ein jüdischer Bekannter, »gingen wir bei jeder sich bietenden Gelegenheit in die Stadt, um ein Mädchen aufzugabeln. Keiner meiner Freunde war Jude. Das spielte aber überhaupt keine Rolle, solange es sich nicht um Mädchen handelte. Wenn der eine oder andere nachts in die Kaserne zurückkam und erzählte, er habe ein jüdisches Mädchen aufs Kreuz gelegt, hatte ich Lust, ihn zu schlagen. Ich fühlte mich persönlich angegriffen und heruntergemacht. Ich erzählte das einmal einem Freund. Es fiel mir weiß Gott schwer, mit ihm darüber zu reden. Als ich's aber tat, lachte er mich aus. ›Verdammt noch mal‹, sagte er, ›bin ich denn beleidigt, wenn du ein christliches Mädchen bumst?‹ Wie recht er doch hat. Warum muß ich bloß so reagieren?«

Die Identifikation aller Frauen des Stammes mit Mutter oder Schwester (oder im Fall der Männer mit Vater und Bruder) kann einmal zu dem Wunsch führen, sie vor der Sexualität anderer (und somit sich selber vor Entehrung) zu schützen, zum anderen zu einem überbetonten Inzesttabu. Man muß alle Frauen des Stammes respektieren, man darf keine begehren. Dieses Tabu drängt sich natürlich bei einem Fremden nicht ohne weiteres auf, ist er doch schon um einiges entfernter vom Objekt der eigenen inzestuösen Begierden und der damit verbundenen Schuldgefühle. Und natürlich ist Sex mit einem Fremden weniger bindend - bedeutet also mehr Sex und weniger Verpflichtung. (Ähnliches gilt für die Mitglieder der eigenen Klasse oder Gemeinschaft.)

Einer der Faktoren, der jüdische Männer für christliche Frauen attraktiv macht, ist ganz analog. Doch obwohl hier die Juden als Fremde die Inzestfurcht in geringerem Maße auslösen als die Mitglieder der eigenen Gruppe, kommen sie möglicherweise dem Inzestwunsch der nichtjüdischen Mädchen auch wieder entgegen, da sie doch für die nichtjüdische Welt die Vatergestalt verkörpern.

Man mag einwenden, daß die hier angeführten Ursachen für die gegenseitige Anziehung zwischen Nichtjuden und Juden einander widersprechen. Dies ist tatsächlich der Fall. Das heißt jedoch nicht, daß sie nicht stimmen. Zunächst kann die eine oder andere Ursache - jedoch nicht unbedingt alle zusammen - für eine bestimmte Person maßgeblich sein. Wichtiger noch: sogar in derselben Person können verschiedene Ursachen, die einander logisch ausschließen, dennoch zusammentreffen und auf verschiedenen psychologischen Ebenen wirksam werden. Wäre der menschliche Charakter »logisch«, müßten die Psychoanalytiker verhungern. Das Unterbewußtsein kennt keine Logik. Und das der Logik zugängliche Bewußtsein dient in der Regel dazu, unbewußte Wünsche, die mit den bewußten in Widerstreit liegen, zu unterdrücken. Unsere Taten und mehr noch unsere Gefühle sind das Ergebnis verschiedenartiger und nicht selten widersprüchlicher unbewußter Beweggründe.

Bisher waren Ehen zwischen Juden und Nichtjuden selten, wenn es auch mehr oder weniger geheime sexuelle Beziehungen zwischen ihnen gab. Für einen Nichtjuden war die Ehe mit einem Juden sehr nachteilig: mußte er doch die vielen Widrigkeiten, denen die Juden in einer nichtjüdischen Umwelt ausgesetzt waren, teilen.

»Ganz offen gesagt«, erzählte ein hübsches, nichtjüdisches Mädchen aus einer prominenten Familie, das alle Welt und nicht zuletzt sich selber überraschte, als es einen Juden heiratete, »ich habe nie im Traum daran gedacht, einen Juden zu heiraten. Dann aber traf ich Robert. Ich habe lange überlegt und der Heirat auch erst zugestimmt, als wir uns darüber einig waren, daß kein vernünftiger Grund bestünde, unsere Kinder im jüdischen Glauben zu erziehen. Robert ist überhaupt nicht religiös. Warum sollten wir also unsere Kinder der Belastung aussetzen, einer Minderheit anzugehören? Niemals würde ich von meinem Mann verlangen, sein Judentum zu leugnen oder mit mir und den Kindern in die Kirche zu gehen (obgleich er das der Kinder wegen gelegentlich tut). Aber ich würde nie dulden, daß meine Kinder mit einem Glauben belastet werden, der ihrem Vater ja nicht einmal etwas bedeutet.«

Für einen Juden bedeutete eine Ehe mit einem nichtjüdischen Mädchen, von anderen Juden über die Schulter angesehen zu werden, ohne jedoch in der nichtjüdischen Welt als gleichberechtigt aufgenommen zu werden. Es gab natürlich Ausnahmen, besonders im amerikanischen Westen. Die wenigen Juden dort gehörten einfach in der einen oder anderen Form zu den Pionieren. Sie waren jedoch Ausnahmen und verloren in der Regel auch ihre jüdische Identität. Im äußersten Fall behielten sie ihren Namen, wie etwa Senator Goldwater.

In jüngster Zeit sind Mischehen häufiger geworden - und dies nicht nur im Westen der USA -, obwohl sie vom jüdischen Establishment immer noch ungern gesehen werden. Seltsamerweise sind auch die für Reformen eintretenden religiösen Kreise gegen Mischehen, die doch schon seit langem laut verkünden, das Judentum sei eine universale, keine Stammesreligion, und die Juden seien keine nationale, sondern eine religiöse Gemeinschaft. Eine sehr vernünftige Ansicht, in der Tat. So vernünftig, daß ihr das Judentum als unterscheidbare Religion wie auch als ethnische Gemeinschaft zum Opfer fallen könnte. Religionen sind eben keine rationalen Denkschemata, sondern historische Schöpfungen, denen die Theologen im nachhinein und mit wechselndem Erfolg Vernunft zuzuschreiben trachten. Und Nationalitäten sind gewiß ebensowenig rationale Schöpfungen wie etwa, um ein näherliegendes Beispiel zu benutzen, Familien. Im Fall der Juden waren es die beiden nichtrationalen historischen Gegebenheiten - Nationalität und Religion -, die zu einer Einheit zusammenwuchsen, einander beeinflußten und formten und ohne tödlichen Schaden für die gewonnene Einheit nicht mehr voneinander zu trennen sind.

Die Gründe für die vermehrten Kontakte zwischen Nichtjuden und Juden und die sich daraus ergebenden sexuellen Berührungspunkte (und im weiteren Mischehen) sind offenkundig. Juden nehmen heute ungehinderter am gesellschaftlichen

Leben der Nichtjuden teil. Sie besuchen Schulen und Hochschulen zusammen mit Nichtjuden; sie arbeiten mit und neben Christen. Sie teilen deren politisches wie auch gesellschaftliches Leben. Die Kontakte haben sich dadurch stark gemehrt und die Möglichkeiten, einander kennen- und schließlich lieben zu lernen, sind dementsprechend häufiger geworden.

»Ihre Generation ist es schließlich, die damit nicht fertig wird«, sagte der 16jährige Redakteur einer Schülerzeitung einem Fernsehmoderator im Rahmen einer Diskussion über rassische Vorurteile. »Ich selber bin Jude. Manche meiner Freunde sind es nicht, aber wir nehmen das nicht weiter wichtig. Meine Generation wenigstens nicht. Erst wenn wir mit Leuten wie Ihnen in Berührung kommen oder uns mit unseren Eltern streiten, tauchen diese Dinge auf. Was uns betrifft, so denken wir nie daran.«

Wenn hier auch zu einem gewissen Grad der Wunsch der Vater des Gedankens gewesen sein mag, wird doch die Grundtendenz der modernen amerikanischen Gesellschaft darin deutlich. Möglicherweise kündigt sich hier auch das Verschwinden der Juden als unterscheidbare Gruppe an.

Wahre Liebe bedeutet in den USA Heirat. Liebe wird nicht, wie es noch manchmal in Europa in Fall ist, vom Begriff der Ehe getrennt. Im Gegenteil, die Ehe gilt als Höhepunkt und Institutionalisierung der wahren Liebe, der sie allein Dauer verleihen kann. Sexuelle Beziehungen, die nicht zur Ehe führen, werden immer noch als sündhaft betrachtet - jedenfalls wenn die Absicht einer Eheschließung nie bestand -, oder sie werden als Mißerfolg betrachtet, wenn sie das Ziel der Ehe nicht erreichen.

Indes ist der Nichtjude dem Juden immer noch fremd genug, um ihn anzuziehen - und umgekehrt. Jedoch auch wieder nicht so fremd, um nähere Beziehungen auszuschließen. Mischehen sind möglich geworden, und gewissermaßen wird dadurch die gegenseitige Anziehung wieder abgeschwächt. Es kann sich nicht mehr im gleichen Maß wie früher um unbeschwerte Affären handeln, um einen Wochenendflirt, der keinen Gedanken an die Zukunft aufkommen läßt und damit der Realität ein wenig enthoben ist, weil beide wissen, daß er nicht über ein Liebeserlebnis oder ein rein sexuelles Vergnügen hinausgehen wird.

Denn heute ist auch eine Heirat möglich. Das heißt, daß man sich bei derartigen Affären nicht mehr aus der Realität heraushalten kann, um sich nur in das Bild des anderen, wie es Wunsch und Wahrnehmung gleichermaßen geformt haben, zu versenken. Juden und Nichtjuden müssen buchstäblich lernen, einander zu sehen, wie sie wirklich sind - soweit dies überhaupt menschenmöglich ist, auch über den Punkt hinaus, wo der andere begehrenswert erscheint. Die Möglichkeit einer dauernden Verbindung trägt allerdings auch wieder zu der gegenseitigen Anziehung bei, jedenfalls für jene, die realistisch und zugleich heiratswillig sind.

Es gibt immer noch genügend Hindernisse für diese Mischehen, um ihnen einen romantischen Aspekt zu verleihen. »Es war dumm von uns, unserer Tochter zu verbieten, ihren jüdischen Freund zu treffen«, klagte die Mutter eines christlichen Mädchens. »Sie mußte uns ja widersprechen. Und als guterzogenes Mädchen blieb ihr kein anderer Weg, als ihn gleich zu heiraten.«

Während eine Mischehe den jungen Leuten vielleicht romantisch, mutig (und sexuell prickelnd) erscheint, ist sie für die ältere Generation immer noch problematisch. Christliche Eltern sind bekümmert bei dem Gedanken, Enkel zu haben, die ihnen selber so unähnlich sind, die sie vielleicht sonntags nicht einmal mit zur Kirche nehmen können. Und jüdische Eltern drohen mit Selbstmord oder fast genauso gern mit Enterbung. Was nützt ihnen ein Enkel, wenn er nicht jüdisch ist? Er kann nicht einmal das Kaddish, das Gebet für die Toten, sagen. Selbst wenn der Enkel den jüdischen Glauben annimmt, kann man seines Jüdischseins immer noch nicht ganz sicher sein, da seine Mutter, konvertiert oder nicht, schließlich doch eine Schickse bleibt.

Wenn man jemanden nicht schlagen kann, verbündet man sich

mit ihm. Aber wer verbündet sich hier mit wem? Das ist schwer zu sagen. Doch steht eines fest: während die amerikanischen Juden mehr und mehr die so lange erkämpfte Freiheit und gesellschaftliche Gleichberechtigung erlangen, während sie darüber unaufhörlich den eigensinnigen, unbequemen, unassimilierbaren, leidenschaftlichen Kern ihrer durch und durch religiösen Glaubenssätze, die ihr Fluch und ihr Segen gewesen sind, aufweichen, während sie mit einem Wort aller Welt immer ähnlicher werden - beschleunigen sie ihren eigenen Untergang als identifizierbare Einheit. Sie sterben über ihrem eigenen weltlichen Erfolg aus.

Auch wenn man nicht an Wunder glaubt, erscheint einem das Überleben der Juden wie eines. Abraham bat Gott, eine Stadt zu schonen, wenn er nur zehn Gerechte in ihr fände. Das Wesen des jüdischen Lebens beruht auf Moral und Glauben, nicht auf Quantitäten. Vielleicht wird der Prophet Jesaja noch bestätigt werden, wenn »zehn Männer jeder Zunge das Gewand eines Juden fassen und sagen werden: ›Laß uns mit dir gehen, denn wir haben gehört, daß Gott mit dir ist.‹« Aber wird es dann noch genügend Juden geben?

# 16 Der untergehende Jude

Wenn die gegenwärtige Tendenz anhält, wird es im Jahre 2000 in den USA schönere, reicher ausgestattete und zahlreichere Synagogen, doch weniger Juden als je zuvor geben. Die Voraussage des ehemaligen israelischen Premierministers David Ben Gurion, daß die amerikanische Judenschaft aussterben werde, könnte sich als wahr erweisen. Doch weshalb geschieht dies gerade in dem Land, das für die Juden mehr als jedes andere zum gelobten Land wurde, in dem Milch und Honig fließen?

Seit Jahrtausenden heiraten Juden seltener Andersstämmige als irgendeine andere Gruppe. Sexuelle Ghettoisierung ging Hand in Hand mit der geographischen Ghettoisierung und wurde von beiden Seiten begrüßt. Wenn die christliche Bevölkerung aus Angst vor Ansteckung, Unannehmlichkeiten und Verseuchung nicht wollte, daß Juden ihre Enklave verließen, so lehnten auch die Juden aus eben denselben Gründen Außenseiter in ihrer Gemeinschaft ab. Und ohnehin gibt es häufig Heiraten zwischen Nachbarn, besonders wenn der Bekanntenkreis klein ist.

Was nun Ehen mit Nichtjuden betrifft, so war die Verachtung der Juden für den *Goj* nicht geringer als die der Nichtjuden für den Juden. Und natürlich war die Religion ausschlaggebend. Wenn ein Jude ein nichtjüdisches Mädchen heiraten wollte (der umgekehrte Fall war seltener, auch weniger bedeutsam, was aber nicht heißt, daß man ihn lieber sah), fühlten sich seine Eltern entehrt. In streng orthodoxen Familien saßen sie sogar *Shiva,* das heißt, sie hielten die siebentägigen Trauerzeremonien für einen Toten ab. In weniger religiösen Familien drohten sie mit Selbstmord. Außenstehende erkannten diese Einstellung sehr wohl, sie bildete in ihren Augen Teil der »Merkwürdigkeit« der Juden, und sogar Leute, die an und für sich keine Antisemiten waren, gaben diese »Clanwirtschaft« als Grund für ihre Abneigung an.

Ein äußerst hoher Grad an Inzucht war unvermeidlich. 1920 gab Julius Drachsler »Demokratie und Assimilierung« heraus, eine Studie von 100 000 amtlichen Eheerlaubnissen, die in den Jahren von 1908 bis 1912 in New York City erteilt wurden. Dabei stellte sich heraus, daß die Juden von allen weißen Bevölkerungsgruppen am seltensten Mischehen eingehen: kaum über 1 Prozent war festzustellen. Ihnen folgten die Iren und Italiener. Bei den angesehenen und gesellschaftlich beweglicheren Engländern, Schweden und Deutschen waren Mischehen am häufigsten. Weitere Studien in den dreißiger und vierziger Jahren bestätigten die Neigung der Juden, untereinander zu heiraten. Das war ein klarer Sachverhalt.

Oder so schien es zumindest. Im Lauf der Zeit änderte sich jedoch die statistische Zusammensetzung der jüdischen Gruppe in den USA. Drachslers Statistiken hatten den großen Strom von Einwanderern, der Ende des 19. und Anfang des 20. Jahrhunderts die USA überrollte, berücksichtigt. Dies waren Fremde in einem fremden Land, in dem sie niemanden kannten außer einigen Juden, die schon vor ihnen gekommen waren. Die Einrichtung der »Landsmannschaften« ergab sich durch Notwendigkeit, Solidarität und die Zuneigung von Leuten füreinander, die gemeinsam irgendwo im fernen Europa aufgewachsen waren. Die Neuankömmlinge wandten sich um Rat und Hilfe an ihre Landsleute, die die Verhältnisse schon besser kannten. Ist es da erstaunlich, daß sie die Tochter oder Schwester ihrer Freunde heirateten?

Doch alles ändert sich. Mit der Aufnahme der Juden in die amerikanische Gesellschaft stieg die Zahl der Mischehen. Die religiöse und blutsmäßige Einheit der Gruppe begann sich aufzulösen. Die Mischehenquote der jüdischen Einwanderer betrug einmal 1,4 Prozent. In der zweiten Generation waren es schon 10,2 Prozent, in der dritten Generation 17,9 Prozent. Wenn diese Entwicklung anhält, werden innerhalb der nächsten hundert Jahre rein jüdische Familien zu den Ausnahmen zählen. (Wenn ...!)

Im Vergleich zu den Katholiken sind Mischehen unter Juden allerdings immer noch selten: hier wurden 21 Prozent verzeichnet. (Wenn sich die beiden Gruppen auch schlecht miteinander vergleichen lassen.) Doch ist der Prozentsatz bei den Juden im Steigen. 1957 waren es bei Berücksichtigung aller Generationen schon 7,2 Prozent.

Naturgemäß ist es für die Juden in einem christlichen Land schwierig, ausschließlich jüdische Mädchen kennenzulernen. Über 95 Prozent der Mädchen, die sie zufällig treffen - am Arbeitsplatz, auf Festen, am Strand oder einfach in Verkehrsmitteln - sind Nichtjüdinnen. Außer wenn ein Jude sich in rein jüdischen Kreisen bewegt, was bei vielen der Fall ist, oder in New York lebt, was auf das gleiche hinausläuft, muß er schon den entschiedenen Wunsch haben, eine Jüdin zu heiraten, oder aber eine starke Abneigung gegen Mischehen. Für einen Christen in den USA ist es wahrscheinlich, daß sich bei fast jedem in Frage kommenden zukünftigen Ehepartner herausstellt, daß er ebenfalls Christ ist. Für einen Juden ist das anders. Natürlich konzentrieren sich die Juden meist in den Großstädten, wo sie unter ihresgleichen verkehren, doch gibt es genügend Bewohner kleinerer Städte, die nur wenig Gelegenheit haben, andere Juden kennenzulernen. Allgemein läßt sich sagen, daß bei den Jüngsten, auch wenn es sich um Großstädter handelt, die Kontakte zu Nichtjuden am stärksten sind.

1956 gingen in Washington 13,1 Prozent der heiratswilligen Juden Mischehen ein. In Iowa waren es dagegen von 1953 bis 1959 zwischen 36,3 und 53,6 Prozent, da es in Iowa nur wenige und überdies weit verstreut lebende Juden gibt.

Bedeutsam ist, daß der auf religiösen Erwägungen beruhende Wunsch, nur einen anderen Juden zu heiraten, immer seltener geäußert wird. Das Thema der Ehe zwischen jüdischen Männern und *Schicksen* wird in den Büchern von Bernard Malamud, Saul Bellow, Herbert Gold und Philip Roth behandelt - unnötig zu sagen, daß diese Schriftsteller Juden sind, die das Thema berührt, erheitert oder sogar traurig stimmt. Man kann hier sagen, daß die Schriftsteller den Soziologen um etliches voraus sind.

Früher handelten Theaterstücke und Filme, wie etwa »Counselor at Law« oder »The Jazz Singer«, die beide von Juden geschrieben und inszeniert wurden, vom dem Ehrgeiz der jüdischen Neuankömmlinge, sich in einer hauptsächlich von den »WASPS« beherrschten Welt durchzusetzen.

In diesen Stücken ist der jüdische Held immer erfolgreich, meist dank seinem unerhörten Talent. »Allein was ist gewonnen, wenn ein Mann die ganze Welt gewönne, doch darüber seine Seele verliert.« Der jüdische Held bringt seine Seele in Gefahr, indem er als Krönung seines Erfolgs eine der sauberen, kalten, schönen und sterilen *Schicksen* heiratet. Doch das Schicksal - oder die Vorsehung? zumindest aber Hollywood - will, daß er in eine Krise gerät. Alles, was er erreicht hat, ist in Gefahr. Wenn er nun ein nettes jüdisches Mädchen wie etwa seine ihn anbetende Sekretärin geheiratet hätte, stünde sie ihm nun natürlich zur Seite. Doch eine *Schickse*? Was kann man schon von ihr erwarten, da sie ihn doch nur seines Erfolgs wegen geheiratet hat und jetzt, wo der Erfolg ausbleibt, bereit ist, ihn fallenzulassen? Selbst seine Kinder wenden sich von ihm ab. Was kann man auch von nichtjüdischen Kindern anders erwarten? Mußte er sie auch auf die exklusive Schule schicken, wo sie nur lernten, auf ihren eigenen Vater und erst recht auf ihre Großeltern herabzusehen?

Die Krise wird überwunden, und unser Held wird nie wieder eine *Schickse* heiraten. Seine Mutter hat es von Anfang an gewußt ...

Soviel zu den Filmen. Meiner Ansicht nach spiegeln sie deutlich wider, wie Hollywood - das damals wie heute von Juden beherrscht wurde - die Beziehung zwischen Juden und Nichtjuden sah und wie es sich der Versuchung entzog. Die Filme sind vielleicht um so aufschlußreicher, als ihre Schöpfer sich dieser Tatsache gar nicht bewußt waren. Doch gehörten sie zu der ersten Generation jüdischer Hollywoodianer.

Heute haben sich ihre Gefühle geändert. Noch immer empfinden sich die Filmleute als Juden, doch erscheint ihnen die nichtjüdische Welt nicht mehr kalt und feindselig, sondern mittlerweile auffallend gastfreundlich. Eine Heirat mit einer *Schickse* wird von den Juden auch nicht mehr unbewußt als Verbrechen empfunden, dem die Strafe auf dem Fuße folgen muß. Allerdings haftet ihr immer noch ein gewisser Prestigewert an. Juden, die mit christlichen Frauen verheiratet sind, haben erwiesenermaßen im Durchschnitt bedeutend höhere Einkommen als ihre mit Jüdinnen verheirateten Glaubensbrüder. (Natürlich kann man dem entgegenhalten, daß sie auch emanzipierter sind.)

In der intellektuellen Elite sind Mischehen am häufigsten. 20 Prozent der jüdischen Lehrkräfte an der Universität von Illinois sind mit Nichtjüdinnen verheiratet. Noch erstaunlicher: in New Haven sind 64 Prozent der jüdischen Psychoanalytiker mit Christinnen verheiratet. Wenn man die soziologischen Tatsachen einmal außer Betracht läßt (was Psychoanalytiker ja häufig tun) - Mischehen also nicht mit Einkommen und Status in Beziehung setzt -, muß man sich fragen, ob diese Psychoanalytiker alle ihren jüdischen Müttern zu entfliehen versuchen. Oder ob Juden ohne starke Mutterbindung sich mehr zum Studium der Psychoanalyse hingezogen fühlen. (Ein Psychoanalytiker würde solche Überlegungen natürlich als Widerstandshaltung auslegen. Er könnte damit sogar recht haben: Widerstand und Wahrheit schließen sich nicht aus.)

Jetzt, wo die dritte Generation amerikanischer Juden im heiratsfähigen Alter ist, steigt die Zahl der Mischehen sprungartig. Mindestens 80 Prozent der heute in den USA lebenden Juden sind schon im Land geboren worden. Folglich sterben die aus den europäischen Städten überkommenen Bräuche und Ansichten aus. In Washington sind die Mischehen von Juden in der dritten Generation auf 17 Prozent gestiegen, und es ist wahrscheinlich, daß es in anderen Städten der USA ähnlich aussieht. Hinzu kommt, daß der Geburtenzuwachs bei den Juden als einer meist gebildeten und in Großstädten lebenden Gruppe nur vier Fünftel des Zuwachses der restlichen Bevölkerung beträgt, 1964 waren 2,9 Prozent der Gesamtbevölkerung Juden; im Jahre 2000 wird ihr Anteil auf 1,6 Prozent gefallen sein. Und die dann noch lebenden Juden werden nicht sehr jüdisch sein.

Einigen Statistikern zufolge werden weniger als die Hälfte der aus Mischehen stammenden Kinder jüdisch aufgezogen; andere Statistiken sprechen sogar von nur 17,5 Prozent, wieder andere von 30 Prozent. Nach dem rabbinischen Gesetz dürfen nur die von einer Jüdin geborenen Kinder als Juden betrachtet werden. In den meisten Mischehen handelt es sich aber um jüdische Männer und christliche Frauen. Die aus diesen Ehen stammenden Kinder müßten also dem Gesetz nach erst zum Judentum konvertieren, wenn die Mutter dies nicht schon vor ihrer Geburt getan hat.

In der Vergangenheit führte der Antisemitismus dazu, daß einige Juden die Heirat mit einer einflußreichen Nichtjüdin als leichten Schritt nach oben auf der gesellschaftlichen Leiter betrachteten. August Belmont, der bekannte, jüdisch geborene Bankier, wird oft als Beispiel genannt. In »The Age of Innocence« beschreibt Edith Wharton einen Mann, von dem viele annehmen, daß er Belmont nachempfunden sei:

»Die Frage ist, wer war Beaufort? Er galt als Engländer, war angenehm im Umgang, gutaussehend, reizbar, gastfreundlich und witzig. Er war mit Empfehlungsschreiben von Mrs. Manson Mingotts englischem Schwiegersohn, dem Bankier, nach Amerika gekommen, und hatte sich in der Geschäftswelt schnell eine wichtige Position erobert. Doch waren seine Gewohnheiten ausschweifend, seine Sprache bitter, sein Vorleben geheimnisvoll.«

Als aber August Belmont die schöne Tochter des Kommodore Perry, Caroline Slidell Perry, heiratete, waren offensichtlich alle Zweifel zerstreut: man trug ihm die Mitgliedschaft im *Union Club* an.

Antisemitismus bewog auch andere Juden, Nichtjüdinnen zu heiraten. Ihre Gründe waren denen Belmonts ähnlich, zeigten jedoch die Kehrseite der Medaille. Diese Juden wollten dem Judentum nicht entfliehen, um gesellschaftlich aufzusteigen, sondern um ganz aus dem gesellschaftlichen Blickfeld zu verschwinden. Sie fühlten sich unerwünscht, belastet durch ihr Judentum und bedrückt durch ihre Stellung als Außenseiter und Fremde. Sie wollten daher in die tröstliche Anonymität der Masse sinken.

»Ich bin nicht religiös«, sagte mir ein leitender Werbefachmann in Chikago. »Weshalb sollte ich also den Preis für mein Judentum zahlen? Wenn ich wirklich davon überzeugt wäre, zu einem auserwählten Volk zu gehören und unter Gottes besonderer Obhut zu stehen, würde es mir wohl wenig ausmachen, ob ein bestimmter Club mich aufnimmt oder nicht. Aber ich habe keinen Vorteil dadurch, daß ich Jude bin, nur Nachteile. Deshalb habe ich eben aufgehört, Jude zu sein. Ich habe ein christliches Mädchen geheiratet und bin mit ihr einer Unitariergemeinde beigetreten. Die Sekte ist mir gleichgültig, aber auch die Synagoge bedeutete mir damals nichts. Ich überlasse das alles meiner Frau. Ich bin früher nicht zur Synagoge gegangen und gehe heute nicht zur Kirche. Aber meine Frau braucht keine Angst vor der Frage zu haben, welcher Religion wir angehören, auch meine Kinder nicht. Weshalb sollte ich ein Märtyrer sein?«

Überdies für etwas, an das man selber gar nicht glaubt? Herr Justizrat Marx, Karls Vater, hätte ähnlich fragen können. Nicht aber seine Frau, die an ihrem Judentum festhielt und von ihrem Sohn Karl gehaßt wurde.

Da viele Juden nicht mehr religiös sind, würde man erwarten, daß sie ihr Judentum ganz aufgeben. Doch etwas hält sie zurück. Selbst wenn sie ihre Namen ändern, lassen sie doch noch irgendwie erkennen, daß sie Juden sind. Sie schließen einen Kompromiß mit ihrer Ambivalenz. Jude zu sein - religiös oder nicht - gehört zu sehr zur eigenen Identität, um leichtfertig aufgegeben zu werden. Und trotz der defensiven Logik des Werbemanns aus Chikago würden sich viele Juden schuldig oder als Verräter fühlen, wenn sie ihr Judentum verleugneten - was immer das auch inzwischen bedeuten mag. Der Entschluß des großen französischen Philosophen Henri Bergson, auf dem Totenbett von der beabsichtigten Konversion zum Katholizismus Abstand zu nehmen, nachdem die Nazis in Frankreich einmarschiert waren, ist wahrscheinlich gleichzeitig eine sühnende Geste und eine trotzige Solidaritätserklärung. Im Fall einer Mischehe kann und wird aber die jüdische Identität auf natürliche Weise verlorengehen. Nicht, daß man es direkt darauf anlegt, die Frau aber und die Kinder haben schließlich bestimmte Rechte . . .

Man könnte dies allgemein die klassischen Gründe für eine jüdische Mischehe nennen - klassisch insofern, als sie der Vergangenheit angehören. Denn mit dem Verschwinden der antisemitischen Barrieren in den USA werden, besonders in den urbanen Kreisen, in denen die studierten Juden meist verkehren, immer häufiger andere Gründe für eine Mischehe vorgebracht.

Jetzt, da ihnen die Türen offenstehen, können viele Juden der Versuchung nachgeben. Und was wäre verführerischer, als zu entfliehen, sowie das Schloß aufgebrochen ist? Schon die wohlbekannte Enge der jüdischen Familie weckt den Wunsch danach. Nachdem nun der Druck von außen, der bisher die Flucht aus der Familie verhinderte, nachgelassen hat, kann man sich diesen Wunsch erfüllen. Und nicht einmal die jüdische Familie ist noch eng genug, um eine Flucht unmöglich zu machen. Es hat seinen guten Grund, daß so viele jüdische Jugendliche zu hitzigen Rebellen werden. Druck bewirkt Gegendruck, wenn er auch oft gegen einen Elternersatz aktiviert wird. (Die wirklichen Eltern sind oft nicht mehr stark genug, um großen Trotz herauszufordern.)

»Ich denke, der Grund oder einer der Gründe, weshalb Harold mich geheiratet hat«, sagte die christliche Frau eines jüdischen Verkäufers, »ist, daß er eine andere Art von Familienleben haben wollte. Mich hat das jüdische Familiengefühl immer angezogen. Meine Eltern waren geschieden, und mir kam die festgefügte jüdische Familie, wie ich sie in dem Vorort, in dem ich aufwuchs, erlebte, wunderbar vor. Man sah sie immer zusammen, und zu Picknicks und ähnlichen Veranstaltungen wurden auch immer Verwandte geladen. Aber mein Mann findet das alles unangenehm und beengend. ›Sie ersticken mich‹, sagt er oft, ›ich muß von Onkel Lou und Tante Helen und meiner Schwester Sarah loskommen.‹ Er hat fast nie Lust, zu Familienzusammenkünften zu gehen, und ich muß ihn immer überreden.«

Harold selber sagte zu mir: »Vielleicht gefällt es Ihnen nicht, was ich sage, aber ich wollte einfach keine Jüdin heiraten. Der Ödipuskomplex sagt uns ja, man habe Angst, eine Frau zu heiraten, die der Mutter ähnlich ist. Man mag es im geheimen wünschen, sich aber auf der bewußten Ebene davor fürchten. Angeblich soll sich das alles unbewußt abspielen. Aber wie kann das denn heute noch unbewußt bleiben? Überall trifft man entweder Psychoanalytiker oder ihre Patienten oder aber Patienten, die sich benehmen, als seien sie Psychoanalytiker. Mir war das alles besonders klar. Ich merkte nämlich sehr schnell, daß alle Mädchen, die mir gefielen, sich ähnelten. Sie waren alle schlank und ein wenig distanziert, und ich wußte sehr bald, daß sie das genaue Gegenteil meiner Mutter waren. Ich liebe meine Mutter. Aber ich wollte nicht noch einmal in saurer Sahne erstickt und in Hühnersuppe ertränkt werden.

Die Schwierigkeit war nur, daß alle Mädchen, die ich kennenlernte, jüdisch waren. Die meisten unserer Bekannten hier draußen im Vorort sind Juden. Ich arbeite auch nur mit Juden zusammen. Aber einer der anderen Verkäufer in meiner Firma kam sehr viel herum. Durch ihn lernte ich sehr schnell eine Menge nichtjüdischer Mädchen kennen. Und eine von ihnen habe ich geheiratet.«

Harolds Mutter: »Ich mag Ann. Ich hab gar nichts gegen sie. Aber ganz tief im Innern habe ich das Gefühl, daß Harold sie geheiratet hat, um mich zu verletzen. Ich frage mich immer wieder, weshalb er es getan hat. Was haben mein Mann und ich denn falsch gemacht? Wir haben ihm ein schönes Zuhause und eine gute Erziehung gegeben. Er hatte immer nette Freunde. Und jetzt habe ich eine Schwiegertochter, von der ich weiß, daß sie meinen Sohn glücklich macht. Wie kann ich also gegen sie sein? Aber wie kann ich ihr auch im Grunde nahe sein?«

Harolds Vater: »Ich war ein Radikaler, als ich so alt war wie Harold jetzt. Ich wollte alles ändern, die Unterdrückten befreien, eine bessere Welt schaffen. Stalin und die Zeit sorgten dafür, daß ich meine Ansichten änderte. Ich war nie für den Zionismus, weil ich fand, daß das der falsche Weg sei. Wir müßten eine vereinte sozialistische Welt anstreben - nicht eine Reihe kleiner Länder, die sich gegenseitig bekriegen. Diesen Glauben hat Hitler zerstört. Jetzt unterstütze ich Israel, so sehr ich kann. Aber tief in mir habe ich immer noch dieses Gefühl, daß Leute einander verstehen sollten, miteinander arbeiten, Seite an Seite kämpfen; daß niemand das Recht hat, einen anderen zu verletzen, ihm zu befehlen, wo er leben und was er arbeiten soll. Niemand dürfte einem anderen sagen können: ›Du bist mir nicht gut genug.‹ Als Harold mir erzählte, er werde ein christliches Mädchen heiraten, brach mir fast das Herz. Aber mit welchem Recht hätte ich ihn davon abhalten können? Das hätte gegen meinen Glauben an die Menschlichkeit und an die Einheit aller verstoßen.«

Auf weiteres Befragen sagt Harolds Vater, ihm wäre es lieber gewesen, sein Sohn hätte ein jüdisches Mädchen geheiratet. Auf die Frage, ob er sich für seine Kinder später eine Heirat mit Juden oder Christen wünsche, antwortete Harold, daß ihm das gleich sei.

Andererseits finden viele christliche Mädchen heute den Gedanken an eine Heirat mit einem Juden aufregend. Im großen ganzen sagt man den Juden nach, daß sie beständig, verläßlich und außerdem Abstinenzler seien - wenigstens trinken sie weniger als andere Männer. Sie sind bekannt dafür, daß sie viel Geld verdienen und gute Ehemänner und Väter sind. Zu all diesen Tugenden des Mittelstandes - wie Solidität und Familiensinn - kommt noch hinzu, daß sie irgendwie schick sind, da sie ja außerhalb des konventionellen Establishments stehen. So wie man den Kitzel der Gefahr auf einer Achterbahn sucht, ohne dabei wirklich ein Risiko einzugehen, finden christliche Mädchen es irgendwie aufregend, einen Juden zu heiraten, gleichzeitig aber sehr sicher.

»Was bildet sich mein Vater eigentlich ein?« sagte jüngst eine junge Frau, die mit einem jüdischen Rechtsanwalt verheiratet ist. »Was hat er gegen Lawrence? Er ist viel gebildeter, als mein Vater es je sein könnte, er ist höflicher, netter zu den Leuten - und er *trinkt nicht*. Hin und wieder gehen wir zu einer Party im Club. Ich weiß, daß es dort ein paar Leute gibt - meist ältere -, die so denken wie mein Vater, nämlich, daß ich einen Fehler gemacht habe, einen Juden zu heiraten. Aber wenn die Männer gegen Ende der Party kaum noch aufrecht stehen können und ich praktisch die einzige Frau bin, die ihren Mann nicht nach Hause chauffieren muß, dann weiß ich, wie gut es war, Lawrence zu heiraten. Und noch etwas werde ich ihnen sagen, was er selber niemals erwähnen würde. Er verdient auch eine Menge mehr Geld als mein Vater.«

Andererseits wird der Jude auch als Symbol der Rebellion angesehen, was ihn ebenfalls für viele christliche Mädchen attraktiv macht.

»Der Antisemitismus«, sagte eine hübsche Delegierte auf einem Kongreß der Linken in New York, die ebenfalls mit einem Juden verheiratet ist, »das riecht so nach Opas Politik. Es ist einfach irrelevant. Man bemüht sich nicht einmal mehr zu argumentieren, daß er eine böse Sache ist. Das kann man sich sparen. Den Juden heutzutage die Stange zu halten, wäre dasselbe, als wollte man beweisen, daß Wasser nützlich ist. Wer ist schon gegen die Juden? Nur ganz unbedeutende Leute, die man aus ganz anderen Gründen attackieren sollte als wegen ihres Antisemitismus. Man argumentiert nicht gegen Nixon und Agnew, weil sie aus dem Mund riechen, sondern wegen Vietnam. Man sollte seine Zeit nicht auf unwichtige Dinge verschwenden, es ist besser, sie einfach zu ignorieren.

Harry hat mir geholfen, das zu verstehen. Also sehen Sie: Man geht auf eine gute Schule, bekommt eine gute, liberale Erziehung - wie lächerlich -, und dann soll man das alles wieder vergessen, soll nach Hause zurückkehren, eine Familie aufziehen und jeden Sonntag in die Kirche gehen. Und dann ist man tot und hat nie wirklich gelebt.

Ich habe eben über das Wort ›liberal‹ gewitzelt - meist ist das ja wirklich ein Witz. Aber Harry war der erste echte Liberale, den ich getroffen habe. Man sagt das ja immer von den Juden, aber ich habe vor ihm vielleicht nicht genügend kennengelernt. Harry war der erste, mit dem ich ausgegangen bin und mit dem ich mich ernsthaft unterhalten habe.

Er war so ganz anders als die Jungen, mit denen ich aufgewachsen bin. So interessant. Man brauchte sich nicht den Kopf zu zerbrechen, worüber man mit ihm reden sollte. Harry war immer so begeisterungsfähig, das war einfach ansteckend. Man konnte nicht anders als mitmachen.

Ich bin eigentlich Idealistin, wahrscheinlich ein Rest aus meiner Kindheit, als ich noch sehr religiös war. (Nein, heute kümmere ich mich überhaupt nicht mehr um die Religion.) Und ich wollte immer einen idealistischen Mann. Als Harry auftauchte, habe ich sofort zugegriffen. Wenn meine Mutter mich heute bloß sehen könnte.«

So und ähnlich klingen die Begründungen für eine Heirat mit einem Juden. Auf einer weniger bewußten Ebene gibt es aber vielleicht wichtigere Ursachen für die wechselseitige Anziehungskraft zwischen Juden und Nichtjuden - jene Anziehungskraft, die Fremde eben aufeinander ausüben. Die endgültigen Folgen sind kaum zweifelhaft: Wenn die Tendenz anhält, werden die Juden, die bereits zu einem festen Bestandteil des kulturellen und des wirtschaftlichen Establishments in den USA geworden sind, bald ausgestorben sein.

# 17 Die Juden und das Gelobte Land

Während der langen Zeit ihrer Diaspora haben die Juden in aller Welt ein inbrünstiges Gebet in das Ritual des Passahfestes aufgenommen. Ganz gleich in welcher Sprache es erklang, das Versprechen, das sie einander zuriefen, war immer dasselbe: »Übers Jahr in Jerusalem.« Für viele Juden hat sich diese Verheißung erfüllt, für andere könnte sie wahr werden, wenn sie es nur ernsthaft wollten.

Viele Juden gingen nach Israel, sobald sich ihnen die Möglichkeit dazu bot - einfach weil sie es wollten. Andere gingen, weil sie in ihrer Heimat nicht mehr bleiben konnten - und weil Israel sich als einzige Alternative anbot. Dies traf gewöhnlich auf die Einwanderer aus dem Nahen Osten zu und auf jene, die dem Nazismus in Europa entflohen. Einer der Gründe, weshalb der verstorbene israelische Premierminister Levi Eshkol - nicht anders als sein Vorgänger Ben Gurion - sanften Druck auf die amerikanischen Juden ausübte, um sie zur Einwanderung nach Israel zu bewegen, war der, daß nur noch in den USA und in der Sowjetunion größere jüdische Gemeinschaften leben. Die russischen Juden würden dieser Aufforderung gern zahlreich folgen, doch dürfen sie nur unter Schwierigkeiten ausreisen. Die amerikanischen Juden könnten auswandern, wollen es jedoch nicht - auch wenn jene, die das Passahfest feiern, das rituelle Gebet »Übers Jahr in Jerusalem« immer noch sprechen. Aber dieses Jahr nicht, und wahrscheinlich in keinem Jahr. Warum? Ein Jahrzehnt vor dem Ersten

Weltkrieg, während der ersten großen Einwanderungswelle in das damalige Palästina, gab es nur eine Handvoll amerikanischer Juden unter den Neuansiedlern.

Als der Staat Israel im Jahre 1948 gegründet wurde, gab es dort nicht einmal 10 000 amerikanische Juden bei einer Gesamtbevölkerung von 650 000. Heute, nachdem sich die Bevölkerung vervierfacht hat, mag es dort 20 000 bis 25 000 amerikanische Juden geben. Kein Wunder also, daß Eshkol und sein Vorgänger Ben Gurion erbittert waren - wenn sie ihre Enttäuschung auch in diplomatische Sprache kleideten. Die amerikanischen Juden sind bereit, Geld zu schicken, und haben sich dabei sehr großzügig gezeigt. Auch ihre Herzen mögen in Israel sein, ihre Körper sind es aber sicherlich nicht. Die Israelis aber wollen alle Juden, Körper und Seele, nicht bloß Geld. Die amerikanischen Juden sind die gebildetsten, verwendbarsten und daher auch die nützlichsten und am stärksten benötigten. Gerade sie aber ziehen es vor, in Israel nur Besuche abzustatten. Dieselben Dollar, die sie so freigebig nach Israel schicken, tun das Ihre, um sie in den USA festzuhalten. Die amerikanischen Juden sind nicht nur wohlhabend, sie sind auch zu glücklich verwurzelt im großen amerikanischen Mittelstand, der das Wunschziel des weitaus größten Teils der Menschheit ist, um das erreichte Gleichgewicht erschüttern zu wollen. Daher bleiben sie, wo sie sind.

Die nur sehr zögernde Bereitwilligkeit, nach Israel auszuwandern, wird durch negative Erfahrungen bestätigt. Die wenigen amerikanischen Juden, denen es in Israel gefällt, kehren nicht in die USA zurück, um Propaganda zu machen. Und wenn sie auch hin und wieder schreiben, dann doch bloß, um damit zu prahlen, welche Mühsal sie auf sich zu nehmen bereit waren. Jene aber, die sich in Israel nicht einleben konnten, kehren natürlich zurück und erzählen von der unerträglichen Plackerei. Wie viele Liebhaber, die sich von der Geliebten betrogen fühlen, geben sie ihrer Desillusionierung beredten Ausdruck.

»Das Problem, das sich einem nach Israel auswandernden Amerikaner stellt«, sagte ein solcher Heimkehrer, »liegt vor allem darin, daß man ihn irgendwie gelehrt hat, er gehöre einem Kulturkreis an, der das Erbe der Welt angetreten habe. Auch wenn er Jude ist, gehört die ganze Welt doch ihm, weil er eben auch Amerikaner ist. Nun kommt er in ein Land, das offensichtlich primitiver ist, jedenfalls in materieller Hinsicht, als das Land, das er verlassen hat. Das sich aber dennoch seiner amerikanischen Heimat überlegen fühlt - was seltsamerweise gerade er zu spüren bekommt. Er kam, um zu helfen. Sie aber lassen es ihn fühlen, daß sie ihm helfen. (Vielleicht haben beide Seiten recht. Aber sie fühlen sich eben nicht sehr wohl miteinander.)

Er möchte Israel, sein neues Land, zu einem besseren machen, als es sein altes ist. Schließlich ist er ja deshalb aus Amerika ausgewandert. In ein besseres Land, wie er dachte. Trotzdem will er nicht, daß sich seine neuen Mitbürger ihm gegenüber moralisch überlegen geben oder es sogar sind. Dies ist indes genau, was er erlebt.

Amerikaner in Israel werden ein ganz klein wenig von oben herab behandelt, etwa wie verwöhnte Kinder, wie Leute, die die Dinge um sie herum einfach nicht begreifen. Sie hatten keine Naziverfolgungen zu erdulden, waren nicht Zeugen der Staatswerdung, haben die Kriege gegen die Araber nicht mitgemacht. Weder ihre Fähigkeit zu erdulden noch ihre Kampfbereitschaft waren den Prüfungen unterworfen, die die Israelis bestanden haben. Sie sind einfach nur reich. Irgendwie scheint das ungerecht zu sein. Überdies spricht der amerikanische Jude, der arme Kerl, nicht einmal die Landessprache, das Hebräische. Und wie die meisten Amerikaner und sehr zum Unterschied von den meisten Europäern zeigt er wenig Begabung, sich eine neue Sprache rasch anzueignen. Schließlich hat er das Gefühl, den Komfort, die leichten Lebensbedingungen und das Heimischsein in den USA für ein weit weniger komfortables Land eingetauscht zu haben, wo er nicht einmal für seinen Idealismus bewundert, sondern im Gegenteil von oben herab angesehen wird. Man behandelt ihn hier wie ... nun, nicht viel anders, als Neuankömmlinge fast überall behandelt werden. Doch können Amerikaner sich am allerwenigsten mit einer gönnerhaften Haltung ihnen gegenüber abfinden. Vor allem aber entdecken sie in ihrer neuen Heimat, wie tief sie in der alten verwurzelt waren. In den USA mögen sie sich noch als Juden gefühlt haben. In Israel hingegen betrachten sie sich als Amerikaner.

»Die Amerikaner, die nach Israel kommen«, sagte ein israelischer Medizinstudent an der Columbia-Universität, »wissen, daß es eines gibt, das wertvoller ist als alles andere in der Welt: ihr blaugrüner amerikanischer Reisepaß. Gleichgültig, wie begeistert sie bei ihrer Ankunft in Israel auch sein mögen. Sie behalten diese Rückfahrkarte immer fest in der Brusttasche - nahe ihrem Herzen. Ihre Gefühle für Israel sind sehr romantisch, daher ist es nur natürlich, daß die Desillusionierung nach einer Weile einsetzt. Dann beginnen sie, zwischen den beiden Welten hin und her zu pendeln. Sie kommen mit leuchtenden Augen nach Israel, müssen aber bald entdecken, daß die Pionierleistungen dort wenig mit den Technicolorfilmen über den Wilden Westen gemeinsam haben, die ihre Erwartungen geformt haben. So entschließen sie sich eines Tages, in die USA zurückzukehren. Sind sie erst einmal dort, mißfällt ihnen plötzlich auch das amerikanische Leben wieder - was sie ursprünglich ja auch zu ihrer Auswanderung bewog. ›Es gibt keinen Idealismus hier in Amerika‹, sagen sie. ›Man hat nicht das Gefühl, einem Volk anzugehören, das gemeinsam etwas aufbaut.‹ In den Augen der Israelis ist diese Kritik an den USA und ihrem Wirtschaftssystem auch berechtigt. Und so machen sie eben ihre zweite Reise nach Israel. So wandern sie hin und zurück, hin und zurück. Eine ganze Kolonie von Leuten, von denen jeder den anderen kennt, hüben und drüben zu Hause und doch nirgendwo beheimatet ist. Vielleicht liegt das eigentliche Problem des amerikanischen Juden darin, daß er im Gegensatz zu den meisten anderen Juden in der Welt nicht gezwungen ist, nach Israel zu gehen. Auch wenn er sich einmal dazu entschlossen hat, um sich zumindest umzusehen, ist er wiederum sehr zum Unterschied von den anderen nicht

dem wirtschaftlichen Zwang unterworfen, dort zu bleiben.
Dem amerikanischen Juden bleibt immer genug Geld für eine
Rückfahrkarte übrig. Er hat auch ein Land, das ihn wieder
aufnimmt. Es ist dieses lauwarme Engagement, das uns die
amerikanischen Juden wie Dilettanten erscheinen läßt.«

Der Auswanderungswillige wird von seinen Freunden in den
USA auch keineswegs ermutigt. »Vielleicht liegt das daran,
daß sie sich alle irgendwie schuldig fühlen«, sagte ein junger
Mann, der sein Medizinstudium aufgegeben hatte, um sich auf
einer Landwirtschaftsschule auf sein zukünftiges Leben in Israel vorzubereiten. »Sowie ich meinen Freunden erzähle, daß
ich nach Israel auswandern will, sind sie skeptisch oder lachen
mich einfach aus, weil ich ihnen wie ein idealistischer Spinner
vorkomme. Als ich es meiner Mutter sagte, sah sie mich an, als
wollte ich eine *Schickse* heiraten. ›Aber das ist doch so weit
weg‹, rief sie. ›Und diese Araber - immer gibt es dort Krieg.
Ein entsetzlich gefährliches Land ist das. Warum wartest du
nicht ein paar Jahre? Wenn du dann immer noch gehen willst,
kannst du es ja tun. Aber schon jetzt?‹ Ich will aber nicht so
wie diese Leute sein, die ihr ganzes Judentum darin sehen, daß
sie Räucherlachs und jüdische Brezeln essen und im Winter in
Miami baden. Wenn ich schon Jude bin, will ich es auch ganz
sein, daß heißt, ich will nach Israel gehen.«

Ein Amerikaner, der seit über einem Jahr in Israel lebt und
nun gekommen ist, um seine Eltern zu besuchen, erzählte von
seinen Anpassungsschwierigkeiten in Israel.

»Es ist genauso wie hier in Amerika, wo es eine ganze Masse
von Leuten gibt, die zu sagen pflegen: ›Sag bloß nichts gegen
Senator McCarthy. Man wird sonst glauben, daß wir alle Kommunisten sind.‹ Oder: ›Juden sollten nicht an Demonstratio-
nen für die Bürgerrechte teilnehmen, sie reizen damit bloß die
Antisemiten.‹ In Israel wiederum gibt es eine ganze Reihe von
Leuten, die sich wie in einem Glaskasten fühlen. Sie glauben,
von den Israelis ständig beobachtet zu werden, gerade so, als
würden alle nur darauf warten, daß sie irgend etwas ›Amerikanisches‹ und daher Lächerliches tun. So ganz unrecht haben

sie damit auch nicht. Jerusalem zum Beispiel hat meist wundervolles Wetter. Man darf sich aber von den Reisebroschüren nicht hereinlegen lassen. Im Winter kann es auch verdammt kalt werden. Und Sie sollten nur hören, wie die Israelis darüber jammern. Eines Tages war ich zu Besuch bei einer israelischen Familie in Tel Aviv. Man sprach englisch. Ich erwähnte das Wetter, wie kalt es sei. Daraufhin blickte mich eine französische Jüdin, die dort ebenfalls zu Gast war, voll unbeschreiblicher Verachtung an: ›Nun ja, natürlich sind wir nicht alle mit Zentralheizungen in der Wohnung aufgewachsen‹, sagte sie. ›Wir armen Bauern mußten uns früh an die Kälte gewöhnen.‹ Ich war wie vor den Kopf geschlagen. Schließlich jammern doch die Israelis selber dauernd über das Wetter. Nur ein Amerikaner, der darf das eben nicht. Jeder ist so mißtrauisch den Amerikanern gegenüber. So eifersüchtig, denke ich, wegen des amerikanischen Wohlstands, daß sie dauernd nach Gründen suchen, einem am Zeug zu flicken. Während der vergangenen 2000 Jahre war die Welt den Juden gegenüber mißtrauisch und feindselig, weil man sie für so reich hielt. Genauso reagieren jetzt die Israelis auf die Amerikaner.

Wenn mich aber mein Amerikanertum von den israelischen Juden trennt, wo bin ich dann? Wer bin ich? Schlimmer noch: diese Trennungslinie hindert mich daran, mich voll zu engagieren und meinen amerikanischen Paß aufzugeben. Denn nur so könnte ich den entscheidenden Schritt tun. Es ist, wie gesagt, ein äußerst entscheidender Schritt. Etwa wie vor einer Ehe. Beide wollen und wollen auch nicht. Man hält die Hand des Mädchens fest und läßt sich doch Zeit mit dem Aufgebot.«

Ein israelischer Geschäftsmann erzählte, warum Amerikaner in Israel mit etwas gedämpfter Bewunderung betrachtet würden. »Also, was mich stört, ist ihr spezifisch amerikanisch moralischer Ernst. Sie gieren nach Entsagung und danach, Schuld auf sich zu nehmen - und gerade das, denke ich, ist eine besonders schlechte Mischung ihres jüdischen und amerikanischen

Erbes. Wenn zum Beispiel die militanten schwarzen Nationalisten in den USA rufen: ›Wir hassen die Juden. Gebt uns Geld für Waffen, damit wir unsere Feinde erschießen können!‹, applaudieren diese armen Juden wie verrückt und sammeln Geld dafür. Und jüdische Rechtsanwälte plagen sich damit ab, diese Leute aus den Gefängnissen herauszuholen.

Nun kommen diese Amerikaner hierher - ich spreche nicht von den reichen Touristen, sondern denen, die ernsthaft an eine Einwanderung nach Israel denken. Sie kommen also und wollen die Araber bekämpfen und in der Wüste dursten. Dabei können sie nicht einmal die einfachen Vergnügungen, die ihnen das Leben hier bietet, akzeptieren. Wenn wir ihnen dann sagen, daß augenblicklich leider kein Krieg sei und sie sich für die Wüste nicht besonders gut eignen, verlieren sie alle Hoffnung, verzweifeln und fahren auf der Stelle zurück in die USA.

Die übrigen passen sich allmählich an. Ihre Ersparnisse schrumpfen, deshalb müssen sie sich schon anpassen. Sie gewöhnen sich an unsere Küche, die sich so sehr von der reichen amerikanischen Kost unterscheidet. Sie gewöhnen sich an unsere bescheidenen Vergnügungen: ein Gespräch mit Freunden etwa oder ein Konzertbesuch. Sie sind nun so weit, daß sie glauben, das israelische Leben zu kennen. Schließlich gehört ein gewisser Grad von Entsagung dazu, ohne die teuren Zerstreuungen des amerikanischen Lebens auszukommen, und das gefällt ihnen. Sie finden es aufregend, kein fließendes heißes Wasser zu haben, und sind stolz darauf, einen Spirituskocher reparieren zu können. Sie geben sich ihrer Entsagungspose genüßlich hin und sehen sich als wahre Menschen, die ohne die materiellen Güter des dekadenten Amerika auskommen können.

Nach einer Weile erreichen sie die nächste Phase - das heißt, wenn sie immer noch da sind. Sie haben nun aufgehört, amerikanisch zu sein, und finden es auch nicht mehr schick, zu frieren, zu hungern und sich in der Wüste Blasen zu holen. Sie sind wütend darüber - genau wie wir. Wir aber können nichts tun, als wütend zu bleiben und uns anzustrengen, die Verhältnisse zu bessern. Der Amerikaner aber, wenn er erst einmal begriffen hat, daß seine Erfahrungen in Israel nicht zu einem Studienaufenthalt im Ausland gehören, sondern daß er den Rest seines Lebens unter den unkomfortabelsten Bedingungen wird zubringen müssen, erinnert sich plötzlich, daß es für ihn doch noch eine Alternative gibt. Also kehrt er zurück in die USA. Davon sind natürlich jene ausgenommen, die es sich leisten können, sofort ein Luxusappartement zu beziehen und einen hohen Lebensstandard aufrechtzuerhalten. Gewiß, auch in Israel kann man luxuriös wohnen. Warum nicht? Wenn man aber ein Luxusappartement will, mit allem, was dazu gehört, warum dann gerade in Israel? Man hätte dann ebensogut in New York bleiben können.«

Und hier eine andere Meinung zum Thema »Warum kommen Amerikaner nach Israel?«: »Sie kommen, weil sie sich Kontrollen unterwerfen wollen«, sagte ein Beamter der Fremdenverkehrsbehörde. »Sie denken, sie wollen sich dem Gemeinwohl widmen, sich einem nationalen Ziel verschreiben. Das stimmt aber nicht. Sie wollen, daß man ihnen sagt, was sie zu tun hätten. Eigentlich kann man ihnen keinen Vorwurf machen. Die USA sind vielleicht das anarchistischste Land der Welt. Es gibt keine gesellschaftliche Organisation, keine Bruderschaft, bloß Nichtangriffspakte zwischen verschiedenen Gruppen und Individuen. Pakte, die immer wieder neu geschlossen werden, weil es eben am Selbstverständnis dieser Leute liegt zu denken, daß sie im Grunde nichts miteinander gemein haben als diese höchst abstrakte Idee des Amerikanismus.

Und Anarchie ist schließlich die furchterregendste Sache auf der Welt. Daher idealisieren die Amerikaner das Leben im Kibbuz: Ordnung, Kontinuität, Gemeinschaft ... und die Kühe werden siebenmal in der Woche gemolken, was immer auch geschieht. Vor allem aber idealisieren sie die Tatsache, daß es im Kibbuz kein Privateigentum gibt. Wenigstens habe ich das beobachtet. Kein Volk in der ganzen Welt hat bessere Gelegenheit gehabt, sich der destruktiven Macht des Eigentums bewußt zu werden, als die Amerikaner.«

Israelische Statistiken zeigen, daß nur sehr wenige amerikanische Einwanderer in den Kibbuzim arbeiten. Die meisten bleiben in ihren alten Berufen. Ärzte bleiben Ärzte, Architekten bauen Häuser, Rechtsanwälte eröffnen ihre Praxis, sobald sie die erforderliche Lizenz erworben haben.

»Sie kommen wie im Traum«, sagte ein in Israel geborener Medizinstudent an der Columbia-Universität. »Sie sind nicht etwa Radikale, die eine neue Gesellschaftsordnung wollen, noch sind sie religiös, noch sehen sie im Judentum als solchem ihr Ideal. Sie sind gekommen, um sich in dem zu baden, was sie als Kinder über Israel gehört haben. Okay, sie finden also den amerikanischen Materialismus abstoßend. Aber wie leben sie denn nun in Israel? Wenn man Karriere nur um der Karriere willen machen will, warum dann nicht in den USA, wo die Chancen ungleich größer sind? Und wo man überdies keine Sprachschwierigkeiten hat?«

Viele der Probleme, die amerikanische Juden in Israel haben, beginnen mit der Sprache. Die Israelis nennen alle englischsprechenden Einwanderer *Anglo-saxim* - ironischerweise. Ein jüdischer Freund erzählte mir von einem Besuch bei entfernten Bekannten in Tel Aviv. Der Sohn des Hauses, ein etwa achtjähriger Junge, und sein Freund wurden dem Besucher vorgestellt. Die beiden Kinder unterhielten sich auf hebräisch, und es war offenkundig, daß sie über meinen Freund sprachen. Als sie das Zimmer verlassen hatten, fragte er, was sie gesagt hätten. Einen Augenblick lang herrschte verlegenes Schweigen, doch er bestand auf einer Übersetzung. Dann: Der Freund des Sohnes im Hause habe gefragt, ob er ein Jude sei, und habe die Antwort bekommen, nein, er sei einer dieser *Anglo-saxim*. In ganz Israel ist Englisch die zweite Sprache, besonders in der Verwaltung, an den Universitäten und in Geldkreisen - eben jenen Schichten, in denen Amerikaner sich hauptsächlich bewegen. Deshalb erscheint auch die Notwendigkeit, Hebräisch zu lernen, nicht sehr groß. Und es ist schon schwierig genug, eine fremde Sprache zu lernen, die der eigenen so unähnlich ist, ohne sich auch noch ein neues Alphabet anzueignen.

Warum soll man sich also damit abplagen, wenn man im Grunde noch gar nicht entschlossen ist, in Israel zu bleiben? Es ist offensichtlich, daß dieses Zögern, die Sprache zu lernen, und die sich daraus ergebenden Barrieren den Wunsch nach einer Rückkehr nach Amerika verstärken. Die Leute dort sprechen zumindest die eigene Sprache. Gemeinschaft basiert auf Kommunikation.

»Was mich aber am stärksten abgekühlt hat«, sagte ein Rückkehrer aus Israel, »war die Situation zwischen amerikanisch-jüdischen Eltern und ihren in Israel geborenen Kindern. Immer wieder konnte ich das beobachten. Mein Traum von einem Leben in Israel ist hauptsächlich deshalb geplatzt, wie verlockend er mir ursprünglich auch erschienen war. Amerikanische Eltern sprechen meist hebräisch. Aber nicht gut. Es fällt ihnen sehr schwer. Die Kinder aber betrachten es als ihre Muttersprache, da es in den Schulen auch sehr forciert wird. Ich kann mich noch gut erinnern, wie verlegen ich selber immer war, wenn meine Eltern in den USA den Mund aufmachten und nur gebrochen englisch sprechen konnten. Soll in nun meine Kinder in dieselbe Verlegenheit bringen?«

Natürlich ist das Problem - ob man nach Israel gehen, sich dort ansiedeln, oder es wieder verlassen soll - in Wirklichkeit bedeutend komplexer. Für die amerikanischen Juden geht es im Grunde darum, ob sie wieder Juden werden wollen. Sind sie wirklich bereit, sich ausschließlich als Juden und nicht mehr als Amerikaner jüdischer Herkunft zu sehen? Das würde bedeuten, etwas Wohlbekanntes und Geschätztes für etwas Unbekanntes und gewiß auch Unkomfortables einzutauschen. Deutsche Juden zögerten sogar noch, dies zu tun, als Hitler schon an der Macht war und sie über seine Absichten nicht im Zweifel ließ. Sogar die Juden des Altertums verließen Ägypten nur unter äußerstem Druck. Gewiß sind Juden über die ganze Welt gewandert - im Grunde aber niemals freiwillig.

Kein Wunder, daß die amerikanischen Juden es bequemer finden, jenes »Übers Jahr in Jerusalem« nachzubeten - oder noch besser: jemanden dafür zu bezahlen, daß er es für sie tut -, als dem Ruf zu folgen. Trotzdem fühlen sie sich schuldig. Diese Schuld statten sie ab - mit Geld. Sie sind großzügig. Sie sind stolz auf Israel; ohne Zweifel werden sie alles tun, um Israel zu helfen und es zu verteidigen. Aber die USA verlassen?

Nicht allein, daß sie unter keinerlei Druck standen, Amerika zu verlassen; es hat sich auch für sie als ausgesprochen attraktiv erwiesen. In weit höherem Maß, als es ihrem statistischen Anteil an der Gesamtbevölkerung entspricht, sind sie in die oberen Ränge der Klassen und Statusstrukturen aufgerückt. Sie sind im Durchschnitt stärker motiviert, sich weiterzubilden, und intelligenter als Nichtjuden und gelangen daher auf die natürlichste Weise an die Spitze, wenn kein Gegendruck vorhanden ist, um sie unten zu halten. Anderswo hat sich dies als zweifelhafter Segen erwiesen: über kurz oder lang wird sich kein Volk von einer ihm fremd erscheinenden Minderheit dominieren lassen wollen. Deshalb waren die Juden überall, wo sie nach oben gelangten, dem stärksten Druck ausgesetzt. Doch in den USA ist dies anders. Einerseits sind die amerikanischen Juden so assimiliert, daß man sie nicht als ausgesprochen fremd betrachtet. Andererseits ist die amerikanische Nation als solche keine homogene Gruppe traditionsgebundener Eingeborener, von denen zu erwarten ist, daß sie auf jüdische Neulinge - und Erneuerer - feindselig reagieren. Juden sind nur eine der vielen Gruppen, aus denen sich das heterogene Amerika zusammensetzt. Und sie haben sich beinahe so vollständig im amerikanischen Schmelztiegel aufgelöst wie andere Gruppen auch. Daher sind gegen die Juden gerichtete, gewissermaßen defensive Impulse in den USA kaum zu erwarten - eben deshalb ist der Antrieb zu einer Auswanderung nach Israel auch gering.

In Israel würden sich die amerikanischen Juden kaum unter den übrigen Bewohnern hervortun. Israel würde eine Statusverminderung bedeuten, so relativ dieser Begriff auch ist. Überdies würden sie sich dort in einer kleineren und gewiß engeren Gesellschaft befinden. Amerikanische Juden haben sich daran gewöhnt, als Juden inmitten einer nichtjüdischen Bevölkerung zu leben - etwas ganz anderes als das Leben eines Juden inmitten einer jüdischen Bevölkerung. Überdies mußten sich die Juden in den USA nicht besonders anstrengen, Juden zu sein oder zu bleiben. Die Umwelt begünstigte dies sogar.

Wenn es daher darauf ankommt, sich zu entscheiden, ob man Jude oder Amerikaner sein will, ist die Antwort des amerikanischen Juden immer: »jüdischer Amerikaner«. Dies sind Juden, die sich in Amerika als Juden fühlen und auch als solche gelten, deren Judentum aber nicht so tief sitzt, daß es sie zwänge, es gewissermaßen politisch und nationalistisch unter Beweis zu stellen, also in Israel zu leben. Sie sind heute eine amerikanische Subspezies. Zwar sind sie Juden, doch ist ihre Heimstatt Amerika - und das werden die USA wahrscheinlich auch bleiben.

# Epilog

In diesem Buch habe ich immer wieder versucht zu verdeutlichen, was die Juden so jüdisch macht - worin ihre wesentlichen Eigenschaften bestehen, wie sie sie erwarben und bewahrten. Die Eigenschaften, die die Juden kennzeichnen und ungeachtet ihrer weltweiten Zerstreuung vereinen, waren zumindest teilweise Reaktionen auf die nichtjüdische Umwelt und deren unablässigen, oft feindseligen Druck. Zum Teil - doch nicht völlig. Charakter und Schicksal der Juden hatten bereits bestimmte Formen angenommen, als sie in das Gelobte Land einzogen, lange vor ihrer Niederlage und Vertreibung aus Palästina durch die Römer. Das Judentum existierte ebenso wie der Antisemitismus lange vor dem Christentum, und es gab schon einen spezifisch jüdischen Charakter, bevor die Juden zu den Sündenböcken der westlichen Welt wurden. Der Glaube an einen Gott, der zugleich der einzige ist, die Unterwerfung unter seinen moralischen Imperativ und das Sich-Fügen in das Schicksal des Auserwähltseins hat die Juden von Anfang ihrer übermittelten Geschichte an von allen anderen Völkern unterschieden - schon lange bevor sie durch ihre Ablehnung Jesu Christi zu Ausgestoßenen wurden.

Die Rückkehr nach Isreal wird gewiß nichts dazu beitragen, die endogenen Eigenschaften zu verändern, die die Juden unabhängig von den durch die Ghettoisierung bewirkten Eigenarten kennzeichnen. Sie wird aber einiges dazu beitragen, den Juden jene Charakterzüge zu nehmen - mythisch oder real -, die sich durch das Leben in fremder und im allgemeinen feindseliger Umgebung bildeten. Häufig wurden diese Charakterzüge von Nichtjuden wie von Juden als »spezifisch jüdisch« betrachtet.

Es haben aber einige Besucher (etwa Arthur Koestler und mehrere französische und amerikanische Soziologen) bereits festgestellt, daß die Israelis nicht sehr »jüdisch« seien: ihnen fehlten die durch das Ghetto und das Leben an der Peripherie einer feindseligen, fremden Majorität geformten Kennzeichen. Diese Beobachtung ist richtig und wird mit einer gewissen Ambivalenz aufgenommen: Gott sei Dank, daß wir nicht länger Ausnahmen sind, daß wir nicht länger die besondere Last des Jüdischseins zu tragen haben! Aber auch: mein Gott, ist uns unser besonderes Schicksal verlorengegangen, sind wir nicht länger das auserwählte Volk - mit unseren Bürden, Nöten und unserer schließlichen Erlösung?

In den meisten Köpfen war das besondere Schicksal des Judentums auf den Status des Juden in einer nichtjüdischen Umwelt bezogen, wenn nicht sogar damit gleichgesetzt. Überraschung, Schock, ganz gewiß auch Nostalgie gehören zu den Reaktionen, die Israel auslöst - nicht weniger als Stolz und Erleichterung. Als ein Volk unter anderen Völkern können die Juden nichts Besonderes mehr sein - das heißt, nicht mehr und nicht weniger als andere Völker auch. Sie sind jetzt weder ein besonderes Element unter den Völkern mehr, noch das Salz der Erde.

Die Juden, die jetzt nach Israel zurückgekehrt sind, sind nicht jene, die vor zwei Jahrtausenden aus Palästina vertrieben wurden. Auch das Land hat sich verändert. Die Israelis haben nicht das mittelöstliche Königreich der Bibel wiedererstehen lassen, noch ein Staatswesen nach arabischem Muster, noch eine Theokratie. Sie haben eine moderne parlamentarische Demokratie geschaffen und sind auf dem Weg, ihr Land zu industrialisieren. Trotz seiner geographischen Lage im Nahen Osten ist Israel seinem Wesen nach ein westliches Land, das die im Westen vorherrschende Weltanschauung teilt und die sozio-ökonomischen Bedingungen des Westens reproduziert hat. Israel unterscheidet sich von anderen Ländern nicht mehr und nicht weniger als Italien von Deutschland oder Frankreich von England. Das mag einigen durchaus genügen, andere jedoch wird es enttäuschen. Die israelischen Juden sind andere Juden geworden als jene, die wir kannten, doch werden sie Juden bleiben.

Es gibt heute noch zwei große jüdische Gemeinschaften in der Diaspora: in den USA und in Sowjetrußland. Die in der UdSSR dürfen das Land nur unter großen Schwierigkeiten verlassen. Die in den USA dürften auswandern, wollen aber nicht. Es ist anzunehmen, daß die russischen Juden den Versuchen des Regimes auch in Zukunft widerstehen werden, ihre Kultur, ihren Lebensstil und ihre Religion auszulöschen. Sie werden aller Wahrscheinlichkeit nach nicht weniger, vielleicht sogar mehr Erfolg dabei haben als andere sowjetische Nationalitäten - und dies trotz der auf ethnische und kulturelle Nivellierung abzielenden Anstrengungen des Regimes. Juden haben schon in früheren Zeiten ähnlichen Versuchen widerstanden, auch wenn dies immer mit großen Verlusten und viel Leid für sie verbunden war.

Anders ist die Lage in den USA. Falls sich die gegenwärtige Entwicklung nicht umkehrt, werden sich die Juden in den USA völlig assimilieren. Es wird daher keine Juden mehr geben. Dies kann durch die Folgen von Mischehe, Säkularisierung und gesellschaftliche Integration geschehen. Jedes dieser Elemente bestärkt rückwirkend das andere. Der verminderte Einfluß der Religion schwächt naturgemäß den endogenen Zusammenhalt und das kollektive Selbstverständnis, während das Nachlassen des äußeren Drucks jene exogenen Kräfte eliminiert, die in der Vergangenheit soviel zum Überleben der Juden beigetragen haben. Da sich heute jüdische Kinder völlig frei unter nichtjüdischen bewegen, Juden immer geringeren äußeren Beschränkungen unterworfen sind und in ihrer Religion kaum noch einen Grund sehen, der ihre Integration in die nichtjüdischen Welt verhindert, wird die Tendenz zur Auflösung der Juden in der amerikanischen Masse anhalten. In wenigen Generationen werden die amerikanischen Juden kaum von anderen Amerikanern zu unterscheiden sein. Nicht zuletzt deshalb werden sie auch das Gefühl des Andersseins verlieren. Diese Entwicklung wird sich nicht überall im gleichen Tempo vollziehen. Auch werden die orthodoxen Kreise ihren spezifisch jüdischen Lebensstil sogar in den USA beibehalten, indem sie sich von der Umwelt abschließen - wie dies auch gewisse protestantische Sekten tun. Einige Juden werden nach Israel auswandern. Aber für die große Mehrheit der amerikanischen Juden ist die zukünftige Entwicklung klar abzusehen: sie läuft auf das Verschwinden des Judentums in den USA hinaus.

Soviel zu der sich abzeichnenden Entwicklung. Die Vorhersage unterscheidet sich aber nicht zuletzt deshalb von der Prophezeiung, weil sie sich auf sichtbare Entwicklungsansätze gründen muß, die wiederum durch sich abzeichnende Gegenströmungen oder Hindernisse relativiert werden. Daher hat sich die Geschichte in der Vergangenheit auch nicht ohne weiteres als vorhersehbar erwiesen. Nicht selten war die einzig richtige Vorhersage die, die besagte, daß Vorhersagen, wie wohlbegründet auch immer, unverläßlich bleiben. Die Geschichte ist voll von unvorhersehbaren Ereignissen, von Elementen, die sich definitionsgemäß der Vorhersage entziehen und auch die vernünftigste Vorhersage aufheben können. Wer hätte Hitler im Jahre 1920 vorauszusagen vermocht - und dies nur fünfzehn Jahre, bevor er begann, die Juden zu vernichten? Mehr noch: Wer konnte im Jahre 1930 voraussagen, was er sich bereits zu tun anschickte! Die Vergangenheit lehrt uns nur, daß die Zukunft unbekannt ist. Wer könnte es sich daher anmaßen, das künftige Schicksal der Juden vorauszusagen?